行政法

下山憲治・友岡史仁
筑紫圭一
［著］

日評ベーシック・シリーズ

日本評論社

はしがき

　本書は、初学者も「読めるからわかる、わかるからおもしろい」教科書をめざす「日評ベーシックシリーズ（NBS）」の行政法教科書として出版された。

　行政法科目については、「行政法は、統一法典がないために、色々な法律が出てきて、しかも複雑でわかりづらく、難しい」などの感想が学生からよく出される。法律用語そのものが難しいこともあるが、かなり抽象的な話も多いことなどがわかりづらさの理由にあると思われる。全体が見通せないうちに、あまり細かく勉強したり、議論をすると、重要な論点を見落としたり、誤解を助長してしまうことにもなりかねない。

　このような点をできるだけ解消しようと、本書の執筆にあたっては、NBSシリーズの基本方針を受け、コンパクトで通読できる分量であり、行政法の大筋がわかるようにするため、執筆方針を立てた。その主なものは、以下のとおりである。

- 行政法を理解する上で欠かすことができない基本原則や考え方、制度を中心に取り上げると同時に、なぜそうなっているのかという根拠を挙げるようにした。
- 「序章　行政法の全体像と本書の構成」を置き、「第2章　行政活動」でも行政活動の三段階構造を示しつつ、建築基準法を例にそれぞれの具体例を示し、解説を展開させていくなど、全体の流れと具体的イメージを把握しやすくした。
- いわゆる通説・判例の考え方をできるだけ典型例や具体例を通じてイメージできるようにした。
- 他方で、他の行政法教科書ではあまり取り上げられないけれども、「あるとわかりやすい」と考えられる内容はできるだけ取り入れた。下級審判例も重要なものは積極的に扱った。

- 行政活動は私たちの生活に相当広い範囲で密接に関わっているが、その典型的で重要な場面を想定できるようにした。
- 条文や判例をそのまま引用することは少なくして、日常的に使われる言葉にできるだけ置き換えるようにした。
- 裁判例を取り扱う際には、その判決のポイントがわかるように、事実関係を簡単に説明した後、判決の内容や意味を取り上げた。
- 行政活動を法的に制御すると同時に、国民・住民、私人の権利保障とその実現をするための仕組みがきちんとわかるように記述した。

また、本書は、読者のみなさんの理解をサポートし、その展開・応用も考慮した工夫を取り入れた。その主なものは、次のとおりである。

- 各節の冒頭には原則としてイントロダクションを入れ、何を学ぶべきかということや、学習のポイントを示した。
- 相互参照（クロスリファレンス）を充実させて、関連する事項や制度などがどこに記載されているのか、すぐにわかるようにした。
- できるだけ図表を入れ、イメージをもちやすくした。
- 随所にコラムを入れ、重要な用語や制度の違いなどを取り上げた。
- 重要な節の後に「課題」をつけ、択一的な「本文を読めばわかる」内容のものと、事例問題で少し考える必要があるものという2種類に分けた。

　本書は、過去そして現在の行政法研究者の教科書や論文等を背景に置きつつ、執筆されている。そのため、本来、注を付すべきところも少なくない。しかし、前記のような本書の性格上、そのような対応ができなかった。ご海容を請うほかない。

　本書ができるまで、10数回の会議が開催された。後掲のとおり、執筆分担を決めて作業に入ったが、素案作成後、会議の場で長時間に及ぶ議論と調整を踏まえて大幅な加除修正が繰り返された。前記の基本方針をできるだけ実現するため、執筆者がお互いに自由に議論し、より良いものができるように努力をしたものといえる。

　本書全体の原稿ができた段階で、木原正雄教授（大東文化大学法学部）、杉原

丈史教授（愛知学院大学法学部）をはじめ、藤原周作さん（上智大学法学研究科博士課程・弁護士）、瀧澤孝平さん（上智大学法学研究科修士課程）そして横関直斗さん（上智大学法学部）に読んでいただき、数多くのコメントをいただいた。それらは、先の基本方針をより本書に反映させる趣旨の内容であって、執筆者の責任の下、できる限り対応させていただいた。記して、御礼申し上げたい。また、本書の企画当初から出版に至るまで、日本評論社の田中早苗さんには、大変お世話になった。田中さんがいなければ、本書が世に現れることはなかったであろう。ここに感謝の意を表したい。

2017年2月

下山憲治・友岡史仁・筑紫圭一

行政法

はしがき…**i**
凡　例…**xiv**

序　章　行政法の全体像と本書の構成…**1**
  1　行政法と他の法分野…**1**
  2　行政法の全体像…**1**
  3　本書の構成…**2**

第1章　基本原則…**1**

第1節　行政法の基本原則…**4**

Ⅰ　国民・住民と行政・行政法…**4**
  1　暮らしと行政法…**4**
  2　基本的人権と行政…**5**
  3　行政法における国民・住民…**7**

Ⅱ　行政と法律…**7**
  1　行政活動と法…**7**
  2　行政活動と法令…**8**
  3　法律による行政の原理…**8**

Ⅲ　行政活動と法の一般原則（不文法）…**10**
  1　慣習法…**11**
  2　法の一般原則…**11**

第2節　行政の仕組み…**14**

Ⅰ　行政組織法定主義…**14**

Ⅱ　行政主体…**14**
  1　国と地方公共団体…**14**
  2　その他の行政主体…**15**

Ⅲ　行政機関…**15**
  1　行政庁…**16**
  2　補助機関…**16**
  3　執行機関…**16**

Ⅳ 行政組織の相互関係…17
　　　　1　行政組織内のタテとヨコの関係…17
　　　　2　上級行政機関と下級行政機関——指揮監督権…17
　　　　3　地方自治——国と地方の役割分担…19
　　Ⅴ 権限の代行…20
　　　　1　権限の代理…20
　　　　2　権限の委任…21
　　　　3　専　　決…21
　　Ⅵ 公務員制度…22
　第3節　適正手続の意義と根拠…23
　　Ⅰ 行政手続の基本原則…23
　　Ⅱ 適正手続の必要性…23
　　Ⅲ 憲法上の根拠…24
　　　　職務命令と服従義務…19

第2章　行政活動…25

　第1節　行政活動の基本モデル…25
　第2節　行政立法…28
　　Ⅰ 行政立法の必要性…29
　　Ⅱ 行政立法の機能…29
　　Ⅲ 法規命令と行政規則の一般的区別…30
　　Ⅳ 法規命令…31
　　　　1　法規命令の性質と分類…31
　　　　2　委任命令の限界…31
　　Ⅴ 行政規則…33
　　　　1　行政規則の性質と分類…33
　　　　2　解釈基準…34
　　　　3　裁量基準…35
　第3節　行政行為…37
　　Ⅰ 行政行為の定義と分類…37

- 1 「行政行為」の定義と特徴…37
- 2 伝統的な分類…38
- 3 許可と特許…40
- 4 許可と認可…41
- 5 複効的行政行為…41

Ⅱ 行政行為の効力…42
- 1 行政行為の効力発生とその特殊性…42
- 2 公定力…43
- 3 自力執行力…44
- 4 不可争力…44
- 5 不可変更力…44

Ⅲ 行政行為の瑕疵…45
- 1 行政行為の効力消滅…45
- 2 瑕疵の分類…45
- 3 行政行為の取消しと無効…46
- 4 行政行為が無効となる要件…46

Ⅳ 行政行為の取消しと撤回…48
- 1 行政行為の取消しと撤回の基本的な違い…48
- 2 取消し・撤回権者…49
- 3 取消し・撤回の法的根拠…50
- 4 取消し・撤回の制限…50

Ⅴ 行政行為の付款…51
- 1 付款の意義と分類…51
- 2 付款の法的根拠と限界…52

第4節　行政強制…52

Ⅰ 行政強制の具体例と必要性…53
- 1 義務履行確保手段の概要…53
- 2 行政上の義務と行政強制の分類…54
- 3 日本の行政代執行・行政刑罰中心主義…55

Ⅱ 行政代執行…56
- 1 代執行の定義と要件…56
- 2 代執行の対象となる義務…56
- 3 代執行の手続…57
- 4 代執行の問題点…57

Ⅲ その他の強制的な義務履行確保手段…58
- 1 行政上の強制徴収…58
- 2 直接強制…58
- 3 執行罰…58

Ⅳ　制　　裁…59
　　　1　行政罰…59
　　　2　課徴金…60
　　　3　公　　表…60
　　　4　その他…60
　Ⅴ　即時強制…61
　Ⅵ　司法的執行（民事執行）…62

第5節　行政契約…63
　Ⅰ　定義と種類…63
　　　1　行政契約とは…63
　　　2　行政契約の種類…64
　Ⅱ　行政契約の法的制約…65
　　　1　概　　説…65
　　　2　内容面の制約…65
　　　3　手続面の制約…66
　Ⅲ　行政契約と救済…67

第6節　その他の主な行政活動の形式…68
　Ⅰ　行政計画…68
　　　1　定義と種類…68
　　　2　行政計画の法的制約…70
　　　3　行政計画と救済…72
　Ⅱ　行政指導…72
　　　1　定義と種類…72
　　　2　行政指導の法的制約…74
　　　3　行政指導と救済…75
　Ⅲ　行政調査…76
　　　1　定義と種類…76
　　　2　行政調査の法的制約…76
　　　3　行政調査と救済…78

第7節　行政裁量…79
　Ⅰ　行政裁量の有無…79
　　　1　行政裁量の意義と必要性…79
　　　2　行政による法律の適用と司法審査の制約…80
　　　3　行政裁量の所在…81

　　　　4　覊束行為と裁量行為の見分け方…83
　Ⅱ　行政裁量の統制…85
　　　1　行政裁量が違法になる場合——裁量権の逸脱・濫用…85
　　　2　裁量権の逸脱・濫用の具体例…86
　　　3　司法審査の方法…89

　　　裁量基準と個別事情考慮義務…36
　　　公定力と刑事訴訟・国家賠償訴訟…43
　　　違法性の承継…47
　　　用途地域…68
　　　内部規律的裁量…85

第3章　行政手続…93
第1節　行政手続法の制定と展開…93
第2節　行政手続法の仕組み…94
　Ⅰ　申請に対する処分…94
　　　1　「申請」の定義…94
　　　2　行政手続法が定める手続…95
　　　3　審査基準の設定・公表…95
　　　4　理由の提示（理由付記）…97
　Ⅱ　不利益処分…97
　　　1　「不利益処分」の定義…97
　　　2　行政手続法が定める手続…98
　Ⅲ　行政指導…100
　　　1　「行政指導」の定義と特徴…100
　　　2　行政指導の限界・形式・中止等の求め…100
　Ⅳ　処分等の求め…101
　Ⅴ　意見公募手続等…102
　　　1　「命令等」の定義…102
　　　2　命令等の案の公示と意見の公募…102
　　　3　意見の考慮と結果の公示…102
第3節　手続違反と処分の効力…103
第4節　行政手続法の適用除外…103
　　　申請と届出の違い…94

第4章　情報制度…105

第1節　情報公開制度…105

Ⅰ　意義と機能…105

Ⅱ　情報公開法の特質…106

1　目　的…106
2　開示請求・開示決定手続…107
3　不開示情報のカテゴリー…108
4　特殊な開示方法…109

Ⅲ　情報公開法上の不服申立制度とインカメラ審理…111

1　不服申立制度…111
2　インカメラ審理…111

第2節　個人情報保護制度…112

Ⅰ　基本的な特徴…112

Ⅱ　行政機関個人情報保護法の基本的仕組み…113

1　制度の目的・保護対象…113
2　行政機関による個人情報の扱い方…113
3　請求の種類…114

Ⅲ　行政機関個人情報保護以外の主な個人情報保護制度…115

1　個人情報の保護に関する法律…115
2　マイナンバー法…115

公文書等の管理に関する法律…112

第5章　行政争訟…117

第1節　行政救済法の概要…117

第2節　行政不服審査法…120

Ⅰ　行政不服申立ての基本的な特徴…120

Ⅱ　行政不服審査法の目的と仕組み…121

1　目　的…121
2　不服申立ての種類…122
3　審査請求の対象行為…123
4　審査請求適格者と審査請求期間…124
5　行政不服申立てと行政訴訟の関係…125

　　　　　6　審理の体制と基本的な流れ…125
　　　　　7　審理手続の特徴…126
　　　　　8　審理に対する判断…128
　　　　　9　執行停止…129
　　Ⅲ　適用関係…129
　　Ⅳ　行政審判…130
　　　　　1　行政審判制度の沿革と種類…131
　　　　　2　行政審判制度の特徴…131

第3節　行政訴訟…132

　　Ⅰ　行政訴訟の概要…132
　　　　　1　行政訴訟の意義と特徴…132
　　　　　2　主観訴訟と客観訴訟…134
　　　　　3　抗告訴訟…134
　　　　　4　当事者訴訟…135
　　　　　5　民衆訴訟と機関訴訟…136
　　Ⅱ　行政訴訟のスタートからゴールまで…137
　　　　　1　裁判所の審理…137
　　　　　2　判決——行政訴訟のゴール…138
　　Ⅲ　取消訴訟…138
　　　　　1　行政事件訴訟法上の位置づけ…138
　　　　　2　取消訴訟の訴訟要件…138
　　　　　3　処分性…139
　　　　　4　取消訴訟を起こす資格（原告適格）…146
　　　　　5　訴えの利益…151
　　　　　6　被告適格…153
　　　　　7　不服申立てとの関係…154
　　　　　8　出訴期間…154
　　　　　9　裁判所の審理…155
　　　　　10　民事訴訟手続との関係…155
　　　　　11　取消訴訟の判決の効力…157
　　Ⅳ　取消訴訟以外の抗告訴訟…158
　　　　　1　無効等確認訴訟…158
　　　　　2　不作為の違法確認訴訟…160
　　　　　3　義務付け訴訟・差止訴訟…161
　　　　　4　判決の効力…164
　　Ⅴ　仮の救済…165
　　　　　1　行政事件訴訟法上の位置づけ…165
　　　　　2　執行停止…165

3　仮の義務付け・仮の差止め…168

　Ⅵ　当事者訴訟…170
　　　1　行政事件訴訟法上の位置づけ…170
　　　2　形式的当事者訴訟（4条前段）…170
　　　3　実質的当事者訴訟（4条後段）…171

　Ⅶ　民衆訴訟・機関訴訟…173
　　　1　民衆訴訟…173
　　　2　機関訴訟…176

　　　行政不服審査法の2014年改正——公正性と利便性の向上…121
　　　行政不服審査会の審査…127
　　　教示制度…130
　　　原処分主義と裁決主義…154
　　　事情判決…157
　　　内閣総理大臣の異議…167

第6章　国家補償…180

第1節　国家補償の概要…180

　Ⅰ　国家補償制度の役割…180

　Ⅱ　国家賠償制度…180

　Ⅲ　損失補償制度…181

　Ⅳ　国家補償制度の機能…181

　Ⅴ　その他の国家補償制度…181

第2節　国家賠償法1条の責任…182

　Ⅰ　国家賠償法1条の特質…182
　　　1　国家賠償責任と民法上の不法行為責任の違い…182
　　　2　国家賠償責任の根拠——代位責任と自己責任…183
　　　3　国家賠償訴訟と抗告訴訟の関係…184

　Ⅱ　国または公共団体…185

　Ⅲ　公権力の行使…186
　　　1　意　義…186
　　　2　「公権力の行使」の範囲…186

　Ⅳ　公務員…187

Ⅴ 職務行為…188

  Ⅵ 違法性…189
    1 民事不法行為と国家賠償責任における違法…189
    2 違法判断基準…189

  Ⅶ 故意または過失…193
    1 「公権力の行使」と故意・過失…193
    2 組織過失…194

  Ⅷ 「違法」性と「故意又は過失」…194
    1 違法と過失の判断…194
    2 職務行為基準説――検察官による公訴の提起・被疑者の逮捕…195
    3 立法・司法行為…195
    4 職務行為基準説と行政活動の違法性判断…196

第3節　国家賠償法2条の責任…197

  Ⅰ 国家賠償法2条の特質…197
    1 民法717条と国家賠償法2条…197
    2 過失責任と危険責任…198

  Ⅱ 公の営造物…199
    1 意　義…199
    2 具体例…199

  Ⅲ 設置または管理の瑕疵…200
    1 最高裁の判断基準…200
    2 設置または管理の「瑕疵」とは何か…200
    3 具体的事例…200

  Ⅳ 利用に伴って発生する第三者の被害…203

  Ⅴ 予測できない行動による事故…204

  Ⅵ 技術の進歩と改修・修繕…205

第4節　国家賠償制度――賠償責任者、民法の適用等…206

  Ⅰ 賠償責任者（3条）…206
    1 意　義…206
    2 国家賠償法1条関係…206
    3 国家賠償法2条関係…207

  Ⅱ 民法の適用（4条）…208
    1 意　義…208

2　失火責任法…209
　　Ⅲ　他の特別法の規定（5条）…209
　　Ⅳ　相互保証（6条）…210
　第5節　損失補償…210
　　Ⅰ　財産権の保障と損失補償…211
　　　　1　財産権の保障と制限…211
　　　　2　「公共のために用ひる」…211
　　　　3　憲法29条3項に基づく請求…212
　　Ⅱ　損失補償の要否の判断基準…212
　　　　1　形式的基準…212
　　　　2　実質的基準…213
　　Ⅲ　損失補償の内容…213
　　　　1　「正当な補償」…213
　　　　2　補償の対象…215
　　Ⅳ　国家補償の谷間…216
　　　　1　国家補償の谷間とは…216
　　　　2　予防接種被害の救済…217

　　　　国・公共団体、公権力の行使、公務員の相互関係…187
　　　　国家賠償法1条と2条の関係…198
　　　　損害賠償責任の分担と求償…207

　　事項索引…219
　　判例索引…223
　　著者紹介…228

凡　例

I　主要法令名

行政機関個人情報保護法	行政機関の保有する個人情報の保護に関する法律
行組法	国家行政組織法
行訴法	行政事件訴訟法
行手法	行政手続法
行審法	行政不服審査法
国賠法	国家賠償法
個人情報保護法	個人情報の保護に関する法律
自治法	地方自治法
情報公開法	行政機関の保有する情報の公開に関する法律
廃掃法	廃棄物の処理及び清掃に関する法律
風営法	風俗営業等の規制及び業務の適正化等に関する法律

II　判例集

民集	最高裁判所民事判例集
刑集	最高裁判所刑事判例集
判時	判例時報
判タ	判例タイムズ
行集	行政事件裁判例集
裁判集民	最高裁判所裁判集民事
裁判集刑	最高裁判所裁判集刑事
高民集	高等裁判所民事判例集
訟月	訟務月報
判例自治	判例地方自治
裁判所ウェブサイト	裁判所ウェブサイト　裁判例情報

III　その他

- 引用においては、学習上の便宜を図るため、旧字を新字にし、漢数字をアラビア数字にし、促音等は現代仮名遣いで表記している。
- 引用中に著者の注記を入れる場合は、〔　〕を付した。

序章
行政法の全体像と本書の構成

1　行政法と他の法分野

　この本を使うみなさんは、憲法（日本国憲法）、民法や刑法という名前を聞いたことがあるだろう。それぞれ、1つの法典でできている。しかし、**行政法**という名前の法律はない。

　行政法で重要な法律には、行政手続法や行政事件訴訟法のように「行政」という名称がついているものもあるが、内閣法、地方自治法のほか、都市計画法や建築基準法、国家賠償法などのようにその名称がついていないものも多く、一目で「行政法」とはわからない。本書は、できるだけ典型的な具体例を通じて、これら個別の法律に共通する行政法の基本的仕組みや考え方がわかりやすくなるように記述されている。

　また、**行政法と他の法分野は無関係ではない**。民法や刑法は、行政法分野でそのまま使われることがあるし、また、一部修正した形で使われることも多い。一部修正されることがあるのは、行政法分野では、憲法で重要な人権保障・民主制のほか、公益の実現といった観点からの修正を要する場合があるからである。「なぜ違っているのか」に注目してみると、より深く理解できると思う。

2　行政法の全体像

　行政法は、一般に、行政組織法、行政実体法（行政作用法）、行政救済法で構成される。

行政組織法は、行政活動を担う行政機関の構成や役割・事務分担などを定めるもので、重要な法律として、内閣法や国家行政組織法、地方自治法がある。

行政実体法は、どのような条件がそろったら、行政権限を行使できるのかという行政活動を根拠づけるもので、具体的には、建築基準法や道路交通法、行政代執行法などがある。

本書では、これら以外にも、行政権限を行使する前に踏まえる行政手続法、情報公開法や地方財政法などの財政規律を定める行政監視・規律法にも注目して、行政活動がどのように法的に制御されているのかがわかりやすくなるように工夫されている。

最後に、**行政救済法**は、行政活動によって私人が権利を侵害されたり、被害を受けた場合の救済手続や救済の仕方を定めるもので、主な法律に行政不服審査法、行政事件訴訟法や国家賠償法がある。

3　本書の構成

本書は、前述の行政法の全体像を基本として構成されている。

まず、本書では、行政法全体に共通して重要となる「第1章　基本原則」を挙げている。その中身には、基本的人権の保障や行政活動と法律の関係などに関する行政法の基本原則に加え、行政法全体を通して必要となる行政組織法の重要事項や制度、そして、行政が活動する上で押さえておかなければならない行政手続の基本的考え方が説明されている。

次に、「第2章　行政活動」では、行政実体法の仕組みを学ぶ。行政活動がどのように行われるのか、建築基準法を例に挙げて、**行政実体法の基本構造**である**法律→行政立法→行政行為→行政強制**の流れが見通せるようにしている。それに加えて、行政と私人との間で結ばれる契約のほか、街づくりの際に重要となる行政計画などの行政活動の形式について説明されている。また、行政活動の法的なコントロールを考える際に重要となる行政裁量について、それが必要とされる理由、どのような場合に違法と評価されるのかなどを学ぶ。

「第3章　行政手続」では、行政が許認可や営業停止などをする前に踏まえなければならない手続上のルールが説明される。また、このルールに違反したとき、許認可や営業停止の処分が直ちに違法と評価されるかどうかを学ぶ。そ

して、「第4章　情報制度」では、国民が行政活動を監視できるように、行政機関がもっている情報の開示を求めるときのルールや仕組みに加えて、個人を特定できる情報を行政が処理したり、取り扱うときに守らなければならない決まりを学ぶ。

「第5章　行政争訟」では、行政不服審査法と行政事件訴訟法を中心に、私人と行政との間に生じた権利侵害に関する紛争解決に向けた手続を学ぶ。**行政不服審査法**は、私人の権利侵害を解消するため、行政自身に対して不服を申し立て、解決を図る手続を定めている。また、**行政事件訴訟法**は、私人の権利侵害を解消したり、その発生を予防するため、裁判所を通じて解決するための特別な手続を定めている。

最後に、「第6章　国家補償」では、主に行政活動によって私人に発生した損害を賠償する国家賠償制度と、私人の財産的損失を埋め合わせるために行われる損失補償制度について学ぶ。損害賠償制度については、**国家賠償法**を中心にしてどのような場合に賠償されるのか、損失補償制度については、道路などの公共施設の建設にあたって私有財産が利用されるときに生じる損失がどのような場合に補償されるのかが説明されている。

本書の構成は、行政法の教科書としては典型的である。その内容も、「行政法がわかる」ようになるための基礎的なものである。それゆえ、これから行政法を勉強しようとする方はまずは本書を通読し、行政法の全体像やイメージをもつことがその第一歩であろう。

加えて、本書は、原則として各節の後ろに「課題」をつけている。授業やゼミなどで利用していただければ幸いである。また、独習でも、力試しにチャレンジしてほしい。その中には、比較的簡単な課題から、少し難しい課題まである。難しい課題については、ヒントが記されているので、それを参考に考えてみてほしい。

第1章

基本原則

第1節　行政法の基本原則

　本節では、基本的人権の保障や国民主権などの日本国憲法の基本原則を踏まえた上で、法治主義、特に「法律による行政」の原理や法の一般原則という行政法を勉強する上での基本となる考え方を学ぶ。

I　国民・住民と行政・行政法

1　暮らしと行政法

　私たちが暮らしていく中で、行政との関わりは多い。学校、上下水道に、公共交通機関などの各種公共サービスのほか、交通規制などさまざまな場面で行政あるいは行政法と関わっている。

　自動車についていえば、その購入自体は**売買契約**による（民法）が、それだけで自動車を自由に使うことはできない。運転するためには、交通ルールを知り、運転技術をもたなければ危ない。そこでそれらの試験を受け、都道府県の公安委員会から**自動車の運転免許**を取得し、**運転免許証**の交付を受けてようやく道路での運転ができる（道路交通法）。さらに、自動車自体の安全性や環境保全のために陸運支局や自動車車検登録事務所で**自動車の登録**と**自動車検査証の交付**（道路運送車両法）、道路駐車を防止するため警察署での**車庫証明**（自動車の

保管場所の確保等に関する法律）や都道府県での**自動車税の納付**（地方税法）なども必要になる。

　このような規制や義務付けがなぜ必要なのか、規制などをするためになぜ法律が必要となるのかなどを考えていくことが行政法を学ぶ際に重要となる。ただし、行政法を勉強する上で注意が必要なのは、憲法、民法や刑法のように統一法典がなく、多種多様、多数の法令群から行政法が成り立っていることである。行政の組織や行政活動に関わるさまざまな法制度を総合して「行政法」ができている。また、行政活動が違法か適法かという法的評価をするとき、法律の規定だけではなく、その目的や関係する権利・自由がどのようなものかをみておくことが重要となる。

2　基本的人権と行政

　行政法は、基本的人権の保障と密接に関係する。19世紀末の国家は、私人の自由を保障することを重視し、私人間で解決すべき問題には行政が介入しないことを原則としていた。そして、国家の役割は社会秩序の維持のような警察活動など必要最小限にとどまると考えられた（警察国家、または、夜警国家）。その一方で、20世紀に入り、国民の社会権を保障するため、国家の役割は国民の生活の安定と福祉の増進にも及ぶことになった（福祉国家）。こうして、国家の役割は、私人の自由に対する行政による規制（規制行政）だけではなく、国民の生活保障、公的保険制度などの社会保障、教育制度の整備などの公共サービスの提供（給付行政）にも及び、行政法の重要な対象となってきた。

　同時に、規制行政の捉え方にも、次のような変化が生じてきた。

　国や地方公共団体は、「公共の福祉」や「公益保護」の観点から、国家として実力行使や刑事罰を準備して、私人である国民の行為を禁止したり、制限したりする。このような規制には概ね2つの典型的なモデルがある。第1は、伝統的な考え方で、**国民の基本的人権である自由をできるだけ保障することを目的とし、行政とその相手方の関係を重視する二面的行政法関係**のモデルである（【図1-1】）。そして、このモデルでは、例えば自動車免許の規制は、安全で円滑な交通という公益を守るために必要最小限度で行われなければならないと考える。仮に、交通事故が起きた場合、運転手と通行人の間で、まず民事上の紛

【図1-1】 伝統的な二面的行政法関係のイメージ

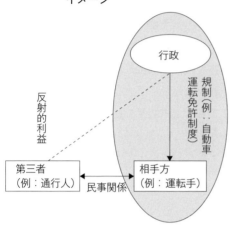

争解決が問題となる。行政は、事故の程度などに応じて、免許の停止等の処分をする（だけである）。このような規制によって、特定の第三者に何らかの利益があっても、それは安全で円滑な交通という公益を実現する規制によってたまたま発生した規制の副産物＝**反射的利益**にすぎず、第三者の権利利益を保護するものではないと考えられるのである。

しかし、このようなモデルによる考え方では、社会の要請に応えられないことがある。そこで、第2に、例えば、医薬品の規制や環境保全などのように**国民の生命や健康の保護等を目的**に、自由に対する**必要な規制**が行われることがある。そのような規制による国民の生命や健康等の保護は、法制度の究極目的であり、国家活動の中で常に配慮されるべきである。したがって、規制によって第三者が受ける利益は、反射的利益ではなく、法的に保護されたものと理解する**三面的行政法関係**モデルが登場する（【図1-2】）。

こうした国・地方公共団体の規制や給付等の活動、手続のあり方などが、行政法の対象である。

【図1-2】 三面的行政法関係のイメージ

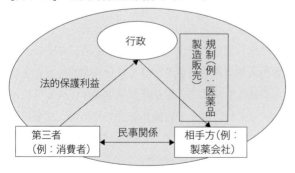

さらに、公園や道路、公民館など物的資源の設置管理や、国家活動を経済的に支える財源の確保とその使い方に関わる税制・財政制度も、行政法の重要な対象となる。

3　行政法における国民・住民

国民・住民は、行政による規制や各種給付の**相手方**となる場合が多い。しかし、それだけではない。選挙や行政上の決定過程に参加することを通じて、行政を積極的にコントロールする**主体**でもある。例えば、直接選挙による議員で構成する議会が行政活動の基礎に置かれる法律・条例を制定し（憲法41条・94条）、また、内閣総理大臣は国会議員の中から選ばれること（憲法67条）、都道府県・市区町村の首長の選任は直接選挙で選ばれること（憲法93条2項）にも、国民・住民が主体であることが表れている。

選挙という方法以外にも、街づくりや各種基準の設定にあたって、国民・住民の意見を反映するため、審議会・協議会の設置や意見聴取手続が行われる（→第3節および第3章）。行政運営や活動の**透明性**を確保し向上させる**情報公開**制度の活用などを通じた国民・住民による監視も重要である（→第4章）。

II　行政と法律

1　行政活動と法

行政がさまざまな活動をする際、その活動を根拠づけたり、条件づけたりする法的根拠は必ずどこかにある。それは憲法であったり、民法であったり、それ以外のさまざまな「法律」である。日本の法律数は概ね1,900程度あり、その多くは行政法の対象である。また、その法律を実施するため、内閣で定める「政令」や内閣総理大臣や各省担当大臣の定める省令などの「命令」もある。この「法律」と「命令」をあわせて法令と呼ぶ。さらに、都道府県や市区町村でもたくさんの「条例」などを定めている。これら極めて多数の法的根拠に基づいて行政は活動をしており、それらに違反する行動は許されない。

行政活動は、さまざまな法令に基づいている。それらは、大まかには、次の4つに分類できる。

①**行政組織法**：どの機関がどのような仕事をするのかを割り当てる法令（例えば、内閣法、行組法、自治法などの行政機構に関する法のほか、公務員法や公共

施設法など人的資源や物的施設に関する法）。
②**行政実体法**：割り当てられた仕事について、具体的にいつどのような場合に、誰に対してどういう権限を行使できるのかを定める法令（権限行使の根拠法）。
③**行政手続法**：その権限を行使する前に踏まえるべき各種手順を定める法令（実定法である行手法その他の意思決定に至るまでの手順や過程を規律する法制度群と手続法原則）。
④**行政監視・規律法**：行政活動を情報や財政面で規律する法令。

このような各種法制度の背景には**人権・権利保障**や**国民主権・民主主義**といった憲法原理があり、行政活動はこれら各種法律に基づき、かつ、それに適合しなければならない。また、法令など文書形式で表現された**成文法**以外の**不文法**として、慣習法や法の一般原則がある。これらによっても行政活動は規律され、適法・違法の法的評価がなされる。

2　行政活動と法令

成文法には、**憲法**、**条約**（憲法98条2項）、**法律**（憲法73条1号）、**命令**（政令：憲法73条6号および内閣法11条、省令等：行組法12条・13条。→第2章第2節Ⅳ）、**条例**（憲法94条、自治法14条）そして**規則**（自治法15条）がある。この成文法の間は、**憲法を頂点として、法律→命令→条例→規則という序列関係**にあり、憲法に違反する法令・例規（条例と規則）は違憲無効となり、法律に反する命令・例規は違法無効となる。命令は、法律の委任の趣旨に違反したり、委任の範囲を超えた場合に違法となる（→委任命令の限界。第2章第2節Ⅳ2）。

それでは、条例が法令に違反するかどうかはどのように判断されるのか。地方公共団体は、担当する仕事の範囲内で、法令に違反しない限り、条例を定めることができる（憲法94条および自治法14条1項）。**条例が法令に違反するのは、その目的や内容、効果などをみて「両者の間に矛盾牴触がある」場合である**（最大判昭和50・9・10刑集29巻8号489頁〔徳島市公安条例事件〕）。

3　法律による行政の原理

行政活動をいかに法的にコントロールするかという問題は、行政法の歴史的

展開と密接に関係する。昔からの行政法の考え方では、行政活動は法律に適合しなければならず、その法律は議会制定法でなければならない。これを**法律による行政の原理**という。この法律による行政の原理は、主に、**法律の法規創造力、法律の優位**および**法律の留保**という3つの原則からできている。なお、ここでいう「法律」は行政実体法が主に念頭に置かれている。

法律の法規創造力の原則とは、国民の権利義務に関わる法規範（法規）は、選挙で選ばれた国会議員によって構成される国会のみがそれを定めることができることをいう。

法律の優位の原則とは、行政活動は法律に違反して行われてはならないことをいう。法律は国民に対する権利制限や義務の賦課の根拠とされ、行政（と裁判所）を拘束し、その活動を制約する機能をもつ。

法律の留保の原則とは、ある一定の事項に関わる行政活動はあらかじめ法律の根拠がなければ行うことができないことをいう。この原則によれば、法律の根拠がないにもかかわらず行政活動を行えば、違法と判断される。現在の学説は、少なくとも、国民の権利自由の侵害や制限、義務の賦課のような場合には、実体法上の根拠を必要とするという点で、理解を共通にしている。そこで、この法律を必要とする行政活動の範囲をどこまで広げるかが学説の論点となっている。主に次の5つの説がある。

①**侵害留保説**：国民のさまざまな活動に介入し、取り締まりを行う伝統的な警察国家の時期に登場した考え方で、国民の自由と財産を制約する場合には法律の根拠を必要とする。

②**社会留保説**：侵害留保説で主張された領域に加え、すべての国民に人間に値する生存を保障しようとする社会国家・福祉国家の到来を機に、社会権保障を目的とする行政活動についても法律を必要とする。

③**全部留保説**：人権保障との関係に加え、民主的な行政を確保する観点から、私人と同じ立場で行動する場合を除くすべての領域（公行政作用）で法律を必要とする。

④**本質性説**：法治主義や民主主義などを含め基本的人権の実現にとって本質的な内容の決定、本質的内容に関連する活動には法律の根拠を必要とする。この説は、③全部留保説に比べ範囲を限定する。

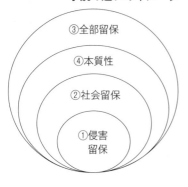

【図1-3】「法律の留保」の範囲と学説の違いのイメージ
③全部留保
④本質性
②社会留保
①侵害留保

⑤権力留保説：許認可や行政による実力行使など権力的行為すべてに法律の根拠を必要とする。この説は、前の①〜④とは視点が異なり、行為・手段の性質に注目している。

　これら学説には、それぞれ一長一短がある。そのため、古典的な侵害留保説を最低限の前提としつつ、現行憲法との整合性や現代行政の展開に適合するため、どこまで行政実体法を必要とする範囲を広げるのか、「侵害」や権利、「本質的内容」の中身などについて議論されている。

　視点の違う⑤を除き、①〜④の違いは、例えば生活保護など社会保障給付について法律の根拠を要するかどうかで①と②が区別される（①によれば不要だが、②によれば必要）。さらに、重要な政策実現のための補助金給付に法律の根拠を要するかどうかについて①②と③④が区別される（①②によれば不要だが、③④によれば必要）【図1-3】。もっとも、④の考え方は、最近支持を得てきてはいるが、「本質的内容」を広く捉えたり、狭く捉えたりすることもあるため、その範囲がはっきりしないところが大きな課題である。

Ⅲ　行政活動と法の一般原則（不文法）

　前述のような文章化された法規範以外の**不文法**として、**慣習法**、**判例法**および**法の一般原則**がある。ただし、日本は、法制度の基本を成文法で定める成文法主義を採用し、基本的な法原則を過去の判例から取り出す判例法主義をとっていないため、判例法を法規範とは認めない否定説が強い。そうであっても、裁判例を先例や参考にして、個別法の解釈や法の一般原則を行政活動にあたって用いることは、未来における行政上の紛争を予防するためにも重要である。

1 慣習法

日本は成文法を原則とするため、不文法は多くない。慣習法としては、法令を官報によって公布することや、慣習法が実体法に取り入れられている例として、慣行として祭事のための刀剣所持を認めること（銃刀法4条1項7号）などがある。

2 法の一般原則

法の一般原則とは、法令上に明文の規定があるわけではないが、一般的に妥当する法原則をいい、例えば、**信義則・信頼保護**、**権限濫用の禁止**、**比例原則**や**平等原則**などがある。

(1) 信頼保護の原則（信義則）

私人間と同じように、行政と私人の間の法的紛争は成文法だけで解決できるわけではない。国・地方公共団体が当事者となる法律関係でも、**信義に従い誠実に行動しなければならない**（民法1条2項参照。→第2章第6節Ⅰ2(3)）。ただし、この原則が大きく修正される場合がある。例えば、所得税の納税については、個人事業主の場合、細かな経理をせずに確定申告をする「白色申告」と、詳細な経理をして税金の控除枠を大きくできる「青色申告」がある。青色申告をするためには、あらかじめ税務署長の承認が必要である。租税は法律で定められ、それをしっかりと守るという考え方（租税法律主義）があるから、法律とは違う取扱いは原則としてできない。納税者間の平等・公平も重視される（租税公平主義）。このような制度の下で、例えば、本来は「白色申告」をしなければならない者が誤って「青色申告」をしてしまい、税務職員のチェックでもそのミスが見落とされた場合を考えてみよう。この場合、青色申告の方が大きく経費を控除されるため、後になって本来白色申告で払われるはずの納税額のうち不足分を支払うように税務署長が更正処分をすることになる。この納税者が、「自分の税金は青色申告をすればよい」と勝手に税務署の処理を信頼していても、税務署長などが納税者を積極的に青色申告でよいと誤解させるなどの事情があって、租税法の原則に照らしても納税者の信頼を保護しなければ正

義に反するような特別な事情があるときに、例外的に保護されるにすぎない。このように租税法分野では信頼保護は例外的な扱いになる（最判昭和62・10・30判時1262号91頁〔青色申告事件〕）。

(2) 権限濫用の禁止

行政機関は、その権限を、本来の法の趣旨・目的と異なる意図で、恣意的に行使してはならない。例えば、児童福祉施設から200m内で個室付浴場の営業が禁止される距離制限制度がある場合、個室付浴場の開業阻止を目的として事業予定地の近くにわざわざ児童公園を設置した場合には、行政権の濫用として違法となる（最判昭和53・5・26民集32巻3号689頁〔個室付浴場事件〕）。

(3) 比例原則

行政の権限行使にあたって、その目的と手段の関係は「比例」していなければならない。具体的には、①権限行使の**目的達成にふさわしい手段**、②権利制限の度合いが**必要最小限度の手段**でなければならない。それゆえ、【図1-4】のように、権限行使の必要性（目的の重要性）と手段の権利制限度合いが比例関係になければならず、それを超える手段を選択したときは過剰な制約として違法となる。例えば、公務員が一度だけ酒気帯び運転をし、事故を起こさなかった場合、公務員としてふさわしくない非行であるから制裁することを目的として、適切な懲戒処分をすることになる（①目的達成にふさわしい手段）。しかし、懲戒処分の中で一番重い「懲戒免職処分」をすることは、必要最小限度を越えている（②必要最小限度の手段）ため、比例原則に反して違法とされることがある（過剰な制約の禁止）。

他方で、権限を行使する必要があるにもかかわらず、権限を

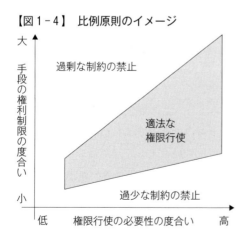

【図1-4】 比例原則のイメージ

行使しなかったり、実効性のない手段が選択されたりしたときは、規制権限不行使ないし不十分な行使として違法となる（過少な制約の禁止）ことがある（→規制権限不行使の違法。第6章第2節Ⅵ 2 (3)）。

　それゆえ、この比例原則によれば、過剰な制約と過少な制約の中間領域が適法な権限行使となる。

(4) 平等原則

　平等原則は、例えば公民館の使用について、市が正当な理由なくそれを拒否する場合によく問題となる。同じ条件のAさんとBさんの取扱いが違うことは、原則として許されない。ただし、異なる扱いに正当な理由があれば、この原則に違反しない。

〈課題〉
1．侵害留保説によれば、「法律の留保」の対象にならない行政活動はどれか。
　①生活環境改善のための補助金支給　②国土交通省の設置　③生活保護の支給　④営業許可
2．ある河川の河口部に無断でヨット係留用の鉄杭が打ち込まれていたため、漁船などの航行上非常に危険があった。その河口部は漁港でもあったから、旧漁港法に基づき漁港管理権者であったA町長は、鉄杭の所有者に撤去を要請するとともに、早急な撤去を関係機関にも要請したが、うまくいかなかった。旧漁港法26条によれば、漁港管理規程（条例）に基づいてこの事態に対処すべきであったが、A町はこの規程を定めていなかった。A町長は、所有者に対して、鉄杭の撤去を指示したが、所有者は対応しなかった。そこで、A町は、緊急性があったため、鉄杭の撤去を強行した（行政代執行。→第2章第4節Ⅱ）。この撤去は法的にどう評価されるか。
　ヒント：最判平成3・3・8民集45巻3号164頁（ヨット係留用鉄杭撤去事件）

第2節　行政の仕組み

本節では、行政活動を支える組織のほか、地方自治や公務員に関わる法原則と法制度について学ぶ。

I　行政組織法定主義

大日本帝国憲法の下では、法律ではなく、天皇の勅令により行政組織の編成および公務員の任免等が行われてきた。これを官制大権や任免大権という。しかし、日本国憲法は、国民主権の下でこの大権を廃止し（1条等）、内閣（66条）、会計検査院（90条）、地方公共団体（92条）および公務員（15条）等について定めを置いている。

また、行政組織に対し国権の最高機関である国会（憲法41条）による民主的コントロールを及ぼすことを目的に（憲法73条4号）、**行政組織の基幹部分は法律で定められなければならない**（行組法3条1項）。これを**行政組織法定主義**という。例えば、内閣府設置法では、副大臣、政務官および事務次官ほか、官房と局などが定められている。

II　行政主体

1　国と地方公共団体

行政上の権利義務を負う主体を**行政主体**といい、主なものに**国・地方公共団体**がある。地方公共団体には、都道府県と市町村（2014年4月5日現在1,718団体）という**普通地方公共団体**のほか、**特別地方公共団体**として市に準じる特別区（東京都23区）などがある。市町村は基礎的地方公共団体として地域の事務のほか法律等で定められているものを処理し、都道府県は広域的事務、市町村の連絡調整などを処理する（自治法2条2項・5項）。なお、市には、人口50万以上の市のうちから政令で指定される**指定市**（20市）、人口20万以上の市の申

出に基づき政令で指定される**中核市**（2017年1月現在48市）などがあり、その行財政能力に応じて処理する事務の範囲に差が設けられている。

2　その他の行政主体

以上のほかにも、例えば土地区画整理組合（土地区画整理法14条以下）がある。この組合が実施する土地区画整理事業は、ある一定区域内の土地について、土地所有者など7名以上がまとまって道路や公園等の公共施設の整備や改善、宅地利用を増進するもので、地方公共団体等も実施できる（→第5章第3節Ⅲ3(3)(d)）。このように、公の行政に属する特定の事業を行うために特別の法律や手続に基づき設立される法人として**公共組合**がある。その特徴として、設立された場合、関係者はその組合へ加入を強制され、組合費を強制徴収される。

また、国立印刷局や造幣局、大学入試センターのように、国民生活と社会経済の安定等の点で確実に行われることが必要ではあるものの、直接国や民間に実施させないで効率的かつ効果的な業務遂行を目的として法律によって設立される法人である**独立行政法人**（独立行政法人通則法2条1項）も行政主体である。同様のものとして、国立大学法人のほか、公立大学や公立病院などの地方独立行政法人もある。

Ⅲ　行政機関

行政機関とは、行政活動に携わる国や地方公共団体の機関をいう。この行政機関には、主に2つの分類がある。第1に、学問上の用語法としての行政機関である。これは、行政主体のために活動する行政実体法上の権限を基準にして大臣・長官、事務次官・部課長などを位置づける。第2に、内閣法や行組法など実定法で定められた仕事の範囲やその分担など担当する事務配分を基準に内閣、各省庁や内部部局のような事務担当組織を指す（後掲【図1-5】参照）。前者は、行政行為などの行政活動（→第2章）や行政争訟（→第5章）などを学ぶときに役立つ。後者は、行政手続（→第3章）などを学ぶときに役立つ。

ここでは、前者の権限配分からみた場合の行政機関として重要な行政庁、補助機関と執行機関について取り上げたい。

1　行政庁

行政庁とは、行政主体の意思・判断の決定に責任をもち、対外的に表示する権限をもつ機関であって、大臣や国の地方支分部局長（税務署長など）、知事・市町村長（以上、独任制機関）、公正取引委員会、教育委員会、公安委員会（以上、合議制機関）などがある。各種許可書や証明書に、権限をもっている者の名前が記載されているので、それで確認できる。

2　補助機関

補助機関とは、行政庁の意思決定やその表示などを補助する機関であって、副知事や事務次官、職員などである。

そのほか、行政庁の諮問に対し、答申して意見を述べる「諮問機関」と行政庁の意思・判断の決定に関与する「参与機関」がある。諮問機関には情報公開・個人情報保護審査会（情報公開・個人情報保護審査会設置法。→第4章第1節Ⅲ）がある。

諮問機関の答申には、法的拘束力はなく、行政庁はそれに従う法的義務がないものの、制度趣旨から、その内容を尊重する義務がある。その結果、合理的な理由がなければ、答申とは違う行政庁の決定は違法と判断されやすい。

一方、**参与機関**については電波監理審議会（電波法99条の2、特に94条1項）や検察官適格審査会（検察庁法23条）のように、「議決により」や「議決を経て」と規定されていることが多い。したがって、その決定は、行政庁を法的に拘束し、それに従わない行政庁の決定は違法となる。

3　執行機関

最後に、警察官や消防署員、徴収職員のように、個別の法的根拠に基づいて、行政の相手方に対し、具体的実力をもって執行する任務をもつ機関がある。なお、地方自治法第7章では「執行機関」として知事や教育委員会等が挙げられているが、それは行政庁であることが多く、ここでいう実力行使をする執行機関ではない。法律上の文言と学問分類上の文言に違いがあるので注意が必要である。

Ⅳ 行政組織の相互関係

1 行政組織内のタテとヨコの関係

　行政組織を構成する機関は単一ではなく、複数ある。国の場合、【図1-5】のように内閣を頂点に行政機関がピラミッド状に構成されている。また、各省の大臣間のように対等な関係（ヨコの関係）と、各省内部の大臣と事務官のように上下の関係（タテの関係）に分けて捉えることができる。そして、行政機関の間で矛盾抵触がないよう一体性を確保するため、次のようなヨコとタテの関係が見られる。

①ヨコの関係：内閣の統轄の下、国の対等な行政機関の間では、行政機関相互の調整と連絡・連携（行組法2条2項）や必要な資料の提出および説明要求、意見申述ができる（行組法15条）。

②タテの関係：上級行政機関と下級行政機関の間で「指揮監督」が行われる。

　なお、特に、国と地方公共団体の関係は、上下関係と捉えられやすいが、本来、対等関係にある。ただ、地方公共団体の事務遂行が違法であったり、著しく適正を欠く場合には、法定された国の「関与」が認められている（自治法245条以下）。

2 上級行政機関と下級行政機関――指揮監督権

　下級行政機関に対する上級行政機関の**指揮監督権**は、公私いずれの団体・組織体であっても、一体性を担保するために不可欠である。そのため、この指揮監督権については、個別的な組織法上の根拠を必要としないのが原則である。ただし、実定法上、内閣法6条以下、行組法14条、自治法154条以下に関係する規定がある。指揮監督権の具体的な内容としては、次の6つがある。

①**監視権**：上級行政機関が下級行政機関の権限行使の実情を知るため、行政事務をチェックし、情報提供・報告させる権限。

②**許認可権**：上級行政機関が下級行政機関の一定の権限行使についてあらかじめ自己の承認を要求する権限（国税徴収法159条2項）。

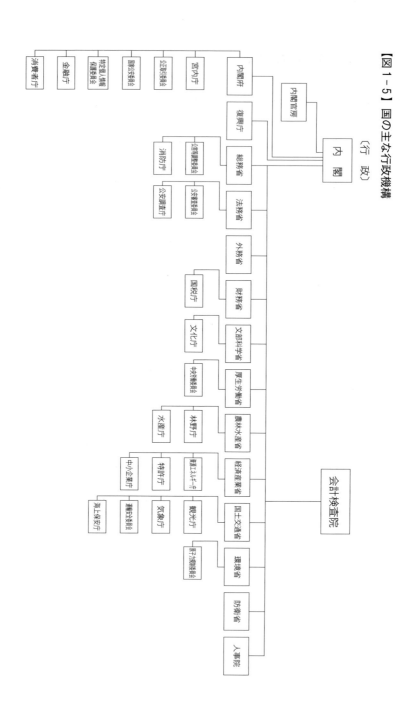

③訓令権：上級行政機関が下級行政機関の権限行使を指揮するために発する命令権限（行組法14条2項）。
④取消し・停止権：上級行政機関が、職権によりまたは不服申立てに基づいて、下級行政機関の違法もしくは不当な行為を取消しまたは停止させる権限。
⑤代執行権：上級行政機関が下級行政機関に代わって事務を遂行する権限。
⑥権限争議の決定権：上級行政機関が、下級行政機関の間でどこに権限があるのか疑義が生じた場合に、それを裁定する権限。

このうち、代執行権については組織法上の根拠が必要とする学説が多い。

職務命令と服従義務

地方公務員法32条は、「職員は、その職務を遂行するに当って、法令、条例、地方公共団体の規則及び地方公共団体の機関の定める規程に従い、且つ、上司の職務上の命令に忠実に従わなければならない」と規定している。職務命令が違法であると思われる場合、法令に従う義務との間で矛盾が出てくる。そこで、通常、次のように考えられている。職務命令が、例えば、スピード違反をして運転することや禁止されている政治活動を要求するような、重大かつ明白な違法がある場合、公務員に服従する義務はない。一方、職務命令が適法かどうか疑わしい場合、上司に対してこれに関する意見を述べることができるとしても、その職務命令は有効として公務員には服従義務がある（最判平成15・1・17民集57巻1号1頁〔議員野球大会出張旅費事件〕）。

3　地方自治──国と地方の役割分担

日々の暮らしの中では、身近な市町村の仕事が重要な意味をもつ。地方公共団体は、住民の福祉増進を基本に「地域における行政を自主的かつ総合的に実施する役割を広く担う」（自治法1条の2第1項）。そのため、行政法においても地方自治の視点は重要である。地方公共団体は、**地方自治の本旨**（憲法92条）、つまり、住民の意思に基づき（**住民自治**）、国とは別個独立した立場で（**団体自治**）、地域社会において住民により近い位置で地域の特性に合わせて、事務を担い、行政活動を行うことがその役割である。その一方で、国は、国際社会に

おける国家としての存立に関わる事務、全国的に統一して定めることが望ましい事務または全国的な規模・視点で行わなければならない施策・事業など「国が本来果たすべき役割」を重点的に担う。

地方公共団体が処理する事務は2つに区分される。国・都道府県が本来果たすべき役割に係る事務で国・都道府県においてその適正な処理を特に確保する必要があるものとして法律等で特に定める**法定受託事務**と、それ以外の地方公共団体が処理する**自治事務**である。

V　権限の代行

行政組織法定主義の考え方からすれば、権限を有する行政機関が自らその権限を行使することが本来の姿である。しかし、権限は組織のトップである行政庁（大臣や知事、市長等）に集中しており、効率化等の観点から、補助機関に相当程度、権限行使の代行を認めざるをえない。この代行については、**代理**、**委任**と**専決**の3種類が重要である。

1　権限の代理

「代理」の意味は民法と同様である（民法99条）。つまり、他の行政機関（例：副市長）が本来の権限保有者（例：市長）に代わって権限を行使し、本来の権限保有者の行為として効果を発生することになる。この場合、後述の「権限の委任」とは異なり、本来の権限保有者が権限をもち続ける。この権限の代理には、通常、**授権代理**と**法定代理**がある。

(1)　授権代理

本来の権限保有者の意思に基づいて、一部の権限について代理関係が生ずるものを**授権代理**という（例：自治法153条）。例えば、「市長の権限に属する事務の一部を臨時に代理する者を定める規程」などによって定められている場合である。この授権代理があった場合、文書で記載される場合には、例えば「○○市長臨時代理者○○市副市長××」と明示される。

(2) 法定代理

事故や発病などの法定事実の発生に基づき法律上当然に代理関係が生ずるものを**法定代理**という（例：国公法11条3項、自治法152条1項）。本来の権限保有者により代理者が指定される場合を特に指定代理といい（内閣法9条・10条、自治法152条2項）、規則等で明示されている場合も多い。例えば、市長の法定代理の場合、許可書等には「〇〇市長職務代理者〇〇市副市長××」と表記される。ただし、選挙で選ばれた市長等の専権事項と考えられる議会の解散などは法定代理の対象とならない。

2　権限の委任

行政庁が法律上定められた権限の一部を他の行政機関に委譲して、その行政機関の権限として行わせることを**権限の委任**という（自治法153条、情報公開法17条等）。自動車の例でみると、自動車の登録（道路運送車両法8条1項）・車検証の交付（同法60条1項）は国土交通大臣が行うことになっている。しかし、国土交通大臣が一人ですべてを行うことはできないから、地方運輸局長や陸運支局長等に委任されており（同法105条1項および2項、同法施行令15条1項1号）、通常、陸運支局長名で車検証等が交付される。このように、権限の委任では、法律により本来権限をもっていた行政庁（**委任行政庁**）から他の行政機関（**受任機関**）へと権限が移動するため、委任行政庁はその権限を失い、受任機関が自分の名前でその権限を行使する。そして、**行政組織法定主義**の観点から、権限を委任する場合には、法律の根拠と公示等が必要とされている。

3　専　決

行政組織内部の意思決定は、通常、申請などを審理し決定の起案をする職員→その上司→決裁権者による決定（決裁）を経て行われる。例えば、行政窓口に行けばわかるように、自動車の車検証交付（陸運支局長）にしても、住民票の交付（市長）にしても、交付権限をもつ者はその場にいないにもかかわらず、これら証明書では、本来の権限保有者あるいは受任機関の名前で交付されている。このような事務処理方式が**専決**と呼ばれる。

つまり、**専決**とは、文書決裁に関する1つの方式で、本来権限を有する機関

の決裁印がなく、あらかじめ決裁規程等によって特定された補助職員の決裁印のみで国・地方公共団体の意思を決定する方法である。このような専決関係は外部に表示されず、対外的には、本来の権限保有者自らこれを行使したものとして取り扱われるから、法的意味での権限の代理や委任ではない。

VI 公務員制度

今まで見てきた行政組織法は、どの省庁にいかなる役割と仕事を割り当てるか、その組織内のどのポストに権限を割り振るのかを規律するものであった。これに対し、公務員法は、公務員の採用から退職までの勤務条件などに関する雇用関係を中心に規律する。例えば、ある市でAが福祉部局の課長となっているとき、課長としての仕事と権限を規律するのが行政組織法である。それに対し、Aの給与や勤務時間などの勤務条件のほか、上司の職務命令への服従、守秘義務や政治的行為の制限・禁止など公務員としての義務も規律するのが公務員法である。

公務員法の主なものに国公法と地公法がある。**国公法**は国家公務員の勤務条件などのほか、給与その他の勤務条件の改善や人事行政の公正の確保などを目的に設置された**人事院**について定めている。また、地公法は地方公務員の勤務条件などのほか、国の人事院に類似する役割をもつ人事委員会等について定めている。

〈課題〉
1．次のうち、行政主体でないのはどれか。
　①知事　②中核市　③警察官　④政令指定市の区　⑤独立行政法人
2．A県水道部の予算執行は水道部長Bが行うが、百万円未満の予算事務は同部総務課長Cの専決事項とされていた。Cは、実際には会議が行われていないのに会議接待費として90万円を支出する事務手続を行い、Bらとの遊興費に充てた。A県に対し、BとCは損害賠償をしなければならないか。
　ヒント：最判平成3・12・20民集45巻9号1455頁および1503頁（大阪府水道部会議費事件）

第3節　適正手続の意義と根拠

本節では、適正手続の重要性を説明する。ここでは、特に適正手続の恣意抑制機能や争訟便宜機能が重要である。

Ⅰ　行政手続の基本原則

行政手続の基本原則として、適正手続の原則と国民参加の原則がある。
①**適正手続の原則**：行政機関が活動する前に、その活動で不利益を被る私人に対し、私人が自己の権利利益を保護するための意見や資料を提出する機会を与えるべきであるとの原則をいう。告知と意見聴取の機会を保障することが求められる（デュープロセス）。
②**国民参加の原則**：政府が主権者である国民に重要な情報を適宜提供し、国民の意見を国政に反映させるべきであるとの原則をいう。その地方版が住民参加の原則となる。

一般論として、行政手続の性格は、私人の権利利益を保護するための手続（自由主義、権利保障）と、行政機関の政策決定に国民・住民の意見を反映させるための手続（民主主義）に分かれる。適正手続の原則は**自由主義**、**権利保障**に依拠し、国民・住民参加の原則は**民主主義**（国民主権・住民自治）の理念に基づく。

Ⅱ　適正手続の必要性

後述する行手法は、適正手続の原則を重視して制定されている（→第3章）。このような行政手続は、どうして必要なのか。

行政手続は、決定内容の正しさを直接的に保障しない。適正手続を経たとしても、誤って判断されることもある。このことは、慎重な手続をとる裁判でも誤判をしてしまうことがある点を考えれば明らかであろう。それでもなお、行政手続は、3つの観点から重要である（行手法1条参照）。

①恣意抑制機能：行政手続は、行政決定をする前に、行政の慎重な考慮を確保し、恣意的な判断を抑制する。
②争訟便宜機能：行政手続は、行政決定の理由を明らかにすることによって、その決定に不服がある者は、裁判や行政不服申立てで焦点を絞った主張をすることができる（以上の①②については、最判昭和38・5・31民集17巻4号617頁〔青色申告更正処分事件〕）。
③透明性促進機能：行政手続は、行政決定とそれに至るまでのさまざまな情報を開示し、行政活動に対する社会的な監視を容易にする。

Ⅲ　憲法上の根拠

　行政手続の整備は、憲法上の要請として立法者を拘束するか、それとも立法者の判断に任された立法政策の問題か。最高裁判例によれば、①憲法31条に定める法定手続の保障は、直接的には刑事手続に関するものであるが、行政手続のすべてがその保障外にあるわけではない。②しかし一般に、行政手続は、刑事手続とその性質に違いがあり、また、行政目的に応じて多種多様であるから、常に行政処分の相手方に事前の告知、弁解、防御の機会を与えなければならないわけではない（最大判平成4・7・1民集46巻5号437頁〔成田新法事件〕）。

　つまり、この判決は、憲法31条の法定手続の保障は行政手続にも及ぶが、同条は刑事手続を直接の対象とするため、その保障の範囲は狭く限定されると判断している。また、憲法によって実際に保障される場面や整備しなければならない手続の内容も具体的に説明していない。この理由は、行政手続の整備・拡充に関する第一次的責任は国会や行政が負うのであって、裁判所の役割ではないと考えたためであろう。第3章で説明する行手法は、こうした事情を背景に成立した。

第 2 章

行政活動

第 1 節　行政活動の基本モデル

　本章では、行政活動を、①行政立法、②行政行為、③行政強制、④その他の行政活動に分けて説明する。これを学ぶことで、行政活動の基本的な流れを理解できる。

　第 1 に、①～③の行政活動の三段階構造を理解しよう。これは、法律を前提として、①**行政立法**で法律の一般的・抽象的な内容を具体化し、②**行政行為**で国民の権利・義務を具体的に確定し、③**行政強制**で義務履行を確保する、というモデルをいう。この構造を理解したら、第 2 に、現実の行政活動では、④**行政計画、行政指導、行政契約、行政調査**といった他の活動形式も多用されていることに注意しよう。

　以上の内容を、**建築基準法**を例に説明する（【図 2-1】参照）。同法は、建築物の最低基準を定めて、「国民の生命、健康及び財産の保護」を目的とする法律である（1 条）。危険な建物が建つと、倒壊や火事により国民の生命・健康・財産に被害が生じるおそれがあるため、同法は、建築計画を工事前にチェックする仕組み、**建築確認制度**を設けている。この建築確認を得なければ、建築主は、建築工事を始められない（建築基準法 6 条 1 項）。以下では、建築主がマンションを建てる場面を例に、行政活動の流れを説明しよう。

【図2-1】建築基準法の基本的な仕組み

※条文は建築基準法のもの

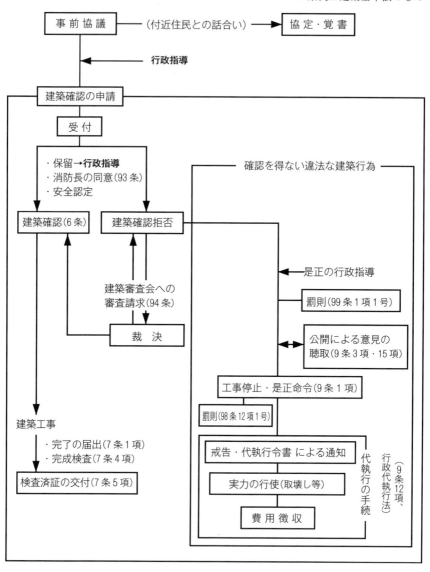

(a)**行政立法**：建築基準法によれば、建築主は、確認の申請書を提出し、マンションの建築計画が「建築基準関係規定」に適合するかどうかについて、建築工事の着手前に建築主事の確認を受けなければならない（6条1項）。建築基準関係規定は、建築物の安全確保などに必要な基準を定めたものであり、その1つに、「当該建築物の安全上必要な構造方法に関して政令で定める技術的基準に適合するものであること」（20条1項1号）という規定がある。この技術的基準は、建築物を地震などに強い構造とするための基準である。ただし、建築基準法自身は、その具体的な技術的基準を定めず、政令で定めることにしている。ここでいう**政令**が、**行政立法**の1つであり、法律の内容をより具体化するものである。建築主は、この政令により、建築確認を得るための基準を明確に理解できる。

(b)**行政行為**：建築主は、法律や行政立法の内容を理解した上で、建築確認の申請を行う。行政庁は、申請の内容が建築基準関係規定に適合すれば建築確認を出し、そうでなければ建築確認を出さない。この**建築確認**が**行政行為**である。建築確認は、それを受けなければ、建築工事をすることができないという法的効果をもつ。建築確認を得ずに建築工事に着手することは、違法であり、許されない。

(c)**行政強制**：建築確認の申請をした建築主が、その申請を拒否されたにもかかわらず、建築工事に着手したらどうなるか。この場合に、義務履行を確保する手段がなければ、建築確認制度を設けた意味がなくなってしまう。そこで建築基準法は、建築工事に着手する前に建築確認を得なかった建築主について、不作為義務に違反するため、「1年以下の懲役又は百万円以下の罰金に処する」と定めている（99条1項1号）。これは、**行政強制**の一種、**行政刑罰**である。行政刑罰は、義務違反者に**制裁**を加えることを明らかにし、義務違反の発生を抑止する仕組みである。また建築基準法によれば、行政庁は、違反建築物の是正命令（行政行為）を出すこともできる（9条1項）。もし建築主が、この是正命令に従わないときは、行政庁が自ら是正行為（取壊しなど）を行い、それにかかった費用を建築主から徴収できる（9条12項、行政代執行法）。この**行政代執行**も、**行政強制手段**の一

例であり、**違反状態の解消自体を目的とする**。

(d) その他の活動形式：マンション建設に関わる行政活動は、以上の(a)～(c)だけではない。

　(ア) 大きなマンションは、そもそもどこにでも建てられるわけではない。それは、地域・地区に関する都市計画があり、地域ごとにさまざまな制限があるからである。例えば、都市計画の1つ、用途地域制度（→第2章第6節Ⅰ1）により、自治体が第一種低層住居専用地域に指定した地域では、高さ制限などを理由に大規模マンションの建設が禁止される。この**都市計画**が、**行政計画**の例である。

　(イ) 建築主は、(b)の建築確認申請を行う前に、担当の行政機関とさまざまなやりとりをする。行政機関は、建築主に対して、申請手続に関する情報提供をしたり、場合によっては、「周辺住民の生活環境に配慮して、もう少し小規模なマンション建築計画にしてはどうか」といった助言・勧告をしたりする。こうした**助言・勧告**を**行政指導**という。行政行為が、権利を制限したり、義務付けたりする法的効果をもつ法律行為であるのに対し、行政指導は、そうした効果をもたない事実行為である。

　(ウ) 建築主は、マンション建設予定地周辺の生活環境に配慮して、自治体と協定を締結し、緑化などの実施と維持・管理を約束することも多い。この**協定**を**行政契約**という。

　(エ) 行政庁は、違反建築物があるという情報を得ると、現地調査や事情聴取などの調査を行い（建築基準法12条）、(c)の是正命令を出すかどうかを判断する。こうした**調査**を**行政調査**という。行政調査は、行政行為や行政指導等の根拠となる証拠を集めるための活動である。

第2節　行政立法

　行政立法とは、行政機関が条文形式で規範（ルール）を定める活動またはそれによって定められた規範それ自体を意味する。行政基準ともいう。行政立法は、曖昧な法律の内容を具体化し、法律の執行方針を明らかにする。また、行

政立法は、法規命令と行政規則の2つに大きく分けられる。

I 行政立法の必要性

　憲法41条は、国会が唯一の立法機関であると定める。この考え方を貫徹すれば、国会がすべての事項を法律で定めることが要請されよう。しかし、国にさまざまな役割が期待される現代社会では、そのすべてを国会が処理して、法律に定めることは不可能である。国会の能力や時間にも限界があり、必要とされる事項をすべて定めることはできない。その結果、法律では、要件や効果について一般的抽象的な定め方をして、行政立法を通じて内容を具体化することが多くなる。

　ただし憲法は、**法律の委任**がある場合に限って、後述する**委任命令**（政省令など）により国民の権利義務について定めることを認めている。このことは、憲法73条6号において、法律の委任に基づいて罰則を政令で定めることができると規定していることからも見て取れる。他方で、憲法は、法律の根拠なく独立して定められる独立命令を認めていない。明治憲法は、天皇が**独立命令**を出すことを認めていたため、この点で大きく異なる。

II 行政立法の機能

　行政立法は、どういった機能をもつか。立法機関の定める法律では、しばしば一般的抽象的な文言を使って行政判断の余地（裁量。→第7節）を認め、行政活動の機動性・即応性を確保し、社会状況の変化に応じて柔軟な対応ができるようにする。しかし、曖昧な法律を適用しようとすると、個々のケースで判断が異なる結果となりやすい。行政立法は、判断の基準を統一し、行政権限の公正かつ平等な行使や恣意的な運用を抑止することに資する。

　例えば、銃刀法14条によると、「美術品として価値のある刀剣類」は、都道府県教育委員会の登録を受ければ所持が認められる。しかし、どのような事柄を申請する必要があるか、どのようにしてその価値が判断されるのかなどは、条文上定かでない。この点に関し、同条5項は、「鑑定の基準及び手続その他

登録に関し必要な細目は、文部科学省令で定める」こととしている。そこで、その省令に当たる銃砲刀剣類登録規則をみると、申請書の形式や、「刀剣類」としては、「日本刀」で工芸品や資料的価値があるもの等に限られることが詳しく規定されている（銃砲刀剣類登録規則1条・4条2項）。

このように、行政立法は、統一的な基準を示すものであり、**恣意的な行政判断を排除し、公平・公正な取扱いを促進する**。また、あらかじめ、どのような刀剣類が登録対象になるかが明確になり、それ以外のものは所持できないことがわかるから、**不意打ち防止や予見可能性の向上に役立つ**。

ただし、具体例として挙げた「美術品として価値のある刀剣類」を日本刀に限定することが適法かどうかは、別途、考える必要がある。それは、銃刀法2条2項の「刀剣類」の定義では日本刀に限定されていないからである。この点が大きな争点となった事例で、最高裁は、戦後の占領期に武器を取り上げる政策がとられたが、日本文化を守るために日本刀の登録制度を作ったという歴史的経緯などから、「日本刀」に限定したことを適法とした（最判平成2・2・1民集44巻2号369頁〔サーベル登録拒否事件〕）。この点は、後述の委任立法の限界の問題である（Ⅳ2）。

Ⅲ　法規命令と行政規則の一般的区別

行政立法は、**法規命令**と**行政規則**に大別される。法規命令は、法律と同様に国民を拘束するなどの効力を有し、その制定には法律によって法規命令に委任する明確な根拠が必要である。他方で、行政規則は、行政組織内部で通用する効力があるだけで、行政組織外の国民等を拘束するものではなく、その制定に法律による委任は不要である。法規命令と行政規則の一部は、行手法が定める意見公募手続の対象となる（→第3章第2節Ⅴ）。なお、行政立法（特に法規命令の制定）は、原則として**処分性**を欠くため、取消訴訟をはじめとする抗告訴訟の対象にならない（→第5章第3節Ⅲ3）。

【表2-1】法規命令と行政規則

	法規命令（政令・省令など）	行政規則（通達・訓令など）
法的拘束力	あり（法律と同様）	なし（行政組織内部のみ）
法律の根拠	必要	不要
制定手続	意見公募手続	意見公募手続（一部）

Ⅳ　法規命令

1　法規命令の性質と分類

　法規命令は、国民一般の権利義務に関わる規範であり、法律と同様の効力を有する。法規命令の形式にはさまざまなものがあり、内閣が定める**政令**（憲法73条6号）、内閣総理大臣が定める**内閣府令**（内閣府設置法7条3項）、各省大臣が定める**省令**（行組法12条1項）、庁の長官と委員会が定める**規則**（同法13条1項）がその代表例である。

　法規命令は、一般に、**委任命令**と**執行命令**に分類される。例えば、大臣は、①「法律若しくは政令を施行するため」または②「法律若しくは政令の特別の委任に基づいて」命令（府省令）を発することができる（内閣府設置法7条3項、行組法12条1項）。①の部分は特別の委任がなくても定められる執行命令について、②の部分は特別の委任がなければ定められない委任命令について定めたものとみることができる。このように、委任命令は国民の権利義務の内容を定めるもので、法律による個別的な委任が必要である。これに対し、執行命令は、法律を施行・執行するために必要な申請書の記載事項などの様式・細目に関わるもので、個別の法律による委任がなくても、前記規定のような**包括的委任**があればよいとされている。

2　委任命令の限界

　委任命令の限界は、**白紙委任の禁止**と**委任範囲の逸脱禁止**という2点で主に問題となる。前者は、国会（議会）による委任の仕方の問題であり、後者は、委任を受けた行政による命令の定め方や内容の問題である。

第1に、国会が行政機関に委任をする際に、行政機関の判断にすべてを委ねるに等しい白紙委任をしてはならない（白紙委任の禁止）。白紙委任は、実質的に国会の役割を放棄するに等しく、憲法41条に違反すると解されるからである。ただし、従来の判例は、委任の仕方の具体性を極めて緩やかに捉えてきた。例えば、国家公務員法102条1項は、職員は「人事院規則で定める政治的行為をしてはならない」と定め、人事院規則14-7第6項が禁止される政治的行為を列挙する。国家公務員法102条1項は、禁止される政治的行為の内容（違反の場合には刑事罰がある）を人事院の判断に全面的に委任するように読めるものの、最高裁は、この委任の仕方を合憲とした（最大判昭和49・11・6刑集28巻9号393頁〔猿払事件〕）。このように判例は、白紙委任を理由として法律を違憲とすることに消極的である。

　第2に、委任命令は、法律に違反してはならない（委任範囲の逸脱禁止）。委任命令は、法律による委任の範囲内で定められる限り、法律と同様の効果をもつものの、法律に違反する場合には違法無効となる。これは、法律の優位原則に照らし、当然の帰結である（→第1章第1節Ⅱ3）。例えば、法律ではある一定範囲でしか権利制限を認めていないにもかかわらず、政令によってそれを超えて制限する場合のように、法律による委任の範囲を超えてはならない（最大判平成21・11・18民集63巻9号2033頁〔地方自治法施行令事件〕）。

　委任命令が委任の趣旨に反するかどうかは、**法律の文言、趣旨・目的、仕組み**に加え、**委任命令によって制限される権利利益の性質**などを考慮して判断される。例えば、法律婚をしないままで生まれた児童の母が児童扶養手当を受給していたが、その後父が認知したため、政令に基づき、その支給が止められた事例で、最高裁は、離婚などによる場合には支給されることと比べると合理性がなく、平等原則（→第1章第1節Ⅲ2(4)）の観点も踏まえて政令の規定が法の趣旨に反すると判断した（最判平成14・1・31民集56巻1号246頁〔児童扶養手当法施行令事件〕）。

　行政立法の違法性を認めた判例の判断方法をもう少し詳しくみてみよう。最高裁は、旧監獄法50条の「接見ノ立会……其他接見……ニ関スル制限ハ命令ヲ以テ之ヲ定ム」という文言を受けて定められた、同法施行規則120条を違法とした（最判平成3・7・9民集45巻6号1049頁〔旧監獄法施行規則事件〕）。同規則120

条は、14歳未満の者に被勾留者との接見を**原則として禁じる**ものであり、最高裁は、次のように判断して違法とした。

(a)未決勾留について憲法の保障する被勾留者の自由、刑事訴訟法80条などの規定を踏まえれば、旧監獄法45条は、被勾留者と外部者の接見を**原則として認めている**。

(b)旧監獄法50条が「接見ノ立会」を例示しているから、同条が同規則に委任したのは「面会の態様」（接見の時間・回数・手続・場所・立会い・外国語の使用）に関する制限であり、(a)の接見を原則として認めること自体の変更ではない。

(c)同規則120条は、原則として接見を禁止する内容であり、法律の定める**原則と例外を逆転させる内容**であるから、旧監獄法の趣旨に反し、同法50条の委任の範囲を超える。

このように判例は、(a)憲法と関係法規を踏まえて旧監獄法45条の趣旨を解釈し、(b)旧監獄法50条の文理解釈により、同規則の違法性を認めた（職業活動の自由に相当程度の制約が及ぶことを重視し、厚生労働省令の違法性を認めた最判平成25・1・11判時2177号35頁〔薬事法施行規則事件〕もある）。

V　行政規則

1　行政規則の性質と分類

行政規則とは行政内部の基準であって、実務上、通達、訓令、要綱、ガイドラインなど、さまざまな名称のものがある。その内容は、法令の解釈基準、裁量基準、給付規則（補助金交付基準など）、指導要綱（行政指導の指針）、行政組織に関する規則等に分類できる。ここで特に重要なのは、**解釈基準**と**裁量基準**である。解釈基準は、法令に関する**行政解釈**を統一化する目的で制定され、裁量基準は、**行政裁量**（→第7節）の行使に関する方針を明確化する目的で定められる。

なお、行政規則が行政内部の基準にすぎないからといって、その設定が恣意的に行われてよいわけではない。行手法は、審査基準（5条1項）や処分基準

(12条1項)を設定し、公にすることを求めている(→第3章第2節Ⅰ3・Ⅱ2)。これらの基準は、解釈基準の場合もあれば、裁量基準の場合もある。

2　解釈基準

　解釈基準は、行政内部の法令解釈を統一するために、上級行政機関が下級行政機関に対して発するものである。例えば、行組法14条2項は、大臣等は、その仕事の範囲内において、「命令又は示達をするため、……訓令又は通達を発することができる」と定めている(内閣府設置法7条6項も参照)。ただし、こうした明文の根拠がなくても、解釈基準の制定権限は、上級行政機関の下級行政機関に対する指揮監督権に当然に含まれると考えられている(→第1章第2節Ⅳ2)。

　解釈基準は、行政組織内部に対して拘束力をもつだけで、行政組織に属さない私人や裁判所を拘束するものではなく、**外部効果**がない。例えば、租税法律主義(→第1章第1節Ⅲ2(1))が強く働く租税について、通達をきっかけに長年の非課税扱いを変更し、課税したことの適法性が争われた事案がある。この事例で、最高裁は、通達の内容が法律の正しい解釈と一致するのであるから、そのきっかけが通達によるものであったとしても、課税処分は「法の根拠」に基づく処分であり違法ではないと判示した(最判昭和33・3・28民集12巻4号624頁〔パチンコ球遊器事件〕)。

　このように解釈基準は外部効果をもたないのであるから、第1に、私人は、自己にとって不利な解釈基準が定められても、それ自体を裁判によって取り消す必要はない。その解釈基準に沿って処分された段階で、その処分を裁判で争えばよい(最判昭和43・12・24民集22巻13号3147頁〔墓地埋葬法通達事件〕)。これが、伝統的な考え方である。第2に、行政機関が解釈基準に反する処分をしたとしても、それだけを理由にして、処分を違法と判断することはできない(前掲・墓地埋葬法通達事件)。あくまでも、その処分が法律や法の一般原則に反するかどうかが問題となる。このように考えなければ、解釈基準に法的拘束力を認める結果となるからである。

3　裁量基準

　裁量基準は、行政庁が定める裁量行使の内部指針である。例えば、廃掃法は、産業廃棄物処分業許可の一要件として、「申請者の能力」を挙げており（14条10項1号）、同法施行規則は、「処分を的確に行うに足りる知識及び技能を有すること」と定める（10条の5第1号ロ(1)）。しかし、これでも曖昧であるため、ある地方公共団体は、一定の「講習を修了していること」という裁量基準を定めている。行政庁は、法律による明文の委任がなくても、裁量基準を制定できる。また、解釈基準の場合と同様に、裁量基準が制定された段階で、直接、その基準の違法性を裁判で争うことはできない。

　裁量基準は、解釈基準と同様に、行政組織外部の私人等を拘束するものではない。ただし、裁量基準が審査基準等として公にされている場合には、**間接的な法効果**をもつ場合がある。この点を明らかにするため、まず、裁量基準に反する処分がされた場合と裁量基準に従った処分がされた場合に、裁判所が処分の違法性をどう判断するのかを説明しよう。

　第1に、判例によれば、行政庁が定める裁量基準は「本来、行政庁の処分の妥当性を確保するためのもの」であるから、行政処分が裁量基準に違反していても「原則として当不当の問題を生ずるにとどまり、当然に違法となるものではない」（最大判昭和53・10・4民集32巻7号1223頁〔マクリーン事件〕）。ただし、行政庁が裁量基準に反する処分をしたことについて合理的な理由がない場合には、**裁量権の適正行使への信頼や平等原則**といった法の一般原則の観点から、処分が違法になる場合がある。例えば、公にされている不利益処分の基準（処分基準。→第3章第2節Ⅱ2）において、事業者が繰り返し違法行為をしたときは、より重い制裁を加える旨の基準が定められている場合がある。そのような基準とは違う取扱いをするならば、「裁量権の行使における公正かつ平等な取扱いの要請や基準の内容に係る相手方の信頼の保護等の観点から、当該処分基準の定めと異なる取扱いをすることを相当と認めるべき特段の事情がない限り、そのような取扱いは裁量権の範囲の逸脱又はその濫用に当たる」（最判平成27・3・3民集69巻2号143頁〔パチンコ店営業停止処分事件〕）。

　第2に、行政庁が裁量基準に沿って処分をしたとき、裁判所は、当該処分の

違法性をどう判断するか。判例は、①裁量基準に不合理な点があるか、②裁量基準を適用するかどうか、適用する場合に適正な個別事項を考慮したかどうかなどの観点から、処分の違法性を審査している（最判平成11・7・19判時1688号123頁〔三菱タクシー運賃変更申請却下事件〕）。この場合には、裁量基準を前提として裁判所が審査する方式となる。この審査方法によれば、**不合理な裁量基準に従って行われた処分は原則として違法**となろう（指名競争入札にあたって指名業者を選定する基準が問題となった最判平成18・10・26判時1953号122頁〔村外業者指名回避事件〕参照）。他方、事情によっては、裁量基準に従って処分することがあまりに不合理な結果をもたらすこともある。そうした場合には、行政庁は個別事情を考慮して処分する義務（個別事情考慮義務）を負い、その義務を尽くさないときは処分が違法となる。その理由は、そもそも法律が行政裁量を与える趣旨は、事案に即した個別的判断を可能にすることにあり、裁量基準を硬直的に適用することが、そうした法律の趣旨に反してしまうことがあるからである。

裁量基準と個別事情考慮義務

個別事情考慮義務を重視したと解される裁判例がある（東京地判昭和42・12・20判時506号20頁〔車庫前道路幅員事件〕）。この事件では、審査基準に不適合であることを理由に、個人タクシー事業免許の申請が却下された。審査基準は、①車庫前面道路の幅員は原則として4m以上とする、②ただし、4m以上の幅員の道路が車庫の付近にあるときは、前面道路幅員が3.5m以上あればよいとする場合がある旨を定めていた。この事件の場合、実際の幅員は3.48mであったため、車庫前の幅員が3.5mの基準に満たないことを理由に申請が却下された。

裁判所は、次のように述べ、却下処分の違法性を認めた。すなわち、個人タクシー免許申請者の車庫前面道路のうち、最も狭いところで、基準幅員をわずか2cmが足りないだけであって、この道路の状況からして車両がすれ違うことは十分できるから、基準幅員の3.5mに準じるものとして許可しても審査基準の趣旨に反することにはならない。それにもかかわらず、道路の幅員が3.5mに満たないことのみを理由として審査基準に適合しないと判断することは、「あまりにも硬直・形式的にすぎ、とうてい右基準の合理的適用ということはできない」とした。

〈課題〉
1．現行憲法が認めていない形式の行政立法は、次のうちどれか。
　　①委任命令　②執行命令　③行政規則　④独立命令
2．墓地埋葬法は、墓地等の管理者が埋葬の求めを受けたときは「正当の理由」がなければならないと規定し、これに違反すると刑罰の対象となる。「正当の理由」の解釈について、「埋葬の依頼者が他の宗教団体であることのみを理由としてこの求めを拒むことは、『正当の理由』に該当しない」と定める通達がある。この通達は、法規命令か、行政規則かについて、法的拘束力や法的根拠の必要性といった観点から検討しなさい。

第3節　行政行為

　行政行為は、行政活動の中でも特に重要な行為形式である。行政行為の特徴に応じた分類、取消しと無効の区別などについて学習する。

I　行政行為の定義と分類

1　「行政行為」の定義と特徴

　行政行為の典型例は、第1節でみたように、法律に基づいて私人にあることを命じたり、禁じたりする行為である。行政行為とは、**法令に基づき、私人の意思にかかわらず、行政庁が一方的に自らの判断に基づいて私人の具体的な権利義務関係や法律関係を決定し、私人を法的に拘束する行為**の総称である。この行政行為という言葉は、教科書などで使われる学問用語であり、実際に法令用語としては使われていない。行政行為とほぼ同じ意味で、法令上は、**行政処分**（自治法242条の2第1項2号）や**処分**（行手法2条2号、行審法1条2項、行訴法3条2項）という言葉が用いられている。以下に、行政行為の特徴を整理しよう。
　　(a)**法的効果**：行政行為は、相手方に権利を与えたり、奪ったり、あるいは、義務を課すような法的効果をもつ。他方、このような法的効果がないもの

は**事実行為**といい、行政指導（→第6節Ⅱ）などがある。

(b)**権力性**：行政行為は、**一方的に**、相手方の権利義務を発生・消滅（変動）させる。この点で、行政行為は、当事者間の合意という**双方向**の意思の合致により成立する契約とは異なる。

(c)**外部性**：行政行為は、行政組織の**外部**の私人に向けられた行為である。この点で、**行政組織内部で行われる職員に対する職務命令**（→第1章第2節Ⅳコラム「職務命令と服従義務」）とは異なる。

(d)**個別具体性**：行政行為は、法令を適用して、ある個別の案件において一定の私人や物に向けて行われる行為である。この点で、一般的で抽象的な段階である行政立法とは異なる。

【図2-2】行政行為の特徴

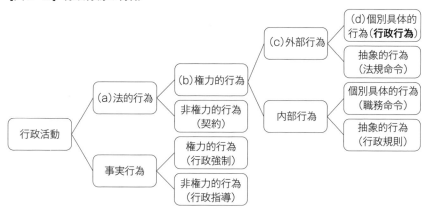

2　伝統的な分類

　行政行為は、伝統的には、その特徴に応じて次のように分類される（後掲【表2-2】）。第1に、12種類の行政行為は、**法律行為的行政行為**と**準法律行為的行政行為**に大別される。前者は、民法でいう「法律行為」に類似して、例えば「ある人の行動を禁止しよう」という**行政庁の意思に基づいて法的効果を発生させる行政行為**をいう。それに対し、後者は、民法の「準法律行為」に類似して、例えば、建物の撤去義務があるのにそれを一定期間内に撤去しないため

に行われる戒告（代執行法3条）のように、ある一定の意思や事実を確認したり、知らせることにより法律で定められた効果が発生する行政行為をいう。第2に、法律行為的行政行為は、さらに命令的行為と形成的行為に整理される。詳しくは後述のとおり、前者は、私人が既に有している自由や権利を制限・回復する行為であるのに対し、後者は、私人に新たな権利などを与える行為である。

なお、ここで説明している行政行為の分類は、法令上の用語法と必ずしも一致しないから注意してほしい。例えば、鉱業権設定の「許可」（鉱業法21条）は【表2-2】の分類でいうと「特許」、発明の「特許」（特許法29条）は「確認」である。

【表2-2】行政行為の伝統的な分類

行政行為		
法律行為的行政行為		準法律行為的行政行為
命令的行為	形成的行為	
①下命	⑤特許	⑨確認
②禁止	⑥剥権	⑩公証
③許可	⑦認可	⑪通知
④免除	⑧代理	⑫受理

①下命：作為を命じる行為（〜せよ）。例：違法建築物の除却・改善命令
②禁止：不作為を命じる行為（〜するな）。例：営業停止命令
③許可：禁止を解除する行為（〜してよい）。例：飲食店営業許可
④免除：義務を解除する行為（〜しなくてよい）。例：租税減免
⑤特許：国民が本来もたない権利を新たに付与する行為。例：鉱業権の設定
⑥剥権：特許によって与えられた権利を剥奪する行為。例：鉱業権の取消し
⑦認可：国民の法律行為を補充し、その法律上の効力を完成させる行為。例：農地の権利移動認可
⑧代理：第三者のなすべき行為を行政機関が代わって行い、第三者が行ったのと同一効果を発生させる行為。例：日銀総裁の任命
⑨確認：ある事実や法律関係について疑い・争いのあるときに、その存否・成否を確定・認定する行為。例：当選人の決定
⑩公証：ある事実や法律関係について疑い・争いのないときに、その存在を公に証明する行為。例：選挙人名簿への登録
⑪通知：特定の事項を特定／不特定多数の者に知らせる行為。例：行政代執行の戒告
⑫受理：他人の行為を有効な行為として受け付ける行為。例：不服申立ての受理

3　許可と特許

　行政行為の分類の中で、重要なのは、**許可と特許**、**許可と認可**の違いである。ここでは、まず、許可と特許を比較しよう。

(1)　許　可
　許可とは、**本来は自由な私人の活動を法令によって一般的に禁止した上で、その禁止を個別的に解除する行為**をいう。典型例は、自動車の運転免許（道路交通法84条）や飲食店の営業許可（食品衛生法52条）である。例えば、飲食店の経営は、本来は誰でも自由にできるはずである（憲法22条1項）。しかし、不衛生な営業は食中毒を発生させるおそれがあるから、国民の健康を保護するため、食品衛生法は、飲食店営業を一般的に禁止し、公衆衛生の見地から定められる施設基準を満たす場合に禁止を解除する仕組みを定める（52条）。許可を得ずに飲食店を営業すれば、法律に基づく禁止（不作為義務）に違反するため、刑事罰の対象となる（72条1項）。この仕組みでは、衛生上の支障がなければ、許可を与えて本来の自由を回復させることになる。許可の場合には、私人がもともともっている権利自由をできるだけ保障するために、行政裁量（→第7節）が狭いと考えられている。

(2)　特　許
　国民が本来もたない特別な権利を設定する行為（設権行為）である。鉱業法によれば、国はまだ掘採されない鉱物を掘採・取得する権利（鉱業権）を特定の国民に賦与する権限をもっており（鉱業法2条）、土地所有者であっても、鉱業権を得ずに掘採・取得してはならない。そして、出願をした者に対し、経済産業大臣が「許可」すること（21条以下）で一定区域での鉱業権が設定される。許可を与えるかどうかの大臣の判断には、内外の社会経済事情や公益判断を伴うため、**広い裁量がある**（29条）。この「許可」は、学問上の特許である。特許の場合、許可とは違って、私人の権利自由の保障よりも、誰に権利を設定することが最も適切かを判断することになるから、行政裁量も広くなる。

4 許可と認可

それでは、次に許可と認可は、どう異なるのか。許可や認可を受けなかったときの私人間における契約の効力に眼を向けてみよう。

(1) 許　可

営業許可（食品衛生法52条1項）のない精肉店が肉を売買した場合、この精肉店の営業者は、刑事罰の対象となる（同法72条）。他方で、その肉の売買契約は、当然に無効ではなく、公序良俗違反がある場合に限り、民法上無効（90条）となる（最判昭和35・3・18民集14巻4号483頁〔無許可食肉販売業者事件〕）。このように無許可営業をした場合、無許可営業者は刑事罰の対象となる一方で、売買自体は原則として**有効**である。

(2) 認　可

認可とは、**私人の契約などの法律行為を補充し、その法律上の効力を有効として完成させる行為**である。必要な認可を得ないで契約が行われた場合、その契約（無認可行為）は**無効**になる。例えば、農地法は、農地について所有権を移転する場合には、当事者が農業委員会の「許可」を受けなければならないとし（3条1項）、この「許可」を受けないでした契約などの行為は、その効力を生じないと定めている（同条7項）。この「許可」は、伝統的な分類でいう認可である。

このように、認可を要する行為については、認可を受けなければ売買契約が成立しないので、無認可行為をあえて刑事罰の対象としなくても、制度の実効性は確保できる。しかし、農地法は、無認可売買を刑事罰の対象としている（64条1号）。

5 複効的行政行為

行政行為の効果が、相手方だけでなく、第三者に及ぶ場合もある。こうした行政行為をしばしば**複効的行政行為**（二重効果的行政行為）という。例えば、土地収用法第4章の収用裁決（→第5章第3節Ⅵ2）は1つの行政行為であって、

それによって相手方である起業者が土地所有権を取得し、もともとの土地所有者はそれを剥奪されるという法的効果が及ぶ。

II　行政行為の効力

1　行政行為の効力発生とその特殊性

　行政行為の効力は、民法の原則と同じで、行政行為が相手方に到達したときに発生する（到達主義）。したがって、口頭で伝えられた場合にはその時点から、書面による場合にはその内容を相手方が知ったと認められる時点から効力が発生することになる。

　しかし、行政行為の効力は、私人間の場合と次のような点で違ってくる。例えば、税務署長から100万円の課税処分（国税通則法32条）を受けたAは、支払うべき税金が50万円であり、課税処分が違法だと考えたため、これを無視したとする。しかしAは、100万円の督促通知の後、滞納処分（同法40条、国税徴収法47条以下）を受け、財産を差し押さえられて第三者に売却された。こうしたことが起こるのはなぜだろうか。

　この場合、仮に課税処分が違法だとしても、それが取り消されない限り有効であり（公定力）、行政庁は課税処分を前提に滞納処分をして、自ら目的を達成できる（自力執行力）からである。なお、一定の期間が経過すると、Aは課税処分に対する不服申立てや取消訴訟を起こせなくなる（不可争力）。他方で、もしAが期間内に審査請求（→第5章第2節II2）をし、審査庁がAに対する課税処分が違法であると裁決したときは、審査庁は自らその判断を覆すことはできない（不可変更力）。

　これらは、行政主体と行政行為の相手方である私人だけではなく、第三者も含めた行政上の法律関係を早期に確定し、信頼と法的安定性を確保するための効力である。そしてまた、円滑な行政活動を確保するための効力でもあるといってよい。次に、この効力の内容を詳しくみていこう。

2　公定力

　行政行為は、①取消権限をもつ機関により、②特定の手続で取り消されるまで原則として有効として通用する。この通用する力を**公定力**という。判例は、行政行為は「たとえ違法であっても……適法に取り消されない限り完全にその効力を有する」と述べる（最判昭和30・12・26民集9巻14号2070頁〔農地調整法事件〕）。①の機関は行政機関と裁判所であり、②の手続には**職権取消し**（行政庁が自ら行政行為を取り消すこと）と**争訟取消し**（行政不服申立てや取消訴訟を通じて取り消すこと。→第5章第2節・第3節）がある。

　以上については、「公定力」という考え方を使わない説明もできる。すなわち、立法者は、取消訴訟という特別の訴訟類型を設け、行政行為を取り消すためには取消訴訟を利用しなければならないとしている（取消訴訟の排他性・排他的管轄）。そのため、取消訴訟で取り消されるまでは、行政行為を有効として扱うことが、制度上認められている。このような説明が、近年では一般的である。

公定力と刑事訴訟・国家賠償訴訟

　取消訴訟で行政行為が取り消されていないとき、私人が刑事訴訟や国賠訴訟で行政行為の違法を主張し、裁判所がその主張を審理することができるだろうか。

　第1に、行政行為違反を理由に刑事事件を問われて起訴された者は、刑事訴訟において、その行政行為が違法であることを理由として無罪を主張できる（最判昭和53・6・16刑集32巻4号605頁〔余目町個室付浴場事件〕）。第2に、国賠訴訟においても、取消訴訟で取り消されていなくても、行政行為の違法を主張できる。なお、課税処分の違法性が争点となる事件では、違法に徴収された税額分の賠償を求める国賠訴訟の提起を認めると、取消訴訟の提起と実質的に変わらず、取消訴訟の存在意義が失われるので、それを認めるべきではないとする有力な学説がある。しかし判例は、そうした事案においても国賠訴訟の提起を認めている（→第6章第2節Ⅵ2）。

3　自力執行力

　行政行為によって確定された義務は、行政庁が自ら実現しうる。これを自力執行力という。例えば、課税処分に従わない者がいる場合、所定の手続を経て行政庁は滞納処分による強制徴収ができる。私人の場合には自力救済が原則として禁止されており、裁判所に救済を求める必要があるため、行政行為の自力執行力は大きな特徴である。ただし、このように自力執行力があるといっても、それは法律によって自力執行が規定されて初めて認められる。つまり、自力執行をするには、それを認める**法律の根拠が必要**になる。単に行政行為で課した義務があれば執行できるわけではない。仮に法律で自力執行できることが定められていないにもかかわらず、自力執行が行われれば、それは違法である（行政強制。→第4節）。

4　不可争力

　法律で争うことができると定められた一定期間を経過すると、私人は、行政行為の取消しを争訟で求めることができなくなる。これを**不可争力**と呼ぶ。不可争力は、行政行為の効果を早期に確定するために認められ、出訴期間（行訴法14条1項・2項。→第5章第3節Ⅲ8）や審査請求期間（行審法18条。→第5章第2節Ⅱ4）が定められている。ただし、行政行為が無効（→後述Ⅲ）の場合には、出訴期間と無関係に無効確認訴訟（→第5章第3節Ⅳ1）を提起できる。不可争力で争えなくなるのは、私人だけなので、出訴期間の経過後であっても、行政庁が職権取消しをすることはできる。

5　不可変更力

　行政庁は、不服申立てなどを受けてした判断（**争訟裁断行為**）については、その内容を変更できない（最判昭和29・1・21民集8巻1号102頁〔農地買収計画訴願裁決取消事件〕）。これを**不可変更力**という。争訟裁断行為とは、事実関係や法律関係に関する争いの解決を目的とした行政行為であり、審査請求に対する裁決（→第5章第2節Ⅱ8）がその例である。審査請求に対する裁決をした行政庁は、それを自ら取り消すことが許されない。争いは決着をつけることが重要

であり、紛争解決という制度の目的を実現し、信頼や法的安定性を確保するためにこうした効力がある。そのため、不可変更力は、すべての行政行為ではなく、争訟裁断行為に認められる。

III 行政行為の瑕疵

1 行政行為の効力消滅

　行政行為の効力がなくなるのは、どういう場合か。運転免許でいえば、通常、運転免許をもらった人が死亡したり、有効期間が過ぎた場合である。しかし、それに限らず、行政行為の場合には、裁判や不服申立てによる争訟によって（争訟取消し）、または、行政庁の自主的な取消し（職権取消し）によって、行政行為の効力をなくすことができる。

　行政行為が違法または不当であると評価される原因となるものを「瑕疵」という。通常、瑕疵ある行政行為といわれる場合には、**違法な行政行為**と**不当な行政行為**の2つがある。**違法な行政行為**は、法令に違反するものであるため、職権取消しだけではなく、不服申立てや裁判によっても、その効力をなくすことができる。一方、違法とまではいえない程度の**不当な行政行為**の効力をなくすのは、不服申立てと職権取消しによる場合に限られる。裁判所は、法令に基づいて適法・違法の評価しかできないからである。

2 瑕疵の分類

瑕疵には、主体、内容および手続・形式に関する瑕疵がある。
①**主体に関する瑕疵**：都道府県公安委員会の権限に属する風俗営業許可を知事がした場合のように、権限をもたない者がした行政行為などがある。
②**内容に関する瑕疵**：死者に対する免許や、法律上許されなかったり、実現不可能なことを命じる行為などがある。
③**手続・形式に関する瑕疵**：法令で求められる申請がない許認可や、聴聞手続を経なかった行為、法令によって書面で行うことが義務付けられているのに口頭で行った行為などがある。

このような瑕疵ある行政行為は、違法な行政行為であり、行政行為の効力は発生しているが、それをなくすために、原則として当然に取り消すことができる（取り消しうべき行政行為）。これに対し、違法な行政行為の中には、行政行為の効力が最初から発生していないと考えられる場合もあって、それを**無効な行政行為**という（→後掲Ⅳ1【図2-3】）。

3 行政行為の取消しと無効

行政行為が違法であっても、出訴期間が過ぎてしまったりして、裁判で争えなくなることがある（→前述Ⅱ2・4）。そうすると、違法状態が放置されてしまう。国賠請求をしてお金で解決する方法もあるが、それでは元には戻らない。しかし、誰が見ても重大な瑕疵がある場合にまで、法的安定性や信頼保護のために行政行為の効力をなくさないというのは不合理であり、例外的に私人の権利を救済する場合を考える必要が出てくる。この点に「無効」と「取消し」の区別の重要性がある。取消しと無効は、次のように区別される。

①取消し：行政行為時点の瑕疵を理由に、**取消しの時点から行政行為時点まで過去に遡って効力を失わせること**（遡及効）をいう。取消訴訟は、違法な行政行為の効力をなくすための訴訟形式である。

②無効：行政行為時点の瑕疵が原因で、**そもそも効力が生じていないこと**をいう。ある行政行為が無効かどうかを争う場合、基本的には無効確認訴訟（行訴法3条4項。→第5章第3節Ⅳ1）を提起することになる。この訴訟は、既に発生している行政行為の効力をなくすものではなく、行政行為の効力が最初から発生していないことを裁判所が確認するものである。

4 行政行為が無効となる要件

行政行為が無効と判断されるために、どういった要件を満たす必要があるか。判例は、「行政処分が当然無効であるというためには、処分に重大かつ明白な瑕疵がなければなら」ないとし（最判昭和36・3・7民集15巻3号381頁〔山林所得課税事件〕）、無効の要件として、瑕疵の重大性と明白性の両方を挙げる。この考え方を**重大明白説**といい、通説・判例である。

①**瑕疵の重大性**（重大性要件）：伝統的な学説によれば、瑕疵の重大性とは、

法規違反の重大性を意味し、無権限の行政庁による行政行為や内容不明の行政行為のほか、行政行為の根幹をなす重要な要件を満たさない行政行為などがそれに当たる。例えば、既に堅固な建物の建っているような純然たる宅地を農地と誤認して処分をした場合には、重要な要件を欠くことになる（最判昭和34・9・22民集13巻11号1426頁〔農地買収計画事件〕）。

②**瑕疵の明白性**（明白性要件）：判例は、**外見上一見明白説**をとる。すなわち、瑕疵が明白であるというのは、処分成立の当初から、外形上、客観的に明白である場合を指す。瑕疵の明白性は、**処分の外形上、客観的に、一見看取し得るものであるかどうかにより決すべきであって、行政庁が怠慢により調査すべき資料を見落したかどうかは、その判定に直接関係がない**（前掲・山林所得課税事件）。

瑕疵の重大性は、私人の**権利救済の必要性**を判断するための要件であり、瑕疵の明白性は特に第三者の**法的安定性や信頼保護の必要性**を判断するための要件である。重大な瑕疵を伴う行政行為は、私人の権利救済という観点から、行政訴訟で争わせる必要性が大きい。他方で、第三者が当該行政行為を信頼して活動している場合があり、その行政行為を無効とすると、第三者に不測の不利益を与えうる。しかし、その第三者にとっても明白にわかる重大な瑕疵があれば、その第三者を保護する必要性も小さい。

こうした考えに立てば、そもそも第三者の信頼保護の必要がない場合には、明白性要件を必要とする根拠が乏しい。そこで、このような場合には、原則として重大性要件で足り、明白性要件は不要であると考えられる（**明白性補充要件説**）。最高裁では、課税に関して保護すべき第三者が登場しない場合には、例外的に課税のための重要な要件を欠くことのみを理由として無効と判断した事例がある（最判昭和48・4・26民集27巻3号629頁〔譲渡所得課税無効事件〕）。

違法性の承継

先行の行政行為（先行処分）の違法が後行の行政行為（後行処分）の違法原因となることを「違法性の承継」という。しかし、この違法性の承継は、原則として認められない。例えば、違反建築物に対し、市から撤去命令を受けた建築主が、その命令が違法だと考えて無視し、出訴期間が経過したときは、

撤去命令の取消しを法的に求めることはできない。その後、市が撤去の代執行をするため戒告をしてきた場合、戒告の取消しを求めて訴訟を提起しても、建築主はその裁判では撤去命令の違法を主張できないのが原則である。なぜなら、その撤去命令は、撤去命令の取消訴訟で取り消されない限り、公定力や取消訴訟の排他的管轄（→前述Ⅱ2）を理由として、有効なものとして取り扱われるからである。

ただし、例外的に、違法性の承継が認められる場合がある。区長の安全認定（先行処分）と建築主事の建築確認（後行処分。→前掲第1節【図2-1】）に違法性の承継を認めた近年の判例では、①両処分が同一目的を達成するために一体的に行われること、②先行処分が後行処分と結合して初めて効果を発揮すること、③先行処分は申請者にしか通知されず、その処分を争う手続保障が周辺住民等に十分与えられていないこと、④仮に周辺住民等が先行処分を知ったとしても、不利益が初めてはっきりする後行処分の段階まで争訟を提起しないのはやむをえないことを理由として、違法性の承継を認めた（最判平成21・12・17民集63巻10号2631頁〔建築確認処分取消請求事件〕）。

Ⅳ 行政行為の取消しと撤回

1 行政行為の取消しと撤回の基本的な違い

行政行為に瑕疵があるといっても、次のような場合には区別する必要がある。例えば、替玉受験によって自動車の運転免許を取得した場合、その運転免許は取り消される。一方、適正に運転免許を取得したものの、そのあと、酒酔い運転をすれば運転免許が取り消される。両方とも法令上の用語としては「運転免許の取消し」ではあるが、運転免許の付与（行政行為）について、①当初から瑕疵がある場合（原始的瑕疵）と②当初は瑕疵がなかったけれども事後的な事情の変化によって瑕疵が生じた場合（後発的瑕疵）で違っている。このように同じ「取消し」という表現でも、①の場合には運転免許は当初からなかった扱いになる（遡及効）。これを一般に**取消し**と呼ぶ。②の場合には、取消しまでは適法かつ有効に運転免許が付与されていたが、その後、運転免許がなくな

る（将来効）。これを一般に撤回と呼ぶ。この撤回については、法令上の言い回しと違う表現をするので注意が必要である。

なお、行政行為の取消しや撤回は、それ自体が1つの行政行為であり、原則として行手法上の不利益処分に該当する（→第3章第2節Ⅱ）。

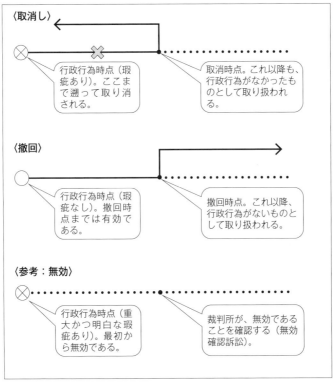

【図2-3】取消しと撤回

2　取消し・撤回権者

行政行為を取り消す権限は、行政行為を行った行政庁のほか、不服申立てを受けた審査庁（上級行政庁を含む）と裁判所に属する。一方、撤回権は、行政行為をした行政庁だけが有する。撤回権限は許認可等をするかどうかの処分権限と表裏一体の関係にあり、上級行政庁の監督権限には含まれない。なお、裁判

所は、撤回を義務付け訴訟（行訴法3条6項1号）により命じることはできるが、自ら撤回するわけではない。

3 取消し・撤回の法的根拠

行政庁が取消し・撤回をする上で、それらを認める明文規定が必要か。まず、法律による行政の原理（→第1章第1節Ⅱ3）に照らせば、行政行為成立時の瑕疵を是正すべきであって、行政庁は、明文規定がなくても、**不可変更力の生じる争訟裁断行為**（→第2章第3節Ⅱ5）を除き、原則として、職権取消しをなしうる。次に、撤回は、それを認める個別の明文規定がなくても、公益上の必要性が大きい場合には、許可等の根拠規定に基づいてできる（最判昭和63・6・17判時1289号39頁〔実子あっせん医師事件〕）。公益上の必要性が大きい場合とは、許可等の要件事実が事後的に消滅した場合や、許可等を受けた者が許可等の趣旨に反する重大な違法行為をした場合である。

このように、明文規定がなくても、職権取消し・撤回を認めるのはなぜか。それは、明文規定がないことを理由に取消し・撤回を認めず、被害発生後に刑事罰で対応すべきであるという立場をとると、許可等を信頼した人々に被害が拡大してしまうからである。

4 取消し・撤回の制限

以上のように、行政庁は、明文規定がなくても取消し・撤回ができる。ただし、許認可等の授益的行政行為や収用裁決のような複効的行政行為の場合には、利害関係者の信頼を保護する必要性が大きい場合がある。また、取消しや撤回をすることがかえって法的安定性や公益を害することが考えられる。このような場合には、取消し・撤回が制限される。そのため、取消し・撤回による波及効果を考慮して個別に決定しなければならないことになる。

特に、授益的行政行為（営業許可処分等）を取消し・撤回する場合は、取消し・撤回によって相手方に著しい不利益が生じるかどうかを考慮し、比例原則（→第1章第1節Ⅲ2(3)）に反しないようにしなければならない。また、例えば、他目的で使用することを理由に行政財産の使用許可を撤回する場合（市庁舎における売店設置の許可を撤回する場合など）のように、相手方以外の事情で撤回す

る必要性が生じたときは、相手方の法的利益を考慮しつつ、撤回の可否を判断しなければならない。なお、この場合には、損失補償（→第6章第5節）の要否が問題となることもある。

V　行政行為の付款

1　付款の意義と分類

　行政行為の付款とは、許可をする際にその有効期間を定めるように、行政庁が行政行為の本体に付す従属的な意思表示をいう。行政行為の付款は、法律で定められている場合（道路交通法91条参照）もあるが、そのような定めがなくても、行政裁量が認められる場合につけることができる。
　付款を付すのは、行政行為の内容や効果を制限するためである。なお、付款も行政行為の一部であり、それ自体を取消訴訟で争うこともできる。
　付款は、次のように分類される。

①**条件**：行政行為の効力を発生不確実な事実に基づかせる付款をいう。一定期間内に開業しなければ失効することを条件とする営業許可が、その一例である。

②**期限**：行政行為の効力を発生確実な事実に依拠させる付款をいう。例えば、効力発生の始期や終期を指定する付款があり、自動車運転免許証の「×年×月×日まで有効」という記載がその例である。

③**負担**：行政行為自体の内容に加え、特別の義務を付加する付款をいう。自動車運転免許証に免許の条件等として「眼鏡等」と記されているのは、運転時の眼鏡着用を特別の義務として課したものである。①の条件と異なり、負担に違反しても許認可等の効果が当然に失われるわけではない。

④**撤回権の留保**：一定の事情が生じた場合に当該行政行為を撤回する旨を付言する付款をいう。ただし、この撤回権の留保がつけられても、無制限に撤回できるわけではない。

2　付款の法的根拠と限界

　法律に付款の根拠規定がないときであっても、どのような内容の許可をするかについて裁量が認められるときに付款を付すことができる。判例は、公務員の期限付任用も、それを必要とする特段の事由があり、かつ、それが法の趣旨に反しないときは、法律に明文がなくても許されるとした（最判昭和38・4・2民集17巻3号435頁〔小学校教員期限付任用事件〕）。付款の内容は、法目的・比例原則・平等原則（→第1章第1節Ⅲ2）による制限を受ける（最大判昭和33・4・9民集12巻5号717頁〔無補償撤去条項付建築許可事件〕参照）。

〈課題〉
1．次のうち、許可に当たるものを答えなさい。
　①自動車運転免許　②農地売買の許可　③鉱業権の設定
2．次のうち、行政行為の撤回に当たるものを答えなさい。
　①替玉受験を理由とする運転免許の取消し　②スピード違反を理由とする運転免許の取消し　③不法投棄を理由とする産業廃棄物処分業許可の取消し
3．Xは、自分の土地が売却されたことを知らなかった。実際には、親類のAが、Xのふりをして、印鑑証明や土地の売買契約書などをすべて偽造し、登記簿の記載も変えてしまっていたのである。土地の売却益はすべてAの懐に入ったものの、B税務署長は、登記簿をもとにして、Xに譲渡所得があったと判断し、払うべき所得税額を決定した。Xは心当たりがなかったので、半年以上、税務署からの連絡を無視していたところ、督促通知が来たので驚き、C弁護士に相談したが、税務署長の決定に対して、取消しを求めることはもうできないという。Xは、所得税を払わなければならないかどうか、検討しなさい。

第4節　行政強制

　法令または行政行為に基づく義務に違反した者に対し、法律および行政が意

図した目的を達成するためには、義務を果たした状態を強制的に作り出す必要がある。また、義務付けをする時間がないときには、私人に義務を課さずに実力行使する場合もある。そうした強制活動を**行政強制**という。行政強制の必要性と分類をよく理解しよう。

I 行政強制の具体例と必要性

　私人に義務を課しても、その義務が果たされなければ、法律の目的および行政が意図した目的は達成されない。例えば、産業廃棄物を不法投棄した事業者に対し、それを撤去するように義務付け（廃掃法19条の5第1項）ても、その義務が果たされなければ放置された廃棄物は撤去されず、環境が汚染されたままになる。そこで、義務違反者に対しては制裁として刑事罰（行政刑罰）が科される（同25条1項5号）。また、都道府県が自ら産業廃棄物を撤去し、その費用を事業者に請求すること（代執行）もある（同19条の8）。このようにあらかじめ私人に義務を課し、それが果たされないときに行政自身が実力行使をして、義務が果たされた状態を作り出す方法を**義務履行確保手段**という。

　一方、私人に義務を課さず、直ちに実力行使をする場合がある。火災により延焼しかけているときに、家屋の所有者にその破壊を命じても間に合わない。そこで、消防署長らが無断で家屋を破壊することがある（消防法29条2項）。このようにあらかじめ私人に義務を課すことなく、実力を行使して法目的を達成する方法を**即時強制**という。

　このように、私人が違法状態を解消しなかったり、私人の行為を待っていたのでは間に合わないなどの事情で、法目的が達成されないと、他人の利益あるいは公益が害されたままになる。そこで、必要最小限の範囲で、刑事罰の対象とすることで間接的に義務を果たすように方向づけたり、行政自身が実力を行使し、適正な状態を作り出す必要が出てくるのである。以下では、まず、義務履行確保手段についてみていこう。

1 義務履行確保手段の概要

　義務の履行確保は、典型的には、①命令による義務付けを前提に、②強制と

③制裁によって行われる。この②と③が、義務履行確保手段である。建築基準法は、建物の安全性を確保するための法律であり、建築主（私人）が同法に違反する危険な建物を出現させたときは、その危険を除去しなければならない。同法は、次の仕組みを定める。

- ①**命令**：行政庁（知事・市町村長）は、建築主に対して、違反建築物の撤去を命じる命令（除却命令）を出し、撤去をする作為義務を課す。
- ②**強制**：建築主が①の命令に従わない場合、行政庁は、所定の手続を経て、建築主の代わりに建物を強制的に撤去する。
- ③**制裁**：建築主が①の命令に従わない場合、建築主は、懲役や罰金といった刑事罰の対象となる。

行政上の義務履行確保手段については、次の2点が重要である。第1に、法律や行政行為（→第3節）などによって課された義務があれば、直ちに行政強制が可能というわけではない。**行政強制を認める法律上の根拠が必要である**（→自力執行力。第3節Ⅱ3）。前記の例でいえば、①除却命令の規定（建築基準法9条1項）だけでなく、②強制の規定（同9条12項）や③制裁の規定（同98条1項1号。なお、刑事罰の場合には罪刑法定主義）がなければならない。第2に、行政強制の根拠は、必ずしも個々の法律に置かれない。**行政代執行法**のように**一般法**の形式で強制を認める場合もある。なお、個別法で定め（特別法）がある場合、それが一般法に優先する。

2　行政上の義務と行政強制の分類

義務履行確保の対象となる行政上の義務は、いくつかに分類される。その代表例が、代替的作為義務、非代替的作為義務、不作為義務である。

- ①**代替的作為義務**：他人が代わって行うことができる義務である。違反建築物の除却義務は、他人が除却することができるので、その一例である。
- ②**非代替的作為義務**：他人が代わって行うことができない義務である。代表例は、庁舎の明渡義務である。例えば、部屋を使用していた組合職員自身が立ち退かないと意味がない。
- ③**不作為義務**：特定のことを行わない義務である。食品衛生法56条の営業停止命令に基づく営業停止義務は、営業をしてはならないという不作為義務

(禁止)である。

次に、義務履行確保手段にも強制と制裁の2つがある。**強制**は、義務の履行を目的に、行政が直接的手段または間接的手段を用いて目的を達するものである。直接的手段として代執行、強制徴収、直接強制があり、間接的手段として執行罰がある。

制裁は、私人が義務を履行しない場合にその私人に不利益や罰を与えるものである。行政罰(行政刑罰と行政上の秩序罰。→Ⅳ1)、延滞税・加算税(国税通則法2条4号・65条~68条)、課徴金、公表などが、その代表例である。これらの手段は、義務を履行しない私人に制裁を与えることを目的とし、義務内容の実現を直接の目的にしない。違法建築物の例でいえば、義務違反者に罰金を科したとしても、違反建築物自体はなくならない。しかし制裁は、誰もが受けたいとは思わないから、義務違反の発生を予防する効果が期待されている。

義務と義務履行確保手段の対応関係は、下の表のとおりになる。

【表 2-3】義務と義務履行確保手段の対応関係

	行政代執行	直接強制	執行罰	行政罰
代替的作為義務	○	×	○	○
非代替的作為義務	×	○	○	○
不作為義務	×	○	○	○

3 日本の行政代執行・行政刑罰中心主義

行政代執行法1条は、「行政上の義務の履行確保に関しては、別に法律で定めるものを除いては、この法律の定めるところによる」と定める。これは、行政上の義務の履行確保について、①行政代執行が強制制度の中心であって、直接強制や執行罰は例外的な仕組みとなっている(行政代執行中心主義)こと、②それ以外の義務履行確保制度を設ける場合には「法律」で定めることを示したものである。

ここでいう「法律」に条例は含まれない。その理由は、同法2条で「法律(法律の委任に基く命令、規則及び条例を含む。以下同じ。)……」と定め、同法1条

に条例が含まれないことを明示しているからである。こうした理解に立てば、行政代執行法制定当時からあった義務履行確保手段である直接強制や執行罰を**条例**で設けることは許されない。

ただし、行政代執行の対象は代替的作為義務に限られるため、それだけでは、義務履行確保制度として不十分である。そこで、個々の法律に行政刑罰の規定を置くことが通例化している（行政刑罰中心主義）。

Ⅱ　行政代執行

まず、行政代執行の仕組みを理解しよう。

1　代執行の定義と要件

行政代執行とは、代替的作為義務に従わない義務者（私人）に代わり、行政庁がその義務を果たし、それに要した費用を義務者から徴収する制度である。この代執行に関する一般法として、**行政代執行法**が制定されている。同法は、代執行ができる要件として、①代替的作為義務の不履行、②他の手段によって義務履行の確保が困難であること（補充性要件）、③その不履行を放置することが著しく公益に反すると認められること（公益要件）を定める（2条）。これら②と③要件は、行政代執行が私人の権利を著しく侵害するため、その濫用を懸念し、比例原則（→第1章第1節Ⅲ2(3)）の考え方により制約しようとするものである。なお、②「他の手段」の意味は必ずしも定かでないものの、**行政罰**はこれに該当しない。

2　代執行の対象となる義務

代執行の対象となる義務については、次の2点に注意しよう。第1に、代執行の対象は、**代替的作為義務**に限られる。代替的作為義務の例は、明渡裁決があった場合の土地・物件の引渡義務・移転義務（土地収用法102条）、違法建築物に対する除却命令に基づく建築物除却義務（建築基準法9条1項）、河川区域の無許可工作物に対する原状回復義務（河川法31条2項）などである。

第2に、行政代執行の対象となる義務は、①**法律から直接発生するもの**（火

薬取締法22条）か、②**法律に基づく行政行為**から発生するもの（建築基準法9条）である（行政代執行法2条）。市庁舎の一室を事務所として使用する許可を得ていた組合が、使用許可の取消処分を受けたにもかかわらず、立ち退かなかったため、市長が事務所内の物件搬出について代執行をしようとした事案について、裁判例では、庁舎の明渡しや立退義務が①や②に基づく義務ではないため、代執行の対象ではなく、民事手続による強制執行手段によるべきとした（大阪高決昭和40・10・5判時428号53頁）。なお、**条例によって定められた代替的作為義務**の不履行がある場合にも、行政代執行法に基づく代執行ができる（行政代執行法2条）。

3　代執行の手続

行政代執行は、①期限までに義務を履行しない場合に代執行をする旨を伝える**戒告**（3条1項）→②代執行時期・執行責任者名・費用概算を伝える**代執行令書の通知**（3条2項）→③**代執行の実施**（4条）→④**費用の徴収**（5条・6条）という手順で行われる。戒告と代執行令書の通知は、既に法律または行政行為により代替的作為義務が発生しており、どちらも新たな義務を課したり権利を制約したりするものではない（事実行為）。

代執行が行われる前の①戒告と②代執行令書の通知は、**取消訴訟の対象**になる（→処分性。第5章第3節Ⅲ3）。ただしこの訴訟では、義務を賦課する行政行為自体の違法は主張できず、代執行の要件や手続に関する違法しか主張できない（→本章第3節Ⅲコラム「違法性の承継」）。

4　代執行の問題点

行政代執行は、その要件を充足しているかどうかの判断は慎重に行われなければならないこと、代執行に要した費用も回収できずに、公金で負担する場合が少なくないことなどの理由から、実際にはあまり実行されていない。代執行を安易に用いることは許されないが、義務履行確保のための基本的な方法であるにもかかわらず、十分に機能していないと指摘されている。

Ⅲ　その他の強制的な義務履行確保手段

代執行以外の強制制度として、行政上の強制徴収、直接強制と執行罰がある。

1　行政上の強制徴収

行政上の金銭納付義務については、多くの法律が**行政上の強制徴収**を認めており、その典型例が国税滞納処分である。国税滞納処分は、①行政行為である**更正処分等**（国税通則法24条以下）に従わなければ、②行政上の強制執行である**滞納処分**（国税通則法40条、国税徴収法47条以下）が行われる。具体的には、納付の督促→財産の差押え→公売等による換価→換価代金の配当という流れで、金銭の納付が強制される。

2　直接強制

現在の日本の法制度では、例えば営業停止命令に従う義務（**不作為義務**）の違反があるとき、違反者を拘束したり、建物の戸口を閉鎖したりすることはできない。不作為義務や非代替的作為義務の違反は刑事罰の対象とされている。しかし、個別の法律が、不作為義務等に対する強制の仕組みを置くことがある。その少ない例として、「成田国際空港の安全確保に関する緊急措置法」がある。国土交通大臣は、同法上、禁止命令の履行を確保するために封鎖等の直接強制ができる（同法3条6項）。

3　執行罰

執行罰は、**義務違反行為に対し何度も繰り返し過料を課すことで心理的な圧迫を加え、将来に向けて義務の履行を強制する手段**である。現存する唯一の例が砂防法36条に定められている。

執行罰は、比例原則の観点から、反社会的・反道徳的行為に対して科される罰金等に比べて高額にすることはできないため、効果が薄いとして戦後は活用されていない。しかし、違反者が義務を履行するまで何度も過料を課すことができるため、公害規制の違反者に対する間接強制手段として有効に活用できる

のではないかとの議論もある。

Ⅳ 制裁

制裁とは、義務違反に対する不利益や罰を設けることで、間接的に義務の履行を求める仕組みをいう。その主なものは、行政罰、課徴金、公表である。

1 行政罰

行政罰は、過去の義務違反に対する制裁措置である。執行罰と異なり、１つの違反行為に対し、行政罰を繰り返し科すことは許されない（二重処罰の禁止）。行政罰は、行政刑罰と行政上の秩序罰に大別される。行政刑罰は、反社会的・反道徳的行為に向けられる制裁であるのに対し、行政上の秩序罰は、単純な行政上の義務の不履行に向けられる制裁である。

(1) 行政刑罰

行政刑罰とは、行政上の義務違反者に対して科される懲役・禁錮・罰金・科料など刑法上の刑罰（9条）をいう。その手続は、原則として刑事訴訟法に定めるところによる。

例外として、交通反則金制度（道路交通法125条以下）がある。これは、行政庁が交通違反者に対し一定の金銭納付を通告し、それを納付した場合には公訴を提起されない仕組みである。この反則金は刑法上の罰金ではない。反則金制度を設けたのは、①大量の交通違反をすべて刑事手続で処理することはできず、②交通違反者をすべて犯罪者として扱うと、前科者が激増し犯罪者に社会的非難を加えて反省を促すという刑罰の機能が損なわれるためである。

(2) 行政上の秩序罰（過料）

行政上の秩序罰とは、行政秩序を維持するために違反者に対して制裁として科される金銭負担をいう。行政刑罰は強力であるものの、①警察・検察に頼る必要があること、②重大事件が多いこと、③警察・検察の人手・時間などに限界があることなどから、あまり機能していない（行政刑罰の機能不全）。そこで、

より簡略な行政上の秩序罰が注目されている。

法律違反に対する過料は、非訟事件手続法119条以下に基づき、地方裁判所によって科される。例えば、新居を定めた者は、転入日から14日以内に転入届を提出する義務があり、これに違反すると、5万円以下の過料に処せられる（住民基本台帳法22条・52条2項）。**自治体の条例・規則違反に対する過料**は、知事や市町村長が行政処分で科す（自治法255条の3）。例えば、路上喫煙禁止条例で、職員が路上パトロールし、違反者から過料を徴収するという仕組みをとるものがある。ただし、過料を科す上で、相手に**過失**のあることが必要である。「当該喫煙者が、通常必要な注意をしても路上喫煙禁止地区であることを認識しえなかった場合」には、過料の制裁を科すことができない（東京高判平成26・6・26判時2233号103頁〔横浜市路上喫煙事件〕）。

2　課徴金

行政上の制裁金としての課徴金の典型例は、2005年改正後の独占禁止法に見られる。この制度は、カルテルや入札談合などの違反行為を防止する目的で、行政庁が、違反事業者に対して課す金銭的不利益である（7条の2・20条の2～20条の6）。この課徴金は、違反行為を効果的に防止するため、カルテル等によって得た不当利得相当額を超えた金額を徴収する制裁金となっている。

3　公　表

行政機関は、情報提供を目的とする公表だけでなく、制裁目的で公表をすることがある。例えば、食品衛生法63条に基づく同法違反者の公表は、同法54条または55条に基づき、営業停止等の不利益処分を受けた者または同法違反を理由として書面による行政指導を受けた者が対象となる。このような公表は、**社会的制裁**という効果をもつ。そのため、誤った公表によって社会的信用が失われると、その回復は容易ではなく、救済も難しい。このような**制裁目的の公表**は、法律の留保に基づき**法律の根拠**が必要と考えられている。

4　その他

以上のほかにも、行政上の義務違反行為に対する制裁手段がある。第1に、

許認可などの**授益的行政行為の撤回**がある（→第3節Ⅳ）。制裁としての撤回は、事後的な義務違反を理由に将来の活動を禁止することを目的とするため、厳密には制裁でないものの、相手方にとっては制裁としての機能を果たしうる。

第2に、**行政サービスの拒否**がある。例えば、行政指導に従わないことを理由に、市が給水契約を拒否したところ、最高裁は、その拒否理由が、給水契約を拒否する「正当の理由」（水道法15条1項）に当たらないとした（最決平成元・11・8判タ710号274頁〔武蔵野市マンション事件〕）。このように、ある政策を実現するために、行政サービスの提供拒否が許されるかどうかは、法制度に応じて合理的に判断される。

Ⅴ 即時強制

即時強制とは、事前に**行政行為**によって**課された義務**がなくても、行政の実力行使によって法目的を実現する手段である。即時強制は、事前に義務を課す時間的余裕がない場合（避難等の措置、警察官職務執行法4条）や、事前に義務を課す実益がない場合（泥酔者の保護、警察官職務執行法3条）が典型例である。

即時強制は、私人の権利義務を設定・変更・消滅させる法的行為ではなく、事実行為である。ただ、私人の権利自由を侵害するものであるから、即時強制には個別に法律の根拠が必要となる。なお、即時強制は、行政上の義務履行確保手段ではないため、条例によってそれを定めることもできる。

即時強制は、それを受ける私人に対して不利益をもたらすものの、事前の手続的保障が不十分であることが多い（行手法2条4号イ）。ただ、個別法では、警察官職務執行法3条の保護に関する簡易裁判所の裁判官による許可状のような手続規定を置くものもある。

行政強制制度をまとめると、次の表のようになる。

【表2-4】行政強制の全体像

行政強制		
義務履行確保手段		即時強制
強制	制裁	
・代執行 ・強制徴収 ・直接強制 ・執行罰	・行政罰（行政刑罰・過料） ・延滞税・加算税 ・課徴金 ・公表	・消火活動のための土地使用 ・泥酔者の保護 等

Ⅵ 司法的執行（民事執行）

　行政上の強制執行と並んで、行政主体の権利を実現するためには、裁判所を通じて行われる**民事上の強制執行**がある。例えば、前述のとおり、行政代執行ができない庁舎の明渡しや立退きの場合がこれに当たる。また、公害防止協定（→行政契約。第5節）に基づく差止請求についても同様である。

　それでは、次のような場合はどのように考えられるのだろうか。例えば、市条例に違反してパチンコ店の建築工事を行う業者に対し、市が同条例に基づく建築工事中止命令を発したところ、業者が同命令に従わず工事を継続したため、市が工事続行の禁止を求める民事訴訟を起こした場合である。この訴訟を市が起こしたのは、命令違反に対する罰則が条例になく、また、建築工事中止命令は不作為義務を課すものであり、行政代執行法の適用対象とならないためである。

　判例は、この種の訴訟は**法律上の争訟**（→第5章第3節Ⅰ1）に当たらないとし、その訴えそのものを不適法とした。国や地方公共団体が、専ら**行政権の主体**として行政上の義務の履行を求める訴訟は、それを認める**特別の法律**がない限り許されないと考えたのである（最判平成14・7・9民集56巻6号1134頁〔宝塚市パチンコ条例事件〕）。その理由は、①行政上の義務履行を求める訴訟は、法適用の適正確保や一般公益の保護が目的であって、自己の権利利益の保護救済を求めるものではなく法律上の争訟に当たらないこと、②行政代執行法は、行政上の義務の履行に関する一般法であるが、その具体的な方法として代執行のみを定めていること、③行訴法その他の法律にも、こうした訴訟を認める特別の

規定はないこと、の３点である。

〈課題〉
1. 次のうち、行政代執行法の適用対象となる義務を答えなさい。
   ①不作為義務　②代替的作為義務　③非代替的作為義務
2. 宝塚市パチンコ条例事件では、罰則のない工事中止命令の仕組みが条例上設けられていたものの、その実効性を十分に確保できなかった。パチンコ店建築工事禁止の実効性を確保するため、条例上、どういった仕組みを設けるべきであったか。命令や行政強制の仕組みを検討しなさい。

第5節　行政契約

私たちと行政の関わりは、運転免許や営業停止のような行政行為を通じたものばかりではない。契約によって、国民・住民がさまざまな公共サービスの提供を受けたり、行政自身が物の売買をすることも多い。ここでは、実際に使われている行政契約に関する法制度などを学習する。

I　定義と種類

1　行政契約とは

行政契約とは、一方の当事者または両方の当事者が**行政主体**（→第1章第2節Ⅱ）である契約をいう。行政も、仕事をする上で、庁舎などの建物の整備からパソコン、紙やペンなどの文房具品まで必要になる。このような建物の新築・修繕工事や物品等の購入は、権力的な一方行為である行政行為ではなく、**非権力的な双方行為**である契約に基づいて行われる。なお、私人間の契約が行政庁の認可（→第3節Ⅰ4(2)）によって特殊な効力をもつ建築協定は、行政主体が少なくとも一方当事者となっていないため、ここでいう行政契約ではない。

2　行政契約の種類

行政契約には、①行政主体間で結ばれる契約もあれば、②私人と行政主体との間の契約もある。

①行政主体間・契約の例：国と地方公共団体の間で行われる国有地の売却、地方公共団体間で行われる災害廃棄物の処理やパスポート事務に関する事務委託契約（自治法252条の14）、市町村間で行われる学校事務の委託（学校教育法40条）など。

②私人と行政主体の間・契約の例：前述したような(ア)物品の購入契約や公共事業の請負契約があるほか、(イ)住民等への**公共サービス提供のための契約**。

前述(イ)の例としては、給水契約がある。井戸等がない限り、住居で水を使うため、住民は市町村と給水契約を結んで水の供給を受け（水道法6条2項・15条1項）、使用量等に応じて料金を支払う。そして、水の使用後は排水が必要になる。下水道施設が整備されている場合、契約によって成立する水道とは違い、通常、下水道は申込みをしなくても使わなければならず（下水法10条1項）、「使用料」の支払いも義務付けられる（下水法20条1項、自治法225条）。このように、水道は給水契約に基づいて、下水道は法律上の義務に基づいて、利用が始まるのは対照的である。

そのほか、②の例としては、(ウ)規制的内容をもつ行政契約がある。その典型例が、地方公共団体と公害を発生するおそれのある事業者の間で、公害防止のための取組みや措置をお互いの合意によって取り決める**公害防止協定**である。この公害防止協定は、「法令に違反しない限り」でしか地方公共団体が独自の条例を定められない（自治法14条1項）ため、地域の特性を活かした公害対策を進め、法律による規制の不備を補うことなどを目的にして、地方公共団体と事業者の間で結ばれる。公害防止協定は権利義務を内容とする契約（その場合、事業者のみが義務を負うことも多い）もあるが、企業の社会的責任を宣言するだけの法的拘束力のない**紳士協定**にすぎないものも多い。

Ⅱ 行政契約の法的制約

1 概　説

　行政契約は、一方的でも、強制でもなく、当事者による合意を前提とするため、私人の権利を侵害するとは言い難いので、契約締結を規律する実体法上の根拠規定は不要と考えられている。ただし、行政組織法定主義（→第1章第2節Ⅰ）により、①行政主体間の契約である「事務の委託」のように、委託元の地方公共団体から委託先である地方公共団体に権限が移動する場合には、**組織法上の根拠**が必要となる。ただ、契約を締結することで、行政主体は権利を取得し、義務を負うという法効果は、私人間の契約と大きな違いはない。したがって、行政契約も**民法による規律**を受けるが、その原資が公金であったり、公的財産を取り扱うことから、私人間の契約ではみられない行政監視・規律法（→第1章第1節Ⅱ1）による手続面および内容面での法的制約がある。
　そこで、次にこの内容面と手続面の法的制約をみてみよう。

2 内容面の制約

　前記Ⅰ2②(ア)の物品購入等の行政契約にあたっては、**公正財政・効率性の原則**（経費の支出は必要最小限度でなければならないという原則。自治法2条14項・地方財政法4条）による制約がある。
　次に、前記(イ)の**給水契約**を例にとって考えてみよう。民法上は、原則として、契約は本来誰と結ぼうと自由である。しかし、水は人が生きていく上で不可欠であり、市町村は、生存権を保障するため、給水契約の申込みがあったときは、原則としてその申込みを拒否できないという**締結義務**を課されている。ただし、水道管がないとか、きちんと企業努力をしても水不足で対応できないような正当な理由がある場合に限り給水契約の申込みを拒むことができる（水道法15条1項。最判平成11・1・21民集53巻1号13頁〔福岡県志免町給水拒否事件〕）。また、給水契約による公共サービスの提供にあたって、日常的に水道水を使用する住民と特定の時期にしか使用しない別荘の居住者との間で基本料金に大きな差を設けていたことが**平等原則**（→第1章第1節Ⅲ2(4)）に違反するとされた

第2章　行政活動 | **065**

事例もある（最判平成18・7・14民集60巻6号2369頁〔高根町水道料金事件〕）。

　最後に前記Ⅰ2②(ウ)については、例えば、次のような事例がある。産業廃棄物処分場の設置許可や監督は、都道府県知事に権限があるが、水質や土壌汚染のおそれがあるため、その施設の立地する町が事業者との間で同処分場の使用を15年に限る旨を取り決めた。15年経過したが、事業者が使用を停止しなかったため、町が民事訴訟で使用の差止めを求めた。最高裁は、協定の締結に任意性が認められ、**法律や公序良俗に違反しない限り**、有効で法的拘束力があると判断した（最判平成21・7・10判時2058号53頁〔福間町公害防止協定事件〕）。

3　手続面の制約

　行政契約、特に前記(ア)の請負契約等には、行政上の経費は住民の税金が使われるから、談合の防止や最小限の経費で契約すべきこと等が求められる。このような公正さと効率の良さを確保するため、契約締結にあたっての**手続上のルール**がある。それは、原則として、①**一般競争入札**を行うことである。ただし、一般競争入札では適切でない場合に、②**指名競争入札**、③**随意契約**と④**せり売り**の方法がとられる（会計法29条の3以下、自治法234条以下）。

　①**一般競争入札**は、物品の売買や建設工事の請負の契約にあたって、不特定多数者が参加して、その金額や条件などの契約内容を書面で提出し、国・地方公共団体にとって最も有利な条件を出した者と契約を結ぶ形式である。最も有利な条件とは、一定の価格帯の中で提示された金額が一番安いとか、企画内容が極めて優秀といったことなどである。入札に参加できる者は、過去の一定期間内に談合などをしていないことが条件とされる。

　②**指名競争入札**は、国や地方公共団体があらかじめ選定した者の中から複数者を指名し、その指名された者の間で入札し契約を結ぶ形式である。一般競争入札では不利になる場合や、建設工事などで高度な技術を使うなど、一般競争入札に比べ、入札に参加する者が少なくあらかじめ特定されている場合に限って行われる。

　前記①・②に共通して、特に公共工事の競争入札については、国・地方公共団体の担当者と業者の間あるいは業者間で癒着・談合が生まれやすい。入札における談合は悪質な独占禁止法違反行為であるばかりでなく、競争入札の重要

な目的を損なう行為である。そのため、「公共工事の入札及び契約の適正化の促進に関する法律」などにより、公共工事等の入札について、機会均等・公正性・透明性・経済性（価格の有利性）の確保を目的とした取組みがある。

③**随意契約**とは、入札をせず、特定の者を選定して、その者と結ぶ契約形式をいう。

④**せり売り**とは、ある物の売却にあたり、2人以上の買手が相互に購入価格を競い、最も高値をつけた買手に売却する方法をいう。

以上のような契約方法の選択の誤りが客観的に明白であって、一般競争入札制度を取り入れた趣旨に著しく反する場合には、契約は違法で無効になる（最判昭和62・5・19民集41巻4号687頁〔山林売却処分履行差止請求住民訴訟事件〕）。

Ⅲ 行政契約と救済

行政契約は処分ではないから、その契約内容の履行等を求める場合は、通常、**民事訴訟**で争われることになる。また、公共工事に関する指名競争入札前に、不適正に指名から外された業者が国賠訴訟を提起することもある（最判平成18・10・26判時1953号122頁〔村外業者指名回避事件〕）。一方、公金の支出等が関わるため、行政契約の内容が著しく高額であったり、不公正であったりした場合には、住民が住民監査請求を経て住民訴訟を提起することもできる（→住民訴訟。第5章第3節Ⅶ1(3)）。

〈課題〉

1．次のうち、行政契約によらないものはどれか。
　①下水道の利用　②水道の利用　③公共施設の建設工事　④地方公共団体によるパソコンの購入　⑤公務員の任免
2．国や地方公共団体は、私人と契約を締結することにより、法律または条例の定めに反して、課税を放棄したり、軽減したりすることができるか、検討しなさい。
　ヒント：京都地判昭和59・3・30行集35巻3号353頁〔京都市古都保存協力税条例事件〕

第6節　その他の主な行政活動の形式

　行政活動の形式には、前述の行政行為や各種強制とは異なるものがある。その主なものは、**行政計画、行政指導、行政調査**である。これら3つについて、その内容や具体例、実体法あるいは手続法による法的統制のあり方を学習する。

I　行政計画

1　定義と種類

　行政計画という言葉は、さまざまな意味で用いられる。環境問題や街づくりなど社会の未来像を示すものであることが多い。その中で概ね共通する内容をみると、行政計画とは、「行政権が一定の公的目的・目標を設定し、その達成に向けてさまざまな取組みや手段を記した行政活動の方針や基準」といえる。

　このような行政計画の中には、区域ごとに工場や商業、住居などの用途に分ける**用途地域**や、乱雑な土地の区画をきれいにしつつ公園や道路を整備する**土地区画整理計画**（→第5章第3節 III 3(3)(d)）などのように、私人の権利自由を制限する内容をもつもの（**拘束的計画**）がある。

　一方で、国土の利用、整備および保全を推進するための総合的かつ基本的な目標や施策を定める国土形成計画のように、直接には私人の権利自由を制限しないものもある（**非拘束的計画**）。

　用途地域
　　都市では、1つの区域に住居や工場などが混在するよりも、高い建築物がない住居地域や関連する工場などがまとまっている区域のように、土地の用途を決めて街づくりをすることが望ましい。そこで、住居、商業、工業などに応じて市街地の土地利用の基本方針を定めるのが用途地域である。ある区域が用途地域に指定されると、その目的に応じて、建設が認められる建物な

【図2-4】用途地域の種類

第一種低層住居専用地域	第二種低層住居専用地域	第一種中高層住居専用地域
 低層住宅のための地域です。小規模なお店や事務所をかねた住宅や、小中学校などが建てられます。	 主に低層住宅のための地域です。小中学校などのほか、150m² までの一定のお店などが建てられます。	 中高層住宅のための地域です。病院、大学、500m² までの一定のお店などが建てられます。

第二種中高層住居専用地域	第一種住居地域	第二種住居地域
 主に中高層住宅のための地域です。病院、大学などのほか、1,500m² までの一定のお店や事務所など必要な利便施設が建てられます。	 住居の環境を守るための地域です。3,000m² までの店舗、事務所、ホテルなどは建てられます。	 主に住居の環境を守るための地域です。店舗、事務所、ホテル、カラオケボックスなどは建てられます。

準住居地域	近隣商業地域	商業地域
 道路の沿道において、自動車関連施設などの立地と、これと調和した住居の環境を保護するための地域です。	 まわりの住民が日用品の買物などをするための地域です。住宅や店舗のほかに小規模の工場も建てられます。	 銀行、映画館、飲食店、百貨店などが集まる地域です。住宅や小規模の工場も建てられます。

準工業地域	工業地域	工業専用地域
 主に軽工業の工場やサービス施設等が立地する地域です。危険性、環境悪化が大きい工場のほかは、ほとんど建てられます。	 どんな工場でも建てられる地域です。住宅やお店は建てられますが、学校、病院、ホテルなどは建てられません。	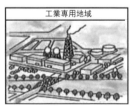 工場のための地域です。どんな工場でも建てられますが、住宅、お店、学校、病院、ホテルなどは建てられません。

出典：越智敏裕『環境訴訟法』（日本評論社、2015年）136頁
（倉敷市ウェブサイトを微修正）

どが限定される。用途地域には、【図2-4】のように12種類がある。

2　行政計画の法的制約

(1)　法律の根拠の要否

　拘束的計画は私人の権利自由を制約する内容をもっており、**実体法上の根拠が必要となる**（→法律の留保。第1章第1節Ⅱ3）。しかし、非拘束的計画は、行政活動の基本的方針を示すことが多く、行政がその計画に縛られることがあっても、直ちに私人の権利自由を制約するものではないから、**実体法上の根拠は不要**とされている。

(2)　行政計画と裁量

　行政計画の決定には、例えば、どこにどの規模の公共交通網を設置するのかを考えてもわかるように、さまざまな政策判断と技術判断がまじりあう。そのため、行政機関の広い裁量（→第7節）に委ねられることも多い（計画裁量）。
　例えば、交通渋滞の解消などを目的として、鉄道の一部区間を高架式にする都市計画事業が認可されたが、一部の地権者と沿線住民が、騒音や振動を抑制する地下式を合理的な理由もなく採用しなかったのは違法であると主張して裁判となった事例がある（最判平成18・11・2民集60巻9号3249頁〔小田急高架化訴訟本案〕）。
　鉄道施設（都市施設）については「土地利用、交通等の現状及び将来の見通しを勘案して、適切な規模で必要な位置に配置することにより、円滑な都市活動を確保し、良好な都市環境を保持する」ように都市計画を定めること（都市計画法13条1項11号）とされている。この点を踏まえて、最高裁は、鉄道施設をどこにどのような規模で設置するかは、街づくりに関する政策と技術の観点から適切に判断しなければならないことを理由に行政の「広範な裁量」を認める。この裁量判断が違法となるのは、「基礎とされた重要な事実に誤認があること等により重要な事実の基礎を欠くこととなる場合、又は、事実に対する評価が明らかに合理性を欠くこと、判断の過程において考慮すべき事情を考慮しないこと等によりその内容が社会通念に照らし著しく妥当性を欠くものと認め

られる場合」に限ると判示した。そして、考慮すべき事項を正しく考慮しないなど裁量の濫用が認められる場合は、都市計画の決定が違法となる場合があるが、この事例では、違法となるような事情はないと判断した。

(3) 行政計画と信頼保護

　企業誘致などの街づくりに関する計画は、その目標を実現するまでに長期間が必要となる。途中で政治状況が変化し、計画の変更が必要となった場合にどのような法的問題が生じるだろうか。例えば、村の工場誘致政策が反対派村長の当選により中止となった事例で、前村長が工場建設の全面協力を表明したり、事業者の資金借入れに協力したりして、事業者も機械の発注や工場敷地の整地も終えていた。しかし、村長選挙で工場誘致反対派の村長が当選したため、すべてがダメになってしまった。このような工場誘致を中止したこと自体は、選挙の結果でもあり、違法ではない。しかし、事業者と村の間には工場誘致に関する信頼関係ができていて、それを一方的に変更した結果「社会観念上看過することのできない程度の積極的損害を被る場合に、地方公共団体において……損害を補償するなどの代償的措置を講ずることなく施策を変更することは、それがやむをえない客観的事情によるのでない限り、当事者間に形成された信頼関係を不当に破壊するものとして違法」となる（最判昭和56・1・27民集35巻1号35頁〔宜野座村工場誘致事件〕）。この事例について最高裁は、違法と判断している。この考え方は、法の一般原則である「信頼保護の原則」の法的評価の場合に重要となる（→第1章第1節Ⅲ2(1)）。

(4) 行政計画の策定と組織・手続

　行政機関は、行政計画で定められている目標や方針の実現を目指して行動する。したがって、拘束的計画に限らず、これからの街づくりや未来の社会像の方向性を示すだけの抽象的な非拘束的計画であっても、将来、私人の権利自由、あるいは、生活環境等に何らかの影響を及ぼすことが考えられる。そこで、**国民・住民の参加**や国民・住民に対する**透明性**の向上などの民主的なルールに基づく手続法による行政の制御が重要な意味をもつようになる。しかし、行政計画を作る際の一般的な手続整備は遅れている。ただし、次のような手続

が、個別法で定められている。
　①審議会の調査審議（例：国土形成計画法6条5項、都市計画法18条1項）。
　②関係行政機関との間での協議等（例：都市計画法23条）。
　③地方公共団体が定める計画に関する地方議会の議決（例：都市計画法18条の2第1項）。
　④利害関係人の意見聴取や公聴会（例：国土利用計画法8条3項、都市計画法16条1項・17条2項）。
　⑤策定された計画の公表（例：国土形成計画法6条6項、国土利用計画法5条6項）。

3　行政計画と救済

　行政計画は、一般的・抽象的な行政活動の指針・基準を示すものにすぎないため、通常は**処分性**が**否定**され、抗告訴訟で争える場合は少ない。ただし、継続的な権利制限と権利救済の実効性の観点などから、例えば、土地区画整理事業計画の決定に処分性が認められる（→第5章第3節Ⅲ3(3)(d)）。

　計画決定や変更は国賠法1条1項の**公権力の行使**に当たるので、それによって生じた損害は国賠法に基づく賠償請求ができる。また、計画を実施するために私有地が強制的に取り上げられる場合（土地収用）などの場合には、損失補償を求めることができる（→第6章第5節）。

Ⅱ　行政指導

1　定義と種類

　行政が許認可の申請や住民からの情報提供により違法行為を発見した場合や、地域の特性・将来の街づくり等の行政目的を達成するため私人に働きかける場合、あることをするように、あるいは、あることをしないように求めることがある。このような依頼や要請への対応は、あくまでもその私人の自主的な判断に委ねられている。この要請等を「行政指導」という。

　行手法では、行政指導とは「行政機関がその任務又は所掌事務の範囲内にお

いて一定の行政目的を実現するため特定の者に一定の作為又は不作為を求める指導、勧告、助言その他の行為であって処分に該当しないもの」とされている（2条6号）。

行政指導は、法律に根拠がある行政指導とそれがない行政指導に分けられる。**法律に根拠がある行政指導**としては、例えば、映画館や病院など人が多く集まる建物に、腐食や劣化が進み、そのまま何もしないと著しく危ないとき、市長等が所有者等に対して被害が発生しないように対応することを勧告できる場合がある（建築基準法10条1項。→第1節）。一方、**法律に根拠のない行政指導**も多く、その場合、**指導要綱**（→第2節Ⅴ1）にその対象や内容が定められていることが多い。

行政指導の内容により、次の3つに分類される。

①**規制的行政指導**：産廃施設などのいわゆる「迷惑」施設を設置するにあたって、地域住民の同意を得るよう依頼するように規制に類似する行政指導をいう。

②**調整的行政指導**：高層の建物を建築するとき、電波障害や工事の騒音など、近隣の住民との紛争を予防・解決するためにさまざまな調整を行う行政指導をいう。

③**助成的行政指導**：中小企業に対する経営指導や、生活保護を受けている人に対する生活の維持・向上のために口頭で行われる指導・指示（生活保護法27条1項）のように助言・助成を内容とする行政指導をいう。

このような行政指導が用いられる利点として、次のものがある。

・全国一律の法令内容では地域の事情に合わない不備・欠落を補うことができる。
・法律上の権限がなくても必要に応じた行政対応ができる。
・法律に基づく一方的な姿勢を見せるよりもソフトな手段であるため相手方が受け入れやすい。

一方で、次のような欠点も指摘される。

・行政指導には強制力がなく、その目的を達成する実効的手段がない。
・行政指導に相手方が任意に協力した結果、相手方に何らかの不利益が出ても、行政が責任を負わない。

第2章　行政活動

・行政指導が不透明であるため、行政活動の恣意的運用や癒着の温床になりうる。

2　行政指導の法的制約

(1)　法律の根拠の要否

　行政指導は、その相手方の任意の協力を前提としているため、実体法上の根拠は不要といわれることが多い。ただし、行手法2条6号に定める行政指導の定義からわかるように、行政指導をする行政機関の任務等の範囲内であることを定める組織法上の根拠は必要である。

(2)　行政指導の任意性

　私人が行政指導を受け入れ、従うことが自らの自由な判断によること、それが適法な行政指導の前提となる（行手法32条1項）。したがって、**行政指導の相手方がそれに従わないからといって、行政機関は不利益な扱いをしてはならない**（行手法32条2項）。ただし、法令で指導・指示に従わないときに給付を停止したり（生活保護法62条1項・3項）、行政指導に従わない私人の氏名・名称等を公表する（介護保険法76条の2第1項・2項）などして、実質的に行政指導に従うよう求める場合もないわけではない。

　例えば、ある市は、新築の大規模マンションを建築すると人口が増え、その結果、学校などの公共施設を整備しなければならない場合が出てくるため、学校等の施設を整備する費用に充てる目的で教育施設負担金の納付（寄付）を指導要綱で定めていた。マンションの建築主が、本当は高額であるため寄付したくなかったが、そうしないと水道の給水を拒否するなどの制裁措置を背景にしてマンションの建設を断念せざるをえないような事情に追い込まれ、事実上強制されていると認められるときは、この行政指導の任意性が否定され、違法と評価される（最判平成5・2・18民集47巻2号574頁〔武蔵野教育施設負担金事件〕）。

　また、マンション建設業者と近隣住民との間でマンション建設の賛否について紛争が発生しているとき、それを調整するため、行政機関が許認可の手続を一時的に止めて行政指導を行ったり、合理的な期間はその行政指導を継続することができる（最判昭和57・4・23民集36巻4号727頁〔中野区車両制限令事件〕）。た

だし、申請者が行政指導に従わない旨を表明したときは、行政指導に対する不協力が「社会通念上正義の観念に反する」といえる特段の事情が存在しない限り、行政指導の継続はできない（最判昭和60・7・16民集39巻5号989頁〔品川区マンション事件〕。行手法33条）。

なお、法令に違反する行為の是正を求める行政指導であって、法律に根拠があるものについては、行政指導の中止等を求めることができる（行手法36条の2。→第3章第2節Ⅲ2）。

(3) 行政指導の手続的制御

行政指導は、一定条件に該当する複数のものに同じ行政指導をする場合には、「指導要綱」などの形で行政指導指針を作成することがある。その場合には、「意見公募手続」を経ることになる（→第3章第2節Ⅴ）。また、行政機関が行政指導をするとき、その相手方に対し行政指導の趣旨・内容ならびに責任者を明確に示さなければならない。行政指導が口頭で行われたとき、その相手方が文書で欲しいと求めた場合には、原則として、行政指導の「趣旨」「内容」「責任者」や「根拠条文」を書いた書面を渡さなければならない（行手法35条）。

3　行政指導と救済

行政指導は、通常、非権力的事実行為であって処分性をもたないから、取消訴訟等で争うことは、原則としてできない（→第5章第3節Ⅲ3）。ただし、その地域の病床数が必要な数に達している場合に出された（医療法30条の7の規定に基づく）病院開設中止の勧告の場合は、例外である。確かに、その勧告に従わなくても病院の開設はできるが、保険医療機関の指定を受けられず、病院での診療が健康保険の対象とされない（そうすると、実質患者が来なくなってしまう）。このような運用がされているとき、病院を建設したあとで保健医療機関の不指定を争わせると、病院側の不利益が大きいため、その前の段階である中止勧告で争わせる方が適切である。したがって、中止勧告に**処分性**が認められた事例がある（最判平成17・7・15民集59巻6号1661頁〔病院開設中止勧告事件〕）。

また、行政指導には処分性がないものの、国賠法1条1項の「公権力の行使」に当たることは争いがない。それゆえ、行政指導に起因して損害が発生し

たときは、国賠訴訟を提起することで救済されることがある（→第6章第2節）。

III 行政調査

1 定義と種類

行政調査とは、行政機関により、行政目的を達成するため私人に対して行われる調査・情報収集活動をいう。

行政調査は頻繁に行われ、その種類も多い。例えば、さまざまな政策を考える基礎資料とするための一般的調査（国勢調査、世論調査）や許認可・不利益処分の前提として行われる個別調査もある。さらに、法的拘束力・強制力の存否とその程度に応じて、**実力強制調査、間接強制調査**および**任意調査**に区分される。

①**実力強制調査**：調査の相手方の意思に反しても実力行使によって行われる行政調査である。例えば、国税犯則取締法3条の2に基づく脱税などの犯則調査としての臨検・捜索・差押えがある。

②**間接強制調査**：行政調査に応じないことが刑事罰や給付の打切りなど、制裁の対象となるものである。例えば、刑事罰が準備されているものとして、所得税等に関する質問検査（国税通則法74条の2・127条2号等）や国勢調査（統計法13条・61条1号）がある。また、生活保護や年金の廃止等の制裁があるのは、生活保護法や厚生年金法に定める調査（生活保護法28条1項・5項、厚生年金法96条1項・77条1号）である。

③**任意調査**：相手方の任意の協力によって行われる行政調査をいう。警察官が職務質問にあたって所持品検査をする場合がこれに該当する（最判昭和53・9・7刑集32巻6号1672頁〔所持品検査事件〕）。

2 行政調査の法的制約

(1) 法律の根拠の要否

法律の留保の原則からすれば、実力強制調査と刑事罰を伴う間接強制調査に

は、**実体法上の根拠が必要**となる（→第1章第1節Ⅱ3）。また、制裁を伴う行政調査について、例えば、調査に応じないと生活保護や年金給付を廃止するような場合にも、同様とされている。

任意調査は、私人の権利侵害が発生しないことを前提とするから、一般には、**実体法上の根拠はいらない**。ただし、「任意」調査であるにもかかわらず、任意性が認められず、強制となる場合には当該調査は違法となりうる。

(2) 客観的必要性・相当性があること

行政調査の実施時期や範囲、程度などは、その必要性に応じて変わってくる（→比例原則。第1章第1節Ⅲ2(3)）。例えば、所得税の過少申告の疑いがあるとして、税務職員が4度にわたり訪問調査を試みたが、経営者等に強く拒まれたため、不答弁・検査拒否罪で経営者が起訴された。この刑事事件では、結局、調査を拒んだ経営者等は有罪となった。その際、最高裁は、税務調査について「客観的な必要性があると判断される場合」には、その必要性と私人の利益のバランスを考えその調査の範囲や程度等は「社会通念上相当な限度にとどまるかぎり、権限ある税務職員の合理的な選択に委ねられている」と判断した（最決昭和48・7・10刑集27巻7号1205頁〔荒川民商事件〕）。

(3) 他目的利用禁止

行政調査によって集められた情報の使い方には制約がある。例えば、国税の質問検査権について「犯罪捜査のために認められたものと解してはならない」（国税通則法74条の8）と定められている。また、税務調査で入手した書類が別人の脱税などの国税犯則事件の調査と刑事訴追の資料として使われたことが適法かどうか争われた事例がある。最高裁は、犯則調査や捜査の手段として税務調査等が実施されることは許されないが、質問検査権限の行使にあたり「取得収集される証拠資料が後に犯則事件の証拠として利用されることが想定できたにとどまり、……質問又は検査の権限が犯則事件の調査あるいは捜査のための手段として行使された」ものでないならば、違法とはならないと判断した（最決平成16・1・20刑集58巻1号26頁〔法人税法違反事件〕）。

また、一般的には、個人情報等については、収集時に伝えられた**利用目的以**

外の目的のための利用・提供は原則として禁止されている（行政機関個人情報保護法8条参照）（→第4章第2節Ⅱ）。

(4) 行政調査の手続的制御

調査にあたって事前通知をしてしまうと証拠隠滅のおそれもあるため、国犯調査の臨検・捜索・差押えの場合には、事前通知に代えて裁判官の許可状が必要となる（国税犯則取締法2条1項）。このような実力強制調査とは異なり、間接強制調査の典型である税務調査（質問検査）については、「刑事責任追及を目的とするものでないとの理由のみで」当然に憲法35条に定める令状主義（捜査機関が一定の行為をするとき、事前に裁判官が発した令状がなければその行為ができないという原則）の「保障の枠外にある」とはいえない。ただ、「実質上、〔税務調査（質問検査）は〕刑事責任追及のための資料の取得収集に直接結びつく」ものでなく、場合によっては刑事罰を受けるかもしれないという間接的心理的な強制の程度も不合理ではないから、税務調査（質問検査）には令状主義が適用されないと判断された（最大判昭和47・11・22刑集26巻9号554頁〔川崎民商事件〕）。

なお、現在では、税務職員が税務調査を行う場合、相手方に事前に通知しなければならないのが原則である（国税通則法74条の9）。ただし、このように法令で事前通知を定めていないことも多く、その場合には、事前通知をするかどうかは行政機関の裁量となる。

3　行政調査と救済

任意による行政調査そのものは事実行為であって処分性がない場合が多い。それゆえ、違法な行政調査が行われた場合には、それによって生じた損害の賠償を求めて国家賠償を請求することになる（→第6章第2節）。ただし、文書の提出や出頭が命じられる調査はその命令に処分性があるので、抗告訴訟で争うことができる（行手法は適用されない。行手法2条4号イ・3条1項14号）。

〈課題〉

1. 次の行為を行政契約、行政指導、行政調査、行政計画のいずれかに分類しなさい。

①公害防止協定　②土地区画整理事業　③質問・検査　④勧告

2．生活保護法では、福祉事務所長が、生活保護を受けている者（被保護者）に対し、就労や生活改善のための指導・指示をすることができる（生活保護法27条1項）。ただし、その指導・指示は、被保護者の自由を尊重し、必要最少限度にとどめなければならず、その意に反する強制はできない（生活保護法27条2項・3項）。しかし、この指導・指示に従わなかったとき、生活保護の停止や廃止が行われることもある。そこで、生活保護法27条1項に定める指導・指示は、「行政指導」か「処分」か、説明しなさい。
ヒント：秋田地判平成5・4・23判時1459号48頁（秋田生活保護費貯蓄訴訟）

第7節　行政裁量

ここで学ぶ行政裁量は、法律による行政の原理の例外と位置づけられる。行政裁量がどういった場合に認められるのか（行政裁量の有無）、行政裁量の行使がどのような場合に違法となるのか（行政裁量の統制）を理解することが重要である。

I　行政裁量の有無

1　行政裁量の意義と必要性

国会が法律で抽象的な文言を用いたり、ある事項について複数の選択肢を挙げる場合のように、法律で一律に決めるのではなく、それを適用する行政と司法に判断を委ねた場合がある。そのうち、司法判断よりも行政判断を優先することが、法律あるいは法解釈で認められる事項（判断余地）を**行政裁量**という。例えば、行政庁が「公益のため必要があると認めるとき」（銀行法29条）に、それにふさわしい権限行使ができることを認めるような場合がその典型である。この場合、㋐どのような理由が公益に当たるのか、㋑ふさわしい権限行使として何があるか、㋒その権限をそもそも行使するかどうかなど、ある案件につい

て適法な対応が複数あるとき、そのいずれかを選択して行動しても良いことになる。この選択の幅あるいは選択権が「裁量」といえる。裁量のない行為を**羈束行為**、裁量のある行為を**裁量行為**という。

法律による行政の原理（→第1章第1節Ⅱ3）からすれば、国会は、法律で行政活動の一挙手一投足を定めるのが理想である。しかし、現実には、国会は、世の中の出来事のすべてを知っているわけではなく、未来を正確に予知できるわけでもない。そのため、行政が個別の申請や紛争解決に向けて法を用いるとき、個別事情に応じた柔軟で適切な判断をする余地を認める必要がある。しかし、そうであるからといって、私人の権利や自由を行政が好き勝手に制約することは許されないから、法律による行政の原理の考え方による「しばり」が必要になる。この法的な「しばり」を**裁量統制**という。

次に、行政による法律の適用の仕方と司法審査の制約を、その後、行政裁量の限界や制限を概観する。

2　行政による法律の適用と司法審査の制約

行政機関が法律を適用するとき、典型的には、次のような判断を行う。
①その案件に関する事実関係を確定する（**事実認定**）、
②解決を図るための法を見つけ、それを解釈する（**法解釈**）、
③ポイントとなる事実を評価して、権限行使のための条件（要件）に該当するかどうかを判断する（**要件充足性の判断**）、
④③での要件充足を前提に、権限行使をするかしないか、権限を行使する場合にはどのような内容とするかを決める（**行動の選択**）、
⑤いつ権限を行使するのかを決める（**タイミングの選択**）、
⑥どのような手続で権限を行使するのかを決める（**手続の選択**）。

①事実認定と②法解釈は、基本的に裁判所が最終判断を行う。その一方で、特に③要件充足性の判断や④行動の選択には、政治的・政策的判断が必要になることがある。裁判所は適法・違法の評価をする機関であって、例えば政治・政策事項は、裁判所ではなく、政治機関である議会・行政が最終的に判断・評価し、ひいては選挙権者である国民・住民が最終的に評価することになる。このような役割分担を前提にして、行政判断を優先する行政裁量が認められる場

合には、裁判所による行政判断のチェック(司法審査)が制限される。

こうした行政裁量がどのような場合に認められるのかは、法律の解釈・適用の重要な論点となる。

3　行政裁量の所在

(1)　要件裁量と効果裁量

行政裁量で重要になるのは、それは法適用に当たる行政判断のどういった部分に認められるのかである。例えば、法律が「Aの場合は(要件)、B又はCができる(効果)」と定める場合、Aの条件が満たされるかどうかの判断に行政裁量が認められる場合を**要件裁量**といい、BまたはCに関する行動選択に行政裁量が認められる場合を**効果裁量**という。

(a)　要件裁量

要件裁量に関する具体例をまず概観しよう。日本に滞在する外国人が、1年間の在留期間更新の許可を申請したところ、無届転職と政治活動を理由に法務大臣から拒否処分を受けたため、その処分を争った事例がある(最大判昭和53・10・4民集32巻7号1223頁〔マクリーン事件〕)。最高裁は、この更新を許可するかどうかに関する法務大臣の判断には広い裁量があることを理由に、この拒否処分が適法であるとした。

在留期間更新の許可に関する根拠条文である旧出入国管理令21条3項は、法務大臣が「在留期間の更新を適当と認めるに足りる相当の理由があるときに限り」許可することができる、と定めていた。そして、最高裁は、次の3点に着目した。

- **法律の定め方**:在留期間の更新を認める要件が大まかに規定されているだけで、詳しい判断基準が法定されていない。
- **処分による権利侵害**:憲法上、外国人は、日本に入国する自由、在留の権利ないし引き続き在留することを要求しうる権利を保障されてはおらず、旧出入国管理令も、在留外国人の在留期間の更新を外国人の権利として保障していない。
- **政治的判断の必要性**:在留期間の更新を許可するかどうかの判断は、申請者の行状・国内外の情勢・外交関係・国際礼譲など諸般の事情を考慮し、

ちょうどよい時期に的確になされることが必要である。このような「事柄の性質上」、出入国管理行政に責任を負う法務大臣の裁量に任せるのでなければ適切な結果を期待できない。

(b) 効果裁量

次に効果裁量に関する具体例を見てみよう。ある国家公務員に対する懲戒処分をきっかけに、勤務時間内の職場集会や繁忙期における怠業などを行ったり、それをあおりそそのかしたことを理由に、税関職員に対する懲戒処分が争われた事例がある（最判昭和52・12・20民集31巻7号1101頁〔神戸税関事件〕）。

国家公務員法82条1項は、懲戒事由があるとき、その職員に対し「懲戒処分として、免職、停職、減給又は戒告の処分をすることができる」と規定している。最高裁は、国家公務員法上の懲戒処分の対象となること（懲戒事由）があるとき、職場の事情をよく知っている懲戒権者が処分をすべきであるかどうか、いかなる処分を選択すべきであるか、について裁量権をもっていることを確認した。そして、懲戒処分が「社会観念上著しく妥当を欠き、裁量権を濫用したと認められる場合に限り違法である」と判示した。

(2) 手続の裁量

行政庁には、行政処分をする前にどのような手続を実施するのかについて行政裁量が認められている場合がある。飲酒運転による死亡事故を起こした地方公務員に対する懲戒免職処分が争われた事例で、裁判所は、地方公務員法49条で定められていない「告知・聴聞の手続を経ることが常に必ず必要であるとはいえない」と述べた上で、地方公務員（消防職員）の懲戒手続に関し、「告知・聴聞の手続をとるか否かは処分をする行政庁の裁量に委ねられている」と判示している（東京地判昭和59・3・29行集35巻4号476頁〔懲戒免職処分取消請求事件〕）。ただし、このような手続の裁量も無制約ではなく、公正手続違反などが裁量処分の取消事由となることがある（→第3章第3節）。

(3) 時の裁量

行政庁が権限を行使するタイミングについても、行政裁量が問題となる。この時の裁量については、行政庁が、紛争回避の必要性などの個別事情を考慮し

て権限行使を延期することが許されるかが争われた事例がある。最高裁は、マンション建築主と周辺住民の紛争を回避する目的で、行政庁が建築資材運送業者に対する特殊車両通行認定（道路法47条4項、車両制限令12条）を5カ月間にわたって棚上げ（留保）にしたが、その理由と留保期間から見て「行政裁量の行使として許容される範囲内にとどまる」として建築主の国賠請求を退けている（最判昭和57・4・23民集36巻4号727頁〔中野区車両制限令事件〕）。

4　羈束行為と裁量行為の見分け方

(1)　基本的な判定方法

行政裁量がどのような場合に、どの程度認められるのかは、前述のように、法律の定め方や問題となる権利・自由、そこで必要となる判断要素などに応じて決まってくる。それを具体的に見てみよう。

(2)　法律の定め方と性質

前述の例のほか、法律が数値などの明確で確定している文言ではなく、「公益」などの**不確定概念**を用いている場合がある。注意しなければならないのは、法律が不確定概念を用いていても、当然に行政裁量が認められるわけではないことである。解釈によって法律の意味が確定する場合もあるからである。情報公開法5条6号は、「適正な遂行に支障を及ぼすおそれ」（→第4章第1節Ⅱ3(5)）という不確定概念を用いるものの、要件裁量を認める趣旨とは解されていない。行政裁量が認められやすいのは、政治的・政策的判断、専門技術的判断や科学的評価が必要な場合である。

(a)　政治的・政策的問題

行政行為が、政治的判断や政策的判断を伴う場合、しばしば裁判所は、行政の広い裁量を認めている。その典型例が、外交政策上時宜に応じた判断を要するとされた前掲のマクリーン事件である。

(b)　専門技術的・科学的問題

行政行為にあたって、技術的・専門的な問題を処理しなければならない場合がある。例えば、原発の設置許可に違法があるかどうかが争われた事例で、行政外部の専門家が許認可手続に関与することが法定されているような場合、裁

判所は、「専門技術的な調査審議及び判断を基にしてされた……行政庁の判断に不合理な点があるか否かという観点から」、

- 具体的審査基準に不合理な点があるかどうか
- その審査基準に適合しているかどうかの調査審議および判断の過程に看過し難い過誤、欠落があるかどうか

を中心に審理すると判示した（最判平成4・10・29民集46巻7号1174頁〔伊方原発事件〕）。政治的・政策的問題とは異なり、専門技術的判断は専門家の間で評価が一致することがあるため、通常、行政裁量が認められる余地は狭いといえる。ただし、福島第一原発事故後、専門家の間で意見が分かれるときの行政判断に対する司法審査のあり方が議論されている。

(c) 政治的・政策的問題と専門技術的問題の両方が関係する場合

街づくりなどの場合、地域の実情やさまざまな将来予測を踏まえて行われるため、法律で画一的な基準を設けるよりも、できる限り地域ごとの判断を尊重することが望ましい。そこで、裁判所よりも行政機関の方が政治的・政策的判断をするのに適した機関であるから、行政裁量が認められることがある。例えば、鉄道の高架化による騒音問題が争点となった事例で、最高裁は、鉄道などの規模やルートなどの事項を決めるときは、「諸般の事情を総合的に考慮した上で、政策的、技術的な見地から判断することが不可欠である」から広い行政裁量を認めた（最判平成18・11・2民集60巻9号3249頁〔小田急高架化訴訟本案〕）。

(3) 処分の権利侵害性

判例は、個人の自由を制限する行政行為が問題となる場合、法律が概括的な定め方をしていても、行政裁量を認めることに慎重な態度をとる。特に、個人の自由を制限する場合、法律が客観的な基準を定めていない場合でも、法の趣旨目的の観点から制約があり、効果裁量（→3(1)）について「自由な裁量」があるわけではないと判断されている（最判昭和31・4・13民集10巻4号397頁〔農地売渡処分事件〕）。

他方で、個人の自由が直接的な問題にはならない場合はどうだろうか。最高裁は、学校施設が「本来学校教育の目的に使用すべきものとして設置され、それ以外の目的に使用することを基本的に制限されている」ことから、「学校施

設の目的外使用を許可するか否かは、原則として、管理者〔行政〕の裁量にゆだねられている」と述べる（最判平成18・2・7民集60巻2号401頁〔呉市公立学校目的外使用不許可事件〕）。目的外使用を求める申請者が、もともと施設を使用する自由をもつわけではなく、したがってこの許可制度が個人の自由を制限するものではないことが、行政裁量を認める1つの理由となっている。

> **内部規律的裁量**
> 　行政処分が、公務員の勤務関係や刑事施設の在監関係などに関わるものである場合も、裁判所は行政裁量を認める。例えば、公立大学学生が懲戒処分の違法性を争った事案で、最高裁は、大学の学生に対する懲戒処分は、「大学の内部規律を維持し教育目的を達成するために認められる自律的作用」であって、大学内の事情をよく知っており、教育に直接あたる者の行政「裁量に任すのでなければ、適切な結果を期することができない」と判断した（最判昭和29・7・30民集8巻7号1501頁〔京都府立医科大学事件〕）。つまり、懲戒権者（学長）が学生を懲戒処分するかどうか、懲戒処分のうちいずれの処分を選ぶべきかは、懲戒事由の軽重のほか、本人の性格と平素の行状、他の学生に与える影響、懲戒処分が本人と他の学生に及ぼす訓戒的効果等の諸般の要素を考慮する必要があるために、行政裁量を認めたのである。

Ⅱ　行政裁量の統制

1　行政裁量が違法になる場合——裁量権の逸脱・濫用

　行政裁量が認められる場合であっても、行政の恣意的な判断が許されるわけではない。**行訴法30条**は、「行政庁の裁量処分については、裁量権の範囲をこえ又はその濫用があった場合に限り、裁判所は、その処分を取り消すことができる」と定めている。ただし、どういった場合が裁量権の逸脱や濫用に当たるのかがはっきりしていない。

　マクリーン事件のように行政裁量が広い場合、最高裁は、行政判断の「基礎とされた重要な事実に誤認があること等により右判断が全く事実の基礎を欠

く」場合や「社会通念に照らし**著しく妥当性を欠くことが明らかである**」ときに、裁量権の逸脱・濫用があると判断する。裁量が広いと違法と評価される場合は少なくなる。

　裁判所が行政判断を事細かにチェックする場合は裁量が狭く、大ざっぱであったり、ほとんどチェックしない場合は裁量が広いといえる。そして、その結果、行政判断が「違法である」と評価され、行政行為が取り消される場合もあれば、「(妥当かどうかはともかく)違法とまではいえない」とか、「適法である」と評価される場合もある。

　この違法性と不当性、逆にいえば、適法性と妥当性は、程度の問題であって、国民の間にある共通認識、社会通念に照らして明らかにおかしいとか、妥当でないと判断されるような場合には、国家が法律で行政機関に任された範囲を越えたり、その判断権限を濫用しているものとして違法と評価される。

　裁量が広いと裁判所のチェックポイントが少なくなり、よっぽど社会通念との乖離(「明らかに著しく合理性を欠く」などの事項)がないと違法評価されない。法律の定め方や争点に応じて裁量が狭くなるときは、チェックポイントが多くなり、社会通念との乖離の程度に応じて違法評価されることになる。

2　裁量権の逸脱・濫用の具体例

　裁判所は、行政判断に裁量権の逸脱・濫用がある場合に限り、違法と判断することになる。行訴法によると、行政処分の取消しのほか、行政処分の義務付けあるいは差止めを求める場合にも、裁量権の逸脱・濫用の主張が必要となる。以下では、行政処分の取消しを中心に従来の学説・判例の主要なものを見ていく。

　一般に、裁量権の逸脱とは、裁量権の行使が法の許容する範囲を超える場合を意味し、裁量権の濫用とは、表面上は法の許容する範囲内で行われた裁量行使が法の趣旨に反する場合をいう。ただし、裁量権の逸脱も、濫用も、それが認められれば違法となり、取り消されるので、法効果に違いがない。そのため、学説・判例では、この区別をあまり重視しないで、両者をまとめて**裁量権の限界**として考えてきた。代表的な裁量権の逸脱・濫用に当たる場合として、①事実誤認、②目的違反・不正な動機(行政権の濫用)、③比例原則違反、④平

等原則違反、⑤判断過程の過誤、⑥公正手続違反が挙げられている。

(1) 事実誤認

行政行為は、適正な事実を基礎に判断しなければならない。例えば、教授会の審議を妨害して流会させたことを理由に退学処分を受けたものの、実際には、流会後に会議室に入ったにすぎない学生が退学処分の取消しを求めた事例がある。最高裁は、教授会の流会に関与したことが懲戒処分の判断にとって重要な要素であるのに、それに関与していない学生に対する退学処分は「全く事実の基礎を欠くものとして違法」となると判断した（最判昭和29・7・30民集8巻7号1463頁〔京都府立医科大学事件②〕）。

(2) 目的違反・不正な動機、他事考慮

法目的に違反したり、本来考慮すべき事柄を考慮しない恣意的な行政行為は、許されない。例えば、最高裁は、「本来、児童遊園は、児童に健全な遊びを与えてその健康を増進し、情操をゆたかにすることを目的とする施設」であり、「児童遊園設置の認可申請、同認可処分もその趣旨に沿ってなされるべき」とした上で、児童福祉法本来の目的とはかけ離れて、個室付浴場の開業阻止を「主たる動機、目的」とする児童遊園設置認可処分が「行政権の濫用」（→第1章第1節Ⅲ2(2)）に当たり、違法と判断した（最判昭和53・6・16刑集32巻4号605頁〔余目町個室付浴場事件〕）。

(3) 比例原則違反

行政による裁量権の行使は、比例原則（→第1章第1節Ⅲ2(3)）による制限も受ける。例えば、都立学校の教員が地方公務員法に基づく停職処分を受けた事例で、最高裁は、過去2年度で3回の卒業式等における不起立行為による懲戒処分を受けていることのみを理由に懲戒処分として停職処分を選択した都教委の判断は、停職期間の長短にかかわらず、懲戒事由と対比して、処分が重すぎるため「社会観念上著しく妥当を欠き」違法であると判断した（最判平成24・1・16判時2147号127頁〔日の丸・君が代訴訟①②〕）。

(4) 平等原則違反

同じ事情にある者を、合理的な理由もないのに違う扱いをすることは、平等原則（→第1章第1節Ⅲ2(4)）に違反し、許されない。それは、行政裁量が認められる行政行為であっても、同じである（最判昭和30・6・24民集9巻7号930頁〔産米供出個人割当通知事件〕）。

(5) 考慮不尽、評価の誤り

行政判断をする過程で、本来考慮すべき事項を見落としてはならない。また、事実の評価を著しく間違うことも許されない。それは、行政裁量が認められる場合も、同じである。「本来考慮すべき要素」は、憲法や法律の解釈によって決まるし、事実の評価は社会通念を基本に判断することになる。

例えば、宗教上の理由から剣道の履修を拒否し、必要単位を得られなかった学生が、高専を退学処分になった事例で、最高裁は、次の点を指摘して退学処分の違法性を認めた。まず、①退学処分を行うにつき、校長は「教育的裁量」を有するが、②剣道実技の履修強制がその学生の信仰の自由に「重大な不利益」を与える以上、レポートを課すなど「何らかの代替措置」を考慮する義務があった。③同様の事案で代替措置をとっている学校も現にあり、当該学校において代替措置をとることが実際上不可能であったということはできない（最判平成8・3・8民集50巻3号469頁〔エホバの証人剣道履修拒否事件〕）。

(6) 公正手続違反

行政行為の根拠規定から、行政庁に行政裁量が認められるとしても、それとは別個に、行政判断の公正さを担保するための手続違反を理由にして、裁量行為が違法評価を受けることがある（→第3章第3節）。

例えば、行手法制定前であるが、あらかじめ審査基準を設定していたにもかかわらず、それを申請者に示さなかったために、本来であれば個人タクシーの免許を得ていた可能性がある者に対し、その拒否処分をした事例がある。最高裁は、事実認定にあたって「行政庁の独断を疑うことが客観的にもっとも認められるような不公正な手続」は許されないこと、行政内部で作っている具体的な審査基準を使って判断しているのであれば、それを提供するなど適切な方

法によって「主張と証拠の提出の機会」を与えなければならなかったことを主な理由として違法と判断した（最判昭和46・10・28民集25巻7号1037頁〔個人タクシー事件〕）。

また、行政処分の際に付記される理由が不十分な場合はどうだろうか。例えば最高裁は、法律が、懲戒処分の選択肢として戒告・業務停止・免許取消しを定めており、かつ、その選択裁量をもつ行政庁が最も重い免許取消処分をしたことが争われた事案で、「いかなる理由に基づいてどのような処分基準の適用によって免許取消処分が選択されたのかを知ることはできない」と述べ、理由付記義務（行手法14条1項本文）違反を理由に処分を取り消した（最判平成23・6・7判時2121号38頁〔一級建築士免許取消事件〕）。

3　司法審査の方法

司法審査の方法には、行政裁量を認めず、裁判所の判断を優先し、行政判断に置き換えるものもあれば、行政判断を前提にして不合理な点があるかどうかのみをチェックするものもある。司法判断の厳格さや裁判所による審査密度は、問題となる法令や事例に応じてさまざまである。判例は、法律の定め方、当該法制度の趣旨、当該裁量処分の関係者に対する効果や影響といった個別的事情を考慮して、司法審査の方法を選択し、その密度を加減している。

(1)　実体的判断代置型審査

まず、行政裁量が認められない場合の審査方法である**判断代置型審査**について確認する。判断代置型審査とは、先行する**行政判断に替えて、裁判所の判断を最終的なものとする審査方法**である。例えば判例は、公害健康被害者に対する医療給付などの補償給付等について定めた「公害健康被害者の補償等に関する法律」4条2項の水俣病に「かかっていると認められる」かどうかの認定自体は、「客観的事象としての水俣病のり患の有無という現在又は過去の確定した客観的事実を確認する行為」であるから、行政判断に裁量はないと解釈した。そして、その認定は、要するに事実認定の問題であって、さまざまな事情と関係する証拠を総合的に検討し医学的知見などの経験則を使って個別的な因果関係の有無を判断して確定すると判示している（最判平成25・4・16民集67巻

4号1115頁〔水俣病認定申請棄却処分事件〕)。

(2) 最小限審査

前述のように行政裁量を認めない司法審査の方法がある一方で、広い行政裁量を認める場合には、裁判所の審査項目を限定し、違法とまではいえない法的な許容範囲を広げることになる（**最小限審査**）。つまり、裁量権の逸脱・濫用があり、行政行為が違法と評価されるのは、よほどのひどい事情があった場合に限るのである。例えば、行政判断が、**社会観念上著しく妥当を欠くことが明らかな場合**だけを挙げる判例がある（前掲・マクリーン事件）。

これは、行政判断をゼロから見直すのではなく、行政判断を前提とした上で、裁判所がチェックする項目を比較的限定し、しかも、その判断を違法と評価するためには、社会通念に照らして著しい不当性とその明白性がなければならないというものである。このように、行政判断に**最低限の合理性**があれば違法とはしないという審査方法である。

(3) 中間程度の審査

判例は、第3の方法として、前記の判断代置型審査と最小限審査の**中間程度の審査**を行う場合もある。この中間は幅広く、最小限審査に近いものもあれば、比較的厳しく審査し、**より高度な合理性**を求める場合もある（前掲・伊方原発事件、呉市公立学校目的外使用不許可事件、エホバの証人剣道履修拒否事件など）。中間程度の審査では、一般的に、最小限の審査に比べ**裁判所のチェックポイント**が多く、また、行政判断を適法とする許容範囲も狭くなる。

例えば、東京オリンピックの開催に伴う観光客を見込み、高い文化的価値をもつ巨木を伐採し、道路拡幅を行おうとした行政判断に基づく行政行為の違法性が争われた事例で、比較的厳しい審査方法をとった下級審裁判例がある（東京高判昭和48・7・13行集24巻6＝7号533頁〔日光太郎杉事件〕）。裁判所は、行政庁が「本来最も重視すべき諸要素、諸価値を不当、安易に軽視し、その結果当然尽すべき考慮を尽さず、または本来考慮に容れるべきでない事項を考慮に容れもしくは本来に過大に評価すべきでない事項を過重に評価し、……判断が左右されたものと認められる場合」は、裁量行使が違法となると判示した。その

上で、巨木のある地域を保存する重要性（かけがえのない文化的諸価値や環境の保全）を不当・安易に軽視し、道路拡幅の必要性（オリンピック開催に伴う一時的な自動車交通量増加、暴風による倒木や樹勢の衰えの可能性）を過大に評価したことによって行政判断が左右されたのであって、もしこれらの点について正しい判断がなされたならば、異なった行政判断に至る可能性もあったとして、この行政判断を違法とした。この審査方法は、**他事考慮や考慮不尽の有無**だけでなく、不当、安易、過重といった表現を用いて**評価の誤り**までチェックしている。

　別の事例で、最高裁も、判断過程の合理性をやや厳しく審査している場合がある。例えば、建設大臣が公有地（国家公務員宿舎）ではなく民有地を災害時の避難道路を考えて公園の一部にする都市計画決定をしたため、その土地所有者が同決定を争った事件がある（最判平成18・9・4判時1948号26頁〔林試の森事件〕）。

　高裁は、建設大臣が本件都市計画決定において本件民有地を本件公園の区域と定めたことに、裁量権の逸脱・濫用はないとした。それは、①「公有地を利用することによっては行政目的を達成することができない場合にのみ民有地を利用することが認められるべきである」という観点は絶対的なものではなく、かつ、②公有地の利用によって弊害が生じるという建設大臣の判断も合理的であると解したためである。

　これに対し、最高裁は、①の点では高裁の判断を支持したものの、②の点で高裁の裁量審査が不十分であると判示した。その理由は、民有地を公園に組み込む都市計画決定は合理性をもって定められるべきであり、民有地に代えて公有地を利用することができるときには、それも**合理性を判断する一考慮要素**となるところ、高裁が、公有地の利用により弊害が生じるとした「建設大臣の判断が合理性を欠くものであるか……を判断するに足りる具体的な事実を確定していない」点にある。つまり最高裁は、建設大臣の判断が合理的かどうかを判断するためには、より多くの事項を検討する必要があるとしており、高裁に比べて行政判断の過程を厳しく審査する姿勢を示している。

〈課題〉
1．次のうち、裁量が認められるものはどれか。また、どのような裁量が認め

られるか。
①「公害健康被害者の補償等に関する法律」4条2項の認定　②出入国管理及び難民認定法に基づく在留期間の更新許可　③公務員の懲戒処分

2．電力会社Aが、原子力規制委員会に原子炉設置許可を申請した。この原子炉に関する安全性審査において、原子力規制委員会は活断層に関する重要なデータを見落としたまま、許可処分をした。この許可に裁量はあるか。また、この行為は違法になるか。いずれも理由を含めて答えなさい。

資料：核原料物質、核燃料物質及び原子炉の規制に関する法律

43条の3の6　原子力規制委員会は、……許可の申請があった場合においては、その申請が次の各号のいずれにも適合していると認めるときでなければ、同項の許可をしてはならない。

　……

四　発電用原子炉施設の位置、構造及び設備が核燃料物質若しくは核燃料物質によって汚染された物又は発電用原子炉による災害の防止上支障がないものとして原子力規制委員会規則で定める基準に適合するものであること。

_# 第 3 章
行政手続

 本章の狙いは、2つある。第1に、適正手続（→第1章第3節）の意義を踏まえつつ、行手法の目的と仕組みを学ぶことである。第2に、手続違反（手続的瑕疵）の効果を理解することである。一部の手続違反は、処分の取消事由となる。なお、本章で扱う行政手続は、行政処分などの行政決定をする前の手続（事前手続）であり、処分後の不服申立手続（事後手続）を含まない。

第 1 節　行政手続法の制定と展開

 1993年に制定された行手法は、①処分（第2章・第3章）、②行政指導（第4章）、③届出（第5章）、④意見公募（第6章）の手続を定めた一般法である。個別法が特別の定めを置くときは、そちらが行手法に優先する（1条2項）。
 行手法の目的は、「行政運営における公正の確保と透明性の向上」を図り、「国民の権利利益の保護」に資することである（1条1項）。
 行手法は、2005年と2014年に改正されている。2005年改正では、④意見公募手続が導入された。この手続は、命令等制定手続ともいい、行政立法の制定に際して広く一般の意見を募るもの（パブリックコメント）であって、民主主義的な性格も伴う。また、2014年改正では、①処分と②行政指導に関する規定が追加された（35条2項・36条の2・36条の3）。特に、処分等の求め（第4章の2）を新設したことが注目される。この手続により、法律違反の事実を発見した国民は誰でも、行政に対して適正な権限行使を促すことができる。

このような行手法の制定と改正の動向は、行政活動における公正確保と透明性向上、そして、ひいては、国民の権利保障にとって大きな意味をもつ。ただし、2017年現在の行手法には、行政計画の策定手続や審議会等への諮問手続などの規定がなく、今後に残された課題である。

第2節　行政手続法の仕組み

I　申請に対する処分

1　「申請」の定義

　申請に対する処分とは何か。例えば、道路運送法上、タクシー業（旅客自動車運送事業。2条3項）を営もうとする者は、国土交通大臣の許可を得る必要があり（4条1項）、その許可を得るためには、事業計画などを記した申請書を同大臣に提出しなければならない（5条）。申請を受けた同大臣は、その内容が同法で定める基準に適合するか、申請者が不適格者ではないかといった事項を審査し、許可や不許可を行う（6条・7条）。このように、**国民の申請を受けて行われる許可や不許可といった処分を、「申請に対する処分」**という。

　行手法は、申請を「法令に基づき、行政庁の許可、認可、免許……を求める行為であって、当該行為に対して**行政庁が諾否の応答をすべきこととされているもの**」と定義する（2条3号）。行政庁は、申請がその事務所に到着したときは、「遅滞なく」審査を開始する義務を負う（7条前段）。行手法の制定前は、行政側が受理を拒否し、申請を阻むという対応がみられた。

　申請にあたって書類や記載に不備があるときは、通常、その補正が求められるが、拒否処分がなされることもある。不備のない申請書を相手方に返却する<ruby>返戻<rt>へんれい</rt></ruby>は許されない。

> 申請と届出の違い
> 　申請については、行政庁は許認可をするか、拒否をするかの応答を必ずし

なければならない。それに対し、届出はどうだろうか。例えば、大気汚染防止法6条に定めるばい煙発生施設に関する構造や使用方法等の事項に関する届出に対して、許認可等の応答はない。届出から60日を経過しないとその施設の設置等はできず、基準に適合していれば何の応答もない。仮に基準に適合しない場合には、施設改善命令等が発せられることがあるだけである。このように届出は、ある一定事項を通知することにより手続が完了し、行政庁の諾否の応答を予定していない（行手法2条7号・37条）。

2 行政手続法が定める手続

申請に対する処分に関し、行手法が定める手続は、①審査基準の設定・公表（5条）、②標準処理期間の設定・公表（6条）、③審査の進捗状況・処分の時期・申請に必要な情報に係る情報提供（9条）、④理由の提示（8条）、⑤公聴会の開催（10条）である。①④は義務であり、②③⑤は努力義務である。以下、特に重要な①④についてみていこう。

3 審査基準の設定・公表

審査基準とは、「申請により求められた許認可等をするかどうかをその法令の定めに従って判断するために必要とされる基準」である（行手法2条8号ロ）。例えば、タクシー業の許可に関し、許可権者（国土交通大臣の委任を受けた関東運輸局長）は、許可申請の「審査基準」に基づいて申請内容を審査している。審査基準を定めるのは、法令の基準が抽象的で、どういった場合にその基準を満たすのか明確でないからであり、審査基準を定めることにより、公正確保と透明性向上を図ることを目的とする。

行政庁は、審査基準を設定し、公にする義務を負う（5条）。この手続は、情報提供と併せて申請者に予測可能性を与え、後述の理由の提示とともに、行政判断における恣意を抑制することと、争訟を提起する場合の便宜を与えることに役立つ。行手法制定以前の判例も、個別法（旧道路運送法）の解釈として、同法が抽象的な免許基準を定めるにすぎないから、内部的にせよ、その趣旨を具体化した審査基準を設定し、これを公正かつ合理的に適用すべきであるとし

【図3-1】申請に対する処分手続の概要

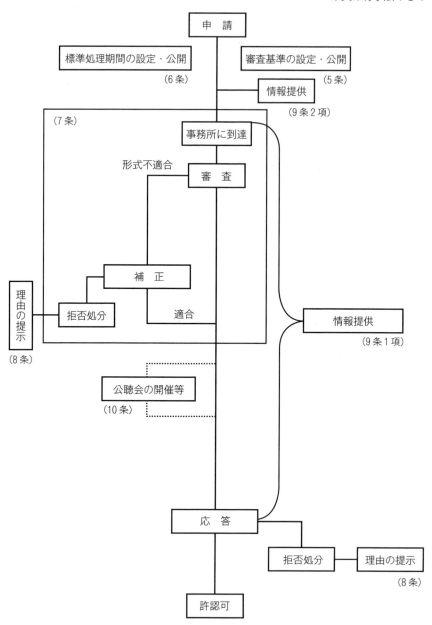

ていた（最判昭和46・10・28民集25巻7号1037頁〔個人タクシー事件〕。→第2章第7節Ⅱ2(6)）。行手法による審査基準の設定・公表の義務付けは、従来の判例を拡充し、一般化したものと評価できる。

4　理由の提示（理由付記）

　行手法は、「行政庁は、申請により求められた許認可等を拒否する処分をする場合は、申請者に対し、同時に、当該処分の理由を示さなければならない」と定める（8条1項）。理由の提示は、申請拒否処分や一部拒否処分をする場合に必要となる。

　では、どの程度の理由提示が必要か。例えば、①「○○法△条に基づき処分する」と記すだけで十分か。さらに、②「□□という事実に照らし、▲▲という理由によって処分する」とまで記す必要があるか。判例は、行手法の制定前から②の立場をとる。すなわち最高裁は、旅券法が一般旅券発給拒否処分に際して要求する理由付記に関し、「いかなる事実関係に基づきいかなる法規を適用して一般旅券の発給が拒否されたか」を「申請者においてその記載自体から了知しうるもの」でなければならず、「旅券法13条1項5号に該当する」と記すだけでは足りないとした（最判昭和60・1・22民集39巻1号1頁〔旅券発給拒否理由付記事件〕）。不十分な理由の提示は、恣意的な行政判断の排除と処分の相手方に対する不服申立ての便宜に役立たないからである。

Ⅱ　不利益処分

1　「不利益処分」の定義

　例えば、国土交通大臣は、道路運送法に違反する行為をしたタクシー業者に対し、事業停止命令や許可取消処分をすることができる（40条）。これらの処分を**不利益処分**という。

　行手法は、不利益処分を「行政庁が、法令に基づき、特定の者を名あて人として、直接に、これに義務を課し、又はその権利を制限する処分」と定義する（2条4号）。上記の事業停止命令や許可取消処分に加え、施設改善命令や建築

物除却命令などが、これに該当する。なお、申請拒否処分は、申請に対する処分であり、不利益処分に該当しない（同条同号ロ）。

2　行政手続法が定める手続

　行手法は、不利益処分に関し、①処分基準の設定・公表（12条）、②意見陳述手続の実施（13条・15条～31条）、③理由の提示（14条）を定める。②③が義務であり、①は努力義務である。以下、それぞれ簡単に説明しよう。

①**処分基準の設定・公表**：処分基準は、「不利益処分をするかどうか又はどのような不利益処分とするかについてその法令の定めに従って判断するために必要とされる基準」である（2条8号ハ）。審査基準の設定・公表（5条）が、義務であるのに対し、処分基準の設定・公表は、努力義務とされる。これは、処分対象事案が多種多様で基準設定が難しい場合や、処分基準を公表してしまうと脱法行為を助長してしまう場合があるためである。

②**意見陳述手続の実施**：行政庁は、不利益処分の相手方に対し、事前に反論の機会を与えなければならない。重大な不利益処分（許認可取消し・資格はく奪・役員解任など）の場合は**告知・聴聞**、軽微な不利益処分（停止・改善・措置命令など）の場合は**告知・弁明**が行われる（13条1項）。聴聞は口頭・書面の審理であり、弁明は原則として書面の審理である。ただし、弁明手続対象の事業停止命令等であっても、個別法で聴聞手続が義務付けられる場合もある（道路運送法90条1項参照）。他方で、公益上緊急に不利益処分をする必要があるときなど、意見陳述手続が省略される場合もある（行手法13条2項）。

　聴聞は、行政庁の指名する職員らが主宰する（19条）。不利益処分の相手方は、意見陳述・証拠書類の提出・質問（20条2項）ができる。また、聴聞の通知から終結までの間、行政庁に証拠資料などの閲覧請求をすることができる（18条。**文書閲覧請求権**）。行政庁は、不利益処分の決定にあたって聴聞の調書と報告書を十分に参酌しなければならない（26条）。

③**理由の提示**：不利益処分についても、申請に対する処分手続の場合と同様に、理由の提示が義務付けられている。判例によれば、行手法14条1項本文が求める理由提示の程度は、当該処分の根拠法令の規定内容、当該処分

【図3-2】不利益処分手続の概要

※条文は行手法のもの

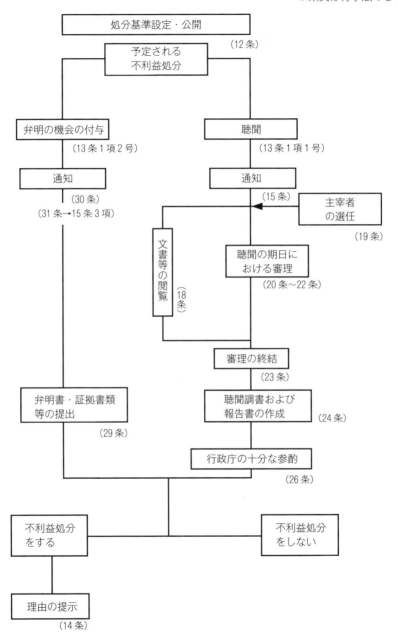

に係る処分基準の存否・内容と公表の有無、当該処分の性質と内容、当該処分の原因となる事実関係の内容等を総合考慮して決定されなければならない。また、公にされている処分基準がどのように適用されているのかを示さなければならない（最判平成23・6・7判時2121号38頁〔一級建築士免許取消事件〕）。

Ⅲ 行政指導

1 「行政指導」の定義と特徴

　行政指導は、行政処分と異なり、その相手方（私人）の権利義務を変動させない事実行為である（→第2章第6節Ⅱ3）。行政指導に応じるかどうかは、相手方である私人の自主的な判断に委ねられている。それにもかかわらず、行政指導にあたって行政指導をする行政機関に手続的制約を加えるのはなぜだろうか。それは、行政指導には、法律上の個別的規制権限がなくても行政目的の達成や問題解決ができるなどの長所がある反面、許認可権を背景とした無理強いなど、任意性や透明性を欠いた方法で行われることがあるという短所があるためである。

2 行政指導の限界・形式・中止等の求め

　行手法は、行政指導の限界や形式等につき、次の事項を定めている。
　第1に、行政指導の一般原則（行手法32条〜34条）として、判例で示された考え方を確認的に定めている（→第2章第6節Ⅱ2(2)）。
　第2に、行政指導の方式等として、行政指導に携わる者は、その相手方に対して指導の趣旨・内容・責任者を明示するとともに（行手法35条1項）、相手方が要求する場合には、特別の支障がある場合を除き、それらの事項を記した書面を交付しなければならない（同条3項）。特に行政機関は、行政指導に従わないと申請を拒否したり、許可を取り消すなどの意向を示すときは、その根拠条項や理由などを併せて明らかにする義務を負う（同条2項。2014年改正で追加）。また、複数の者に対して同一目的の指導をするときは、行政指導指針を定め、

原則として公表しなければならない（36条）。

　第3に、2014年の行手法改正により、行政指導の中止等の求めが新設された（36条の2）。法令違反行為の是正を求める指導（法律で行政指導をする根拠が定められている場合に限る）の相手方は、その指導が根拠となる法律の要件に適合しないと考えるときは、行政機関に対し、その旨を申し出て、指導の中止などを求めることができる。行政機関は、この申出があったときは、必要な調査を行い、当該指導が法律の定める要件に適合しないと認めるときは、指導の中止その他必要な措置をとらなければならない。

Ⅳ　処分等の求め

　2014年の行手法改正により、処分等の求め（36条の3）が追加された。この規定によれば、「何人も」「法令に違反する事実がある場合」において、それを是正するために必要な処分や行政指導（法律で行政指導をする根拠が定められている場合に限る）が行われていないと考えるときは、権限を有する行政庁や行政機関に対し、その旨を申し出て、当該処分や行政指導の実施を求めることができる（同条1項）。例えば、ある事業者の違法な産業廃棄物処分を発見した住民が、廃掃法上の監督権限をもつ知事に申し出て、その事業者に廃棄物の除去等を命じるように求めることができる（19条の5第1項）。この申出は、行政権限の発動の手がかりやきっかけになるものと期待される。

　この申出にあたっては、一定の必要事項を記入した申出書の提出が必要となる（行手法36条の3第2項）。当該行政庁や行政機関は、この申出があったときは、必要な調査を行い、その結果に基づき必要があると認めるときは、当該処分や指導をしなければならない（同条3項）。なお、この申出は「申請」や「届出」とは異なる（→Ⅰコラム「申請と届出の違い」）。また、行手法に定めはないが、申出を受けた対応の結果について申出人に通知があっても、それは「処分」（→第5章第3節Ⅲ3）に該当しない。

V　意見公募手続等

　行手法は、まず、政省令という命令等（→1）を定める場合の一般原則を定める（38条）。命令等制定機関は、①命令等が根拠法令の趣旨に適合するように定めなければならず、②命令等の制定後も、その内容を適宜検討し、その適正を確保するよう努めなければならない。

　次に行手法は、命令等制定手続として「意見公募手続」を定める（39条〜45条）。その基本的な流れは、命令案の公示→意見の公募→提出意見の考慮→考慮結果の公示である。

1　「命令等」の定義

　行手法上の命令等とは、①法律に基づく命令（政省令や委員会規則など。処分要件を定める告示を含む）や規則（自治体執行機関が定める規則）、②審査基準（申請に対する処分の基準）、③処分基準（不利益処分の基準）、④行政指導指針をいう（2条8号）。これらは、いわゆる行政立法であり（→第2章第2節）、行手法は、法律と同様の効果をもつ法規命令だけでなく、それ以外の行政規則も、意見公募手続の対象とする。

2　命令等の案の公示と意見の公募

　行手法は、意見提出者の範囲につき、「広く一般の意見」と定める（39条1項）。これは、国民一般に加え、外国人や外国政府も含む趣旨である。また、当該命令案に関する利害関係の有無も問わない。命令等制定機関は、命令等を定めようとするときは、命令等の案と関連資料を事前に公示し、意見の提出先と30日以上の意見提出期間を定め、意見を公募しなければならない（同条）。政府は、電子政府の総合窓口（e-Gov）のウェブサイト「パブリックコメント：意見募集中案件一覧」で、命令案や関連資料等を公示している。

3　意見の考慮と結果の公示

　命令等制定機関は、提出意見を十分に考慮し（42条）、命令等の公布に際して、提出意見とそれを考慮した結果や理由などを公示しなければならない（43

条)。この手続は、多数決の仕組みをとっていないため、命令等制定機関は、命令案に対する賛否の比率を考慮して判断するわけではない。したがって、1つの合理的な提出意見に従って当初の案を変更してもよい。なお、緊急に命令等を定める必要があり、実施が困難であるときなどは、意見公募手続の省略が許される（39条4項）。

第3節　手続違反と処分の効力

　手続法令に違反する処分は、違法ではあっても裁判所で当然に取り消されるべきものといえるのだろうか。行政手続の意義を重視すれば、公正な手続を欠く処分は、直ちに取り消されるべきであろう。その一方で、もう一度手続をやり直しても処分の結果が変わらないならば、効率性の観点から処分を取り消さないという考え方もある。行手法制定前の判例は、理由付記に不備がある事案（前掲・旅券発給拒否理由付記事件）を除き、基本的に、後者の結果重視の立場をとった（最判昭和50・5・29民集29巻5号662頁〔群馬中央バス事件〕）。

　行手法は、手続違反の効果を明記せず、判例上も、この点は未決着である（理由の提示義務に違反することを理由に処分を取り消した判例として、前掲・一級建築士免許取消事件参照）。学説上は、手続重視の立場が有力であり、特に**審査基準の設定・公表、理由の提示、告知・聴聞、文書閲覧**に瑕疵がある場合には、その処分は取り消されるべきであると考えられている。あまりに結果に重点を置くと、行手法で手続的義務を課した意義が失われるからである。

第4節　行政手続法の適用除外

　行手法は、多数の適用除外を定める（3条・4条）。それは、検察官や収税官吏の処分、外国人の出入国に関する処分など（3条1項）、特定の行政分野については、同法で定める一般的な手続になじまないと考えられたためである。また、個別法の規定にも注意が必要である。例えば、建築基準法9条15項は、そ

の分野特有の手続体系に配慮した結果、同条1項の違法建築物除却命令等（不利益処分）につき、行手法の規定を一部適用除外としている。

　地方公共団体の活動については、次の点に注意したい（行手法3条3項）。第1に、条例や首長等の執行機関が定める規則を根拠とする処分・届出は、行手法の適用がない。第2に、国の法令を根拠とする処分・届出は、行手法の適用がある。第3に、地方公共団体の機関がする行政指導と命令等制定行為は、法令に根拠があっても、行手法の適用がない。行手法の適用がない活動については、各地方公共団体の行政手続条例が適用される。

〈課題〉
1．廃掃法上の産業廃棄物処分業許可を取り消す際に、行手法上、必要となる手続は次のうちどれか。
　①意見公募手続　②告知・聴聞　③審査基準の設定・公表　④処分等の求め
2．外国人Xは、自国内の医学校を卒業後、日本で医師業務をしようと考えた。そこで医師法に基づき、医師国家試験本試験の受験資格認定を申請したところ、行政庁は、Xの申請を却下した。下記(1)(2)につき、行手法上、どういった問題があるかを検討しなさい。
(1)　Xの申請当時、行政庁は、審査基準を公にしていなかった。ただし、Xに対して、申請者の提出書類を列挙した「必要資料一覧」を交付した。
(2)　行政庁は、Xの申請を却下する理由として、適用法条とともに「貴殿の医学に関する経歴等からみて」という理由のみを提示した。
ヒント：東京高判平成13・6・14判時1757号51頁〔医師国家試験受験資格事件〕

第4章
情報制度

　情報制度は、行政機関が保有する情報（以下「行政情報」）を扱う制度である。行政情報には、外交などの高度に政治的な情報から、日頃の行政事務が円滑に進むため会議の場で配布される資料、さらには、私たち自身が役所に提出した氏名・生年月日・住所など、さまざまなものがある。この行政情報について、行政情報を私たち国民一般にも公開する**情報公開**と、私たち個人に関わる情報を保護する**個人情報保護**の2つの制度をここで学ぶ。

第1節　情報公開制度

I　意義と機能

　情報公開制度の下で、行政情報が国民に公開されるためには、誰かが行政機関の長に対してその情報の開示を請求することが必要となる。開示請求された行政情報をどのように利用するかは、請求者の自由である。請求者本人が知りたい行政情報があれば、その利用用途が何であれ、請求することができ、情報公開制度によって制限されることはない。

　行政情報が開示されると、その内容によっては、マスコミや国民・住民の批判にさらされることがある。また、行政機関がそのような批判が出ないようにあらかじめ慎重に対処することになれば、情報公開制度によって間接的にではあるが、行政の判断を適正な方向へと導くことになる。このように情報公開制

度は、国民による行政活動をチェックし、コントロールする機能をもっている。

Ⅱ 情報公開法の特質

情報公開制度は、国と地方公共団体のものとがある。ここでは、国の行政機関に関わる制度として情報公開法を扱うこととする。

1 目 的

(1) 説明責務

情報公開法は、国民主権の理念に照らして、行政情報の公開を図り、それによって行政活動を「説明する責務が全うされるようにする」ことを目的としている（1条）。これは、行政機関が国民に対し自らの行政活動を説明する責務（アカウンタビリティー）を負うことを意味する。国民は行政機関に対し行政情報の開示を求める権利を有することになる。

(2) 知る権利

情報公開法ではあえて「知る権利」というものを明記していない。これを情報公開法に明記するかどうか、立法時に議論になった。結局明記しなかったのは、「知る権利」とは、国民に対し保障される表現の自由（憲法21条1項）の一環として捉えられるものだが、①判例上「知る権利」を明示的に認める姿勢はとられていないこと、②不開示情報（→後掲3）の範囲を条文に照らして判断することで十分であり、「知る権利」を規定することによって、開示の範囲が事実上拡大するわけではないことなどがその理由であった。

一方、地方公共団体の中には、「知る権利」を条例で明文化している例もある（神奈川県情報公開条例1条）。また、2011年情報公開法の一部改正案でも法目的に「知る権利」の保障を規定することが提案されたが、成立には至らなかった。

2　開示請求・開示決定手続

(1)　開示請求者

情報公開法は、何人によっても請求できるものとし（3条）、日本国民以外の外国国籍の者、法人その他の団体であっても、開示請求権が保障されている。

(2)　開示請求の対象

情報公開法は、開示請求の対象情報を「行政機関の保有する行政文書」とする（3条）。行政文書とは「行政機関の職員が職務上作成し、又は取得した文書、図画及び電磁的記録」であり、その職員が組織的に用いるものである（2条2項）。したがって、職員がメモとして個人的に利用しているものでも、行政機関が組織的に用いる文書（組織共用文書と呼ばれる）とみなされれば、行政文書として開示請求の対象情報となる。

(3)　請求後から開示まで

行政機関の長は、開示請求があった日から原則として30日以内に、開示するかどうかを決定しなければならない（10条）。ただし、事務処理上の困難など正当な理由があるときは30日以内に限り延長ができる。

開示請求された行政文書が著しく多い場合、具体的には60日以内に開示するかどうか決定することに事務の遂行上著しい支障が生ずるおそれがある場合は、まず相当の部分につき開示決定等を行い、残りは相当の期間内に別途決定を行うことになる（11条）。なお、行政機関の長は、例えば開示請求者から大量の外交文書の開示を求められたことだけを理由として、日常の行政事務の遂行に著しい支障が生ずるおそれがあると判断することはできない。

(4)　開示請求および開示決定を受けた場合

行政機関の長により開示決定を受けた場合、開示請求者は、行政文書を直接見る（閲覧）か、そのコピーを受け取ること（写しの交付）ができる（14条1項）。この開示にあたっては、開示請求者等は、実費の範囲内で手数料の支払

義務がある（16条1項）。

ただし、手数料が高すぎると開示請求しづらくなるので、利用しやすい金額を定めたり、経済的困難があるなどの事情が認められる場合にはそれを減免するなどの配慮をすべきことになる（同条2項・3項）。

3　不開示情報のカテゴリー

行政機関の長に対し行政文書の開示請求があったときには、次に掲げる6つの不開示情報が含まれるものを除き、開示しなければならない（5条）。このような原則が情報公開法で定められているのは、そもそも**行政情報は国民のものであり、また、国は国民に対して常に説明責務を負っている**からである。

開示請求された行政文書のうち全部または一部が不開示情報に当たる場合、行政機関は不開示決定を行うが、その際、開示請求者には行手法8条により理由の提示が必要となる（→理由の提示。第3章第2節Ⅰ4）。

【図4-1】個人識別情報とプライバシー情報のイメージ

(1)　個人情報（1号）

まず、特定の個人を識別できる情報（個人識別情報）が不開示情報に当たる。情報公開法は、個人識別情報のうち本人が知られたくないもの（「プライバシー情報」という）を不開示情報の基準とはしていない。ただし、情報公開法では、①法令の規定や慣行として公にされる情報、②人の生命等を保護するために公にする必要があると認められる情報および③公務員の仕事の遂行に関わる情報（例、公務員の職務の一環として宴会・祝賀会に出席する場合の出席者名簿）は、個人情報には含まれない（同号イ〜ハ）。

(2)　法人情報（2号）

次に、法人その他の団体（主に私企業）に関わる情報のうち、当該法人等の権利、競争上の地位を害するおそれがあるもの、または、公にしないとの条件の下で行政機関の要請を受けて自主的に提供された情報であって非開示に合理

的理由があるものが不開示情報となる（同号イ・ロ）。ただし、人の生命、健康、財産を保護するために公に必要と認められる情報は除かれる。

(3) 国の安全情報（3号）・公共安全情報（4号）

行政機関の長が、防衛や外交に関する情報であって国の安全が害されるおそれがあると認めることにつき相当の理由がある場合や、犯罪の予防、鎮圧、捜査等の情報であって公共の安全と秩序の維持に支障を及ぼすおそれがあると認めることにつき相当の理由がある場合に不開示情報になる。これらの情報に該当するかどうかの判断にあたっては、行政機関の長に裁量が認められている（→第2章第7節）。

(4) 審議検討情報（5号）

審議会などの行政組織内部において、決定には至らない意思形成途上の情報が公にされることによって、率直な意見の交換もしくは意思決定の中立性が不当に損なわれるおそれがあるもの（意思形成過程情報）も不開示情報となる。非公開の審議会に提出された資料などがある。

(5) 事務事業情報（6号）

監査、検査、取締等といった事務または事業の性質上、公にすることによりそれらの適正な遂行に支障を及ぼすおそれがある情報（事務事業情報）も不開示情報となる。

4 特殊な開示方法

開示請求を受けた行政機関の長は、行政文書について全部または一部の開示・不開示決定を行うことになる。なお、行政文書を保有していない（文書不存在）場合も、不開示決定の形式による（9条2項）。

情報公開法は、行政文書の具体的な開示の方法として、全部開示および文書不存在の場合のほか、部分開示（6条）、裁量的開示（7条）、存否応答拒否（8条）という方法を設けている。

(1) 部分開示（6条）

行政文書の一部に不開示情報が記録されている場合、行政機関の長は、不開示情報が記録されている部分を容易に区分して除くことができるときには、それ以外の部分を開示しなければならない。具体的には、行政文書のうち不開示情報部分を黒塗り（マスク）して開示することになる。

なお、行政文書に含まれる個人情報のうち、氏名や生年月日等を除くことにより公にしても個人の権利利益が害されるおそれがないと認められるときは、それ以外の部分について開示を行う必要がある（6条2項）。

(2) 裁量的開示（7条）

行政文書に不開示情報が記録されていても、公益上特に必要があると認めるときは、行政機関の長は当該文書を開示できる。しかし、何が「公益上特に必要」といえるかは明確でない。また、この制度の下では、一旦不開示情報に該当すると判断した情報を再度、検討して開示することもできる。そのため、行政機関の長は開示するかどうかの判断にあたり、「不開示による利益」と「あえて開示する利益（公益）」のバランスを考えて、慎重に判断する必要がある。

(3) 存否応答拒否（8条）

開示請求の対象である行政文書が存在しているか否かを答えるだけで、不開示情報の開示を意味する場合がある。例えば、国立病院の入院患者を指定してその者の個人情報が記録された行政文書を開示請求した場合である。開示請求に対する応答として、「Xの記録がある」または「Xの記録はない」といえば直ちにその病院に「入院していた」（または「入院していなかった」）事実・個人情報が明らかとなってしまう。このような場合、行政機関の長は、行政文書の存否を明らかにしないことができる（グローマー拒否）。

Ⅲ　情報公開法上の不服申立制度とインカメラ審理

1　不服申立制度

　行政文書の不開示決定（部分開示を含む）を受けた開示請求者は、その決定を不服として行審法上の審査請求をすることができる。審査請求を受けた行政機関の長が自ら決定を覆し全部開示決定する場合などのほかは、**情報公開・個人情報保護審査会**（以下「審査会」）に対し諮問し、その答申を受けた上で、審査請求について判断することになる（19条）。なお、審査会は諮問機関であるため、行政機関の長はその答申に拘束されることはないが、第三者の立場から審議された結果であり、公表もされるので、尊重することが求められる（→第1章第2節Ⅲ2）。

2　インカメラ審理

　情報公開・個人情報保護審査会は、不開示決定があると審査請求を受けた行政機関の長（諮問庁）に、問題となる行政文書の現物を提出させ（情報公開・個人情報保護審査会設置法9条1項）、それを見ながら審理できる。これをインカメラ審理と呼ぶ。この審理は、行政文書に不開示情報が含まれているかを実際に確認することにより、その審理・判断の客観性を担保しようとするものである。

　一方、不開示決定の取消訴訟等（→第5章第3節Ⅲ・Ⅳ）が提起された場合、裁判官だけが不開示決定の対象となる行政情報を見て判断することができるかは、憲法82条の裁判の公開という観点から問題となる。例えば、開示請求者が不開示決定の取消訴訟を提起した事件で、裁判官によって不開示文書を直接検証させるために、外務省がもつ米軍ヘリ墜落事故の行政情報について裁判所に提示命令を出すよう求めた事例がある。最高裁は、このような命令が出されれば、結果としてインカメラ審理と同じことになるから、「情報公開訴訟において証拠調べとしてのインカメラ審理を行うことは、民事訴訟の基本原則に反するから、明文の規定がない限り、許されない」と判示した（最決平成21・1・15民集63巻1号46頁〔インカメラ審理事件〕）。この「民事訴訟の基本原則」とは「訴

訟で用いられる証拠は当事者の吟味、弾劾の機会を経たものに限られるということ」を指している。インカメラ審理では、原告による吟味などができないため、この原則に反することになる。なお、最高裁が判示していたインカメラ審理を認める「明文の規定」は現在のところ存在しない。

> **公文書等の管理に関する法律**
>
> 　公文書等の管理に関する法律（以下「公文書管理法」）は、情報公開法、行政機関個人情報保護法の制定後、2009年に制定された。情報公開法が保障する開示請求も、その対象となる行政文書が作成されていなければ意味がない。さらに、文書が組織的に共用されていても管理が悪ければ、散逸したり、誤って廃棄されたりして、後世に残されないことがある。そして、その結果、さまざまな真実が明らかにならないこともある。公文書管理法は、行政文書等の作成に始まり廃棄・保存に至るまでのライフサイクルを制度化した重要な法律である。
>
> 　この制度の重要性は、次のような場合に明確になる。いわゆる沖縄返還の「密約」に関する行政文書の開示請求に対し外務大臣が情報公開法9条2項に基づき文書不存在を理由として不開示決定をした。開示請求者（原告）はその文書が存在すると信じていたため、この決定の取消訴訟を提起した。最高裁は原告の請求を棄却し文書不存在を肯定した（最判平成26・7・14判時2242号51頁〔沖縄返還密約文書事件〕）。仮に公文書管理法がこの行政文書作成時に施行されていれば、永久保存となる重要外交文書となっていたと想像される。

第2節　個人情報保護制度

I　基本的な特徴

　行政情報に個人情報が含まれている場合、憲法13条に基づくプライバシー権の一環として、本人は自らその情報を管理する権利（自己情報管理権）があると考えられている。個人情報はもともと本人のものであるため、本人の知らない間に勝手に個人情報が利用されることは許されない。そこで、個人情報保護制

度は、
　①個人情報の対象者である本人の権利などを保障すること
　②本人以外の者・行政機関に対する各種制約
の2つによって作られている。

　なお、2016年には民間企業等が行政機関の保有する個人情報をデータとして利活用できるようにするため、行政機関個人情報保護法の一部が改正された。具体的には、行政機関が保有する個人として識別できないように加工した上で、それを復元できないようにしたものを「行政機関非識別加工情報」として、第三者に提供できるためのルールが制度化された。

Ⅱ　行政機関個人情報保護法の基本的仕組み

1　制度の目的・保護対象

　行政情報における個人情報保護制度は、国（行政機関と独立行政法人等）と地方公共団体のものがそれぞれ存在する。ここでは、国の行政機関個人情報保護法を扱う。

　行政機関個人情報保護法の目的は「行政の適正かつ円滑な運営を図りつつ、個人の権利利益を保護すること」である（1条）。この法律でいう「個人情報」とは、生存者の個人識別情報である（2条2項）。また、この法律で保護しようとするのは、主に個人情報によって識別される特定の個人（本人）である。

2　行政機関による個人情報の扱い方

　日本の行政機関個人情報保護制度の基本構造として、主にOECDが個人情報の保護について定めた原則、すなわち、行政機関またはその長の義務として、個人情報の利用目的の明確化、利用制限（3条）、本人に対する利用目的の明示（4条）、個人情報の正確性確保（5条）、個人情報の漏えい、滅失またはき損の防止などの安全確保（6条）、個人情報の利用目的以外の利用・提供の原則禁止（8条）が規定されている。ただし、本人の同意等があるときは、個人情報の目的外利用・提供もできる。なお、地方公共団体では、個人情報の

目的外利用にあたり、合議体（審議会）の審議を受けてその利用可否を判断する場合がある（例、相模原市個人情報保護条例9条2項）。また、個人情報を取り扱う職員等の利用制限（行政機関個人情報保護法7条）もある。

3　請求の種類

　行政機関個人情報保護法では、本人には、**開示請求**に加えて、**訂正および利用停止**という3つの請求が認められている（12条・27条・36条）。これら請求に対する行政機関の長の決定に不服がある場合には審査請求をすることができる。審査請求を受けた行政機関の長は、原則として情報公開・個人情報保護審査会に諮問しなければならない（43条）。

(1)　開示請求（12条以下）

　行政機関個人情報制度は、情報公開制度に類似する。開示請求について、①（本人であれば）何人であっても開示請求を可能とし（12条1項）、②開示請求を受けた行政機関に開示義務がある一方で、不開示情報のリストが設けられ（14条）、③行政機関の長は部分開示、裁量的開示、存否応答拒否ができる（15条～17条）。

　このほか、開示請求・開示決定手続も、情報公開法と同様である（18条～20条・24条・26条）。

(2)　訂正請求（27条以下）

　訂正請求は、行政機関が保有する個人情報の内容が事実ではないと思われる場合に、その本人が行政機関の長に対し訂正を請求するものである（27条1項）。なお、この訂正請求の対象は、その本人が行政機関個人情報保護法に基づき開示決定を受けた個人情報に限定されている。つまり、行政機関個人情報保護法以外のルートで個人情報を入手した場合には、訂正請求できないようにしている（開示請求前置主義）。例えば、行政機関情報公開法に基づき開示請求された行政文書について訂正請求を認めた場合、その文書の中に本人以外の情報も含まれることから、そのような情報も訂正すべきかどうかで混乱が生じる可能性がある。そこで、対象となる個人情報を明確にし、手続上の一貫性を確

保することで訂正制度の安定的運用を図るために、行政機関個人情報保護法に基づいて開示していない個人情報については訂正請求が行われることがないようにしている。

(3) 利用停止請求（36条以下）

利用停止には、当該情報の利用の停止のほかに、消去または提供の停止を含む（36条1項）。利用停止請求は、個人情報が行政機関によって適法に取得されたものでなく、利用目的の範囲を超えて保有されている場合などに認められる。

利用停止請求を行うことができるのは、訂正請求と同様、その個人情報の開示を受けた者に限定される（37条1項2号）。

III 行政機関個人情報保護以外の主な個人情報保護制度

1 個人情報の保護に関する法律

個人情報の保護に関する法律は、個人情報保護制度の基本法であり、行政機関個人情報保護法の前提となる法律である。その主な内容は、一定数以上の個人情報を保有し、事業に用いる民間企業など、個人情報取扱事業者が負う責務や義務等である（国の機関や地方公共団体等は除く）。

一方、国や地方公共団体に対する一連の責務規定も規定されている。具体的には、個人情報の適正な取扱いを確保するために必要な施策を総合的に策定し、実施する責務（4条・5条）、政府に対する個人情報の保護に関する施策の推進にあたり、基本方針の策定（7条）、地方公共団体に対する国の支援等（8条～10条）、地方公共団体に対する必要な措置の確保等（11条～13条）、国と地方公共団体との相互協力義務（14条）などである。

2 マイナンバー法

個人情報保護制度として注目される法律の1つに、いわゆるマイナンバー法（または番号法）である「行政手続における特定の個人を識別するための番号の

利用等に関する法律」がある。マイナンバー法は、日本国籍を有するすべての者に特定の個人番号を付与し、それを用いて行政運営の効率性や社会保障・税などの公正を確保することなどを目的にする法律である。

　個人番号は唯一無二のものであるから、万が一悪用されると、本人の財産上の利益などが侵害される可能性も考えられる。そこで、マイナンバー法は、行政機関等に対し、その利用範囲を限定する（9条）とともに、個人番号を利用する事務を他者に委託・再委託した場合も同様の限定を設けている（10条）。そのほか、個人番号その他の個人番号と認識しうる符号などの関連情報（特定個人情報）が第三者に提供・流通することを制限するため、提供条件を限定している（19条）。

　なお、マイナンバー法に基づき、特定個人情報の保護を目的とした特定個人情報保護委員会が設立されている。同委員会は、その**職権行使の独立性**を担保され、特定個人情報の漏えいなど違反行為に対する是正措置などを含めた強い権限を行使できるようになっている（36条以下）。

〈課題〉
1．次の行政文書に対して情報公開法上の開示請求がなされた場合、行政機関の長としていかなる判断をすることが適当か。
　①某省課長が出席した地方公共団体主催の宴会参加者名簿
　②公共施設の工事に関わる審議会での同施設設置候補予定地の図面
2．Xは「Aが通院する国立病院のカルテ」を請求対象文書とし、情報公開法に基づき開示請求を試みたところ、病院担当者からは当該事実があるともないともいえないとの返答を受けた。この担当者の返答は妥当か。病院担当者が不開示決定をした場合と比較して、どのような違いがあるかを検討しなさい。

第5章

行政争訟

第1節　行政救済法の概要

これまで、行政組織法、行政手続法と行政実体法について説明した。これらは、行政の組織・手続や活動条件を法律で定めることにより、行政活動の適正化を図るものである。しかし、行政活動について法律で定めたとしても、違法な行政活動は行われうる。また、適法な行政活動によって生じる損失について、特別に補償が必要となる場合もある。そこで、私人の権利救済を目的とする制度がいくつか用意されている。こうした制度をまとめて**行政救済法**という。

行政救済法は、大きく行政争訟と国家補償に分けられる（【表5-1】も参照）。

①行政争訟（行政不服申立て・行政訴訟）：違法な権利利益の侵害を排除し、なくす直接的な救済方法

②国家補償（国家賠償・損失補償）：権利利益の侵害によって発生した不利益を金銭の支払いで埋め合わせ、解決する間接的な救済方法

【表5-1】行政救済法の全体像

行政救済法			
行政争訟		国家補償	
行政不服申立て （違法・不当な権利 利益の侵害排除）	行政訴訟 （違法な権利利益の 侵害排除）	国家賠償 （違法行為による 損害の補てん）	損失補償 （適法行為による 損失の補てん）
行政不服審査法	行政事件訴訟法	国家賠償法	憲法29条3項や 個別法

行政争訟は、行政行為を取り消したり、必要な行政行為を義務付けたりするための制度である。この制度の目的は、行政活動による違法な侵害を排除し、私人を直接的に救済することにある。行政争訟の中心は、**行政不服申立制度**（→第2節）と**行政訴訟**制度（→第3節）である。行政不服申立ては、**行政機関**に所定の手続で不服を申し立てるものであり、行政訴訟は、**裁判所に訴えを提起する**ものである。それぞれの一般法として、**行審法**（行政不服申立て）と**行訴法**（行政訴訟）がある。なお、行政争訟の仕組みとしては、これ以外にも、**行政審判、苦情処理、オンブズマン**などがある。

　国家補償は、行政活動によって生じた損害や損失を金銭で埋め合わせて権利を救済するための制度である。この制度の目的は、行政活動を直接的に是正することではなく、金銭の支払いによって私人を間接的に救済することである。**国家賠償**（→第6章第2節〜第4節）は、**違法行為**によって既に生じた損害の賠償を求めるものであり、**損失補償**（→第6章第5節）は、**適法行為**に起因する損失の補償を求めるものである。国家賠償と損失補償の憲法上の根拠は、**憲法17条と29条3項**にある。国家賠償の一般法は、**国賠法**である。損失補償については、一般法はなく、個別法で規定されている場合がある（土地収用法第6章など）。なお、仮に損失補償について定める個別法の規定がなくても、直接憲法29条3項を根拠に補償請求をすることができる。

〈モデルケース①：二面関係〉

　建築主がマンションを建築するケース（→第2章第1節）を例に、行政救済制度をごく簡単に説明しよう。建築主がA県の建築主事に対して建築確認（建築基準法6条1項）の申請を行い、その拒否処分を受けた場合、**拒否処分に不服がある建築主**は、どういった対応をとれるか。

(a)行政争訟：建築主に準備されている主な選択肢は、**行政不服申立てや行政訴訟を提起する**ことである。建築主は、行政機関である**建築審査会**に**審査請求**をすることができる（建築基準法94条、行審法）。また、建築主は、A県を被告として建築確認の拒否処分の**取消訴訟**と建築確認をすることの**申請型義務付け訴訟**を提起することができる（行訴法3条2項・同条6項2号）。審査請求や取消訴訟・申請型義務付け訴訟で建築

主の言い分が正しいと判断され、請求が認容されれば、審査請求を審理する審査庁または裁判所は、拒否処分を取り消し、また、建築主事に対して建築確認をするよう命じることがある。
(b)**国家補償**：建築主に既に発生している被害を補てんする主な方法として、国家賠償と損失補償の2つがある。建築確認の拒否処分が違法であって、それによって建設工事着工の遅れなどに伴う損害を受けたと考える建築主は、A県を被告として、**国賠訴訟**を提起できる（国賠法1条）。また、建築確認の拒否は適法であるものの、**特別の犠牲**といえるような財産的損失があると考える建築主は、**損失補償**を求めることが考えられる（憲法29条3項）。

〈モデルケース②：三面関係〉
　次に、建築主による建築確認の申請が認められたものの、周辺住民がマンション建設に反対している場合を考えてみよう。**建築確認に不服がある周辺住民**は、どのような対応をとれるか。
(a)**行政争訟**：周辺住民も建築審査会に**審査請求**をしたり、**取消訴訟**を提起したりすることが考えられる。ただし、周辺住民は、建築確認の相手方ではない**第三者**であり、現行制度上は、必ずしも建築確認を行政不服申立てや行政訴訟で争えるとは限らない。この場合には、周辺住民の言い分が正しく、建築確認が違法で取り消されるべきものかどうか（**本案勝訴要件**）が審理される前に、そもそも、その周辺住民にこの建築確認について審査請求や取消訴訟で争う資格があるかどうか（**不服申立要件、訴訟要件**）が重要な論点となる。
(b)**国家補償**：周辺住民は、違法な建築確認が行われたことや、その後、その違法建築物に対して違反是正命令（建築基準法9条1項）を出してくれなかったことにより損害を被ったとして、建築確認をした行政庁の属する地方公共団体を相手に、**国賠訴訟**を提起することが考えられる。仮に建築確認に間違いがなかったとしても、その後の建築規制権限を適切に行使しなかったために周辺住民に被害が発生した場合には、規制権限の不行使に基づく責任（**危険防止責任**）が問われることになる。

第2節　行政不服審査法

　本節の狙いは、行審法を中心に、行政上の紛争処理制度について理解することである。裁判を通じた紛争処理（行政訴訟・国賠訴訟）との違いに注意しつつ、学習を進めよう。

I　行政不服申立ての基本的な特徴

　行政不服申立てと行政訴訟は、あわせて**行政争訟**と呼ばれる。行政不服申立ては行政機関が審理をし、行政訴訟は裁判所が審理をする。両者の差異を簡単に確認しておこう。

　行政訴訟と比較すると、行政不服申立ての大きな特徴は、①簡易迅速な手続、②広い審査範囲の2つにある（【表5-2】参照）。

　第1に、裁判は、公正・慎重な審査を行うものであるものの、法廷において原告と被告の間でさまざまなやり取りが行われるなど時間と費用が多くかかる救済手続でもある。そのため、簡易迅速な紛争の解決を期待する私人は、そもそもその利用を避ける傾向がある。そこで、①簡易迅速な手続の特徴をもつ行政不服申立ては、国民の権利救済という観点から、重要な意義を有する。

　第2に、裁判所では処分の違法性しか審査対象としない。これに対して、行政不服申立ては、国民によって促される「行政の自己反省」という面をもつため、②裁判所よりも広い審査を行うことができ、違法とまではいえない不当な場合にも処分を取り消すことができる（不当な行政行為。→第2章第3節Ⅲ1）。この点においても、行政不服申立ては、重要な救済手段といえよう。

【表 5-2】行政不服申立てと行政訴訟の比較

行政不服申立て（行審法）	行政訴訟（行訴法）
①広範な目的（1条1項） ＝権利救済＋行政の適正な運営	①限定的な目的 ＝主に権利救済
②簡易迅速な審査（同条同項）	②慎重な審査
③広い審査範囲（同条同項） 「行政庁の違法又は不当な処分」 ＝違法性＋不当性	③狭い審査範囲（30条等） 法令に違反する違法行為のほか、裁量権の逸脱・濫用が認められる違法な処分

　2017年現在、行政不服申立ての一般法として行審法がある。同法は、2014年に改正され、2016年4月から施行されている。2014年改正の狙いは、行政不服審査の公正性と利便性を高めることにある。

> **行政不服審査法の2014年改正——公正性と利便性の向上**
>
> 　行審法の2014年改正は、行政不服審査の公正性と利便性を向上させるために行われた。また、それと同時に、行審法の特例等を定める361法律を改正する目的で、「行政不服審査法の施行に伴う関係法律の整備等に関する法律」も制定された。これらの主な内容は、下記のとおりである。
>
> 　第1に、公正性を向上させるために、①審理員制度の導入、②第三者機関である行政不服審査会制度の導入、③審査請求人等の手続的権利（記録の閲覧・謄写、口頭意見陳述、弁明書の提出）の拡充が行われた。
>
> 　第2に、利便性を向上させるために、④不服申立期間の延長（60日から3カ月に延長）、⑤審査請求一元化・単純化、⑥審理迅速化（標準審理期間の設定、争点・証拠の事前整理手続の導入）、⑦不服申立前置の見直し（行政不服申立てを経ずに訴訟を提起できる場合を拡大）が行われた。

II　行政不服審査法の目的と仕組み

1　目　的

　行審法は、「行政庁の違法又は不当な処分その他公権力の行使に当たる行為

に関し、国民が簡易迅速かつ公正な手続の下で広く行政庁に対する不服申立てをすることができるための制度を定めることにより、国民の権利利益の救済を図るとともに、行政の適正な運営を確保すること」を目的とする（1条1項）。行審法は、行政不服申立ての一般法であり、他の法律で特別の定めをしている場合は、他の法律が優先する（同条2項）。

2　不服申立ての種類

行審法では、①審査請求、②再調査の請求、③再審査請求という3つの不服申立制度を定めている（後掲【図5-1】、【図5-2】を参照）。このうち、①が基本的な手続であり、②と③は例外的に利用が認められる手続である。

①**審査請求**：行政庁の処分や不作為につき、審査請求の審査に当たる行政庁（審査庁）に不服を申し立てる手続である。審査庁は、原則として、処分をした行政庁（処分庁）と不作為状態にある行政庁（不作為庁）の**最上級行政庁**であり、上級行政庁がないときは、処分庁あるいは不作為庁が審査をする（4条）。例えば、国の出先機関の長が処分庁であるときは、それを統括する大臣が審査庁となる。

②**再調査の請求**：個別法が特に認める場合（例：不服申立てが大量に行われるもの。国税通則法75条1項1号イなど）に、審査請求の手続よりも簡易な再調査を求める手続であり（行審法5条1項）、**処分庁**自身が再調査をすることになる。再調査の請求ができる場合でも、それをせずに審査請求をしてもよい。ただし、審査請求をしたときは、同一処分の再調査を請求することはできない（同条1項ただし書）。再調査の請求をしたときは、3カ月を経過しても請求に対する決定がない場合や決定を経ないことについて正当な理由がある場合を除き、再調査の請求に対する決定を経た後でなければ、審査請求できない（同条2項）。なお、不作為は再調査の対象ではない。

③**再審査請求**：個別法が特に認める場合（健康保険法189条1項など）に、審査請求を経た後で、個別法の定める**再審査庁**（行審法63条）に対し、再度の審査を求める手続である（6条）。

【図5-1】行政不服審査法上の不服申立制度

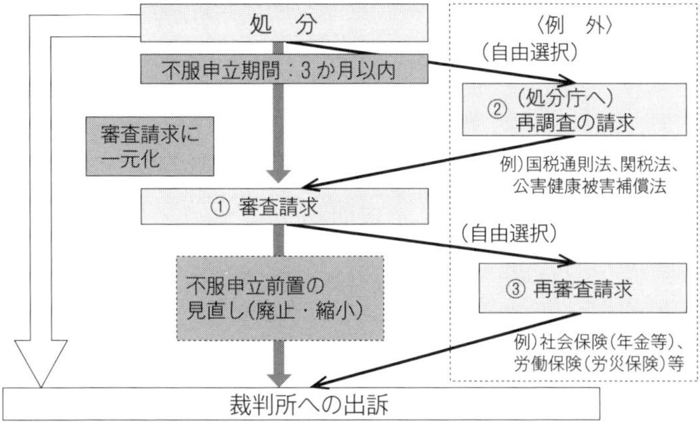

出典：総務省ホームページ（一部修正）

3　審査請求の対象行為

　行審法は、行政庁の「処分」（2条）と「不作為」（3条）を審査請求の対象とする。これらに当たる行為は、他の特別法があったり（1条2項）、国会や裁判所のように適用除外（7条）に該当しない限り、すべて行審法に基づく審査請求の対象となる（一般概括主義）。

①行政庁の**処分**：行政庁の処分とは、「行政庁の処分その他公権力の行使に当たる行為」をいう（1条2項）。この処分の内容は、取消訴訟の対象と同じである（→第3節Ⅲ3）。処分には、人の収容（出入国管理及び難民認定法39条1項）や強制入院（感染症法19条3項）などの公権力の行使に当たる事実上の行為も含まれる（46条1項かっこ書。45条3項・47条も参照）。また、条例に基づく処分も含まれる。

②行政庁の**不作為**：「法令に基づく申請に対して何らの処分をもしないこと」をいう（3条かっこ書）。この「法令に基づく申請」とは、行手法上の「申請」と同じ意味である（→第3章第2節Ⅰ）。「法令」には、法律、法律に基づく命令、条例、地方公共団体の執行機関の規則などが含まれる。

　申請を前提としない不作為は、審査請求の対象とならない。では、例え

ば、違法な操業をして公害を発生させている業者がいるのを発見した周辺住民などの申請権のない第三者が、行政庁に何らかの規制措置を講じてほしい場合には、どうすればよいか。その場合、行手法の処分等の求め（36条の3。→第3章第2節Ⅳ）や行訴法による申請を前提としない処分の義務付け訴訟（3条6項1号。→本章第3節Ⅳ3）を提起することになる。

4　審査請求適格者と審査請求期間

審査請求は、その資格をもつ者（**審査請求適格者**）ができる。処分に対する審査請求は、一定の期間内に限って行うことができる（**審査請求期間**）。処分と不作為に分けて整理しよう。

第1に、処分に対する審査請求適格者は、「**処分に不服がある者**」である（2条）。判例は、「不服がある者」（2014年改正前の行審法）について、「**法律上の利益を有する者**」に限定する解釈をしている（最判昭和53・3・14民集32巻2号211頁〔主婦連ジュース事件〕）。これは、行訴法9条1項の原告適格（→第3節Ⅲ4）と同じである。おおざっぱにいえば、処分（申請拒否処分や不利益処分など）の相手方は審査請求の資格が原則として認められるのに対し、それ以外の第三者の場合には、処分の根拠法令や根拠規定がその者の利益を守ろうとしているかどうか個別に判断される（→第3節Ⅲ4）。

また、処分についての審査請求には**審査請求期間**が設定されており、それを過ぎてしまうと「正当な理由」がある場合を除き、審査請求をすることができない。すなわち、審査請求は、**処分があったことを知った日の翌日から起算して3カ月**（再調査の請求は、同様に起算して1カ月）以内にする必要がある。また、知らなかった場合であっても、処分（再調査に対する決定を含む）があった日の翌日から起算して1年を経過したときは、審査請求ができない（行審法18条）。

第2に、不作為についての審査請求が認められるためには、次の要件を満たす必要がある。すなわち、①審査請求人が「法令に基づき行政庁に対して処分についての申請をした者」であること、②その申請から「相当の期間」が経過しても、行政庁の不作為が続いていることである（3条）。なお、「相当の期間」とは、社会通念上その申請を処理するために必要な期間であり、事案ごと

に判断される(→第3節Ⅳ2)。

5　行政不服申立てと行政訴訟の関係

　処分の取消訴訟をはじめとする抗告訴訟は、行政不服申立てを経ずに提起できる(**自由選択主義**。行訴法8条1項本文・38条4項)。ただし例外的に、個別法で訴訟提起前に行政不服申立てを経ることが必要と定めているときは、それに従わなければならない(**不服申立前置主義**。行訴法8条1項ただし書。→第3節Ⅲ7)。

　個別法が不服申立前置主義をとるのは、不服申立手続に裁判の第1審に代わる機能(一審代替性。裁判で争う場合、高裁への提訴が求められること)があり、国民の手続負担が軽減されている場合(電波法96条の2など)、通常、大量の不服申立てがあり、直ちに出訴されると裁判所の負担が大きい場合(国税通則法115条など)、第三者的機関が高度に専門技術的な判断を行うなどにより、裁判所の負担が低減される場合(じん肺法20条など)などである。

6　審理の体制と基本的な流れ

　審査請求は、審査庁が、審査請求人(私人)と処分庁の主張を審理し、裁決をする手続である。審査請求の基本的な流れは、次のとおりである(【図5-2】)。

①審査庁への審査請求(**審査請求書の提出**など)
②審査庁による書類等の形式審査
③審理員の指名
④審査請求人・処分庁らによる主張・証拠資料の提出
⑤審理員による審理
⑥審理員による裁決の案(**審理員意見書**)の作成、審査庁への提出
⑦審査庁から行政不服審査会への諮問
⑧行政不服審査会の審議と答申
⑨審査庁の裁決

　審理員と行政不服審査会は、審査庁の判断をより公正なものとするために、2014年改正で新設された仕組みである。

(a)**審理員**：審査請求が行われると、処分や不作為に係る処分に関与しなかっ

【図5-2】審査請求の流れ

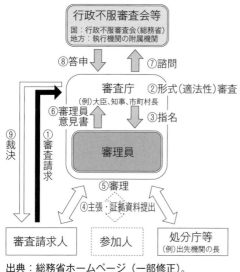

出典：総務省ホームページ（一部修正）。

た職員が、審査庁により審理員に指名され（9条）、審理員は、審査請求人と処分庁の主張を公正に審理しなければならない。かつては、審査請求を審理する者について法律に定めはなく、処分関与者が審理を行うこともあった。しかし2014年改正により、審理の公正さを確保するため、処分や不作為に係る処分に関与した者、審査請求人の配偶者や4親等内の親族などは、審査請求を審理する者になれなくなった（9条2項）。

(b)**行政不服審査会**：審理員意見書（42条）の提出を受けた審査庁は、続けて、有識者からなる第三者機関に**諮問**しなければならない。具体的には、①審査庁が国の行政機関であるときは、総務省に設置される行政不服審査会（68条1項）に、②地方公共団体の長などであるときは、地方設置の機関（81条1項・2項）に、それぞれ諮問する（43条）。この第三者機関は、審理員意見書の内容について調査・審議し、**審査庁へ答申をする**（74条～79条・81条3項）。なお、審査請求人が希望しない場合や第三者機関が不要と認めた場合には、諮問が不要になる（43条1項各号）。

7　審理手続の特徴

　審理員と行政不服審査会の審理の特徴は、①**書面審理**、②**職権審理**、そして、③審査請求人等の**手続的権利の保障**にある。なお、審査請求の審理には、審査請求人以外に、問題となる処分と不作為に関し利害関係をもつ者も参加することがある（参加人。行審法13条）。

①書面審理主義：審査請求の審理は、裁判審理とは違って、**書面審理**が原則である（書面審理主義）。審理員は、審査請求書（19条）などに加え、処分庁等に提出を求める**弁明書**（29条2項）と、審査請求人が提出できる**反論書**（30条1項）に基づいて審理をする。ただし、審理員は、審査請求人または参加人の申立てがあったときは、すべての審理関係人（審査請求人・参加人・審査庁）を招集の上、**口頭意見陳述**の機会を与えなければならない（31条1項・2項）。審査請求人は、口頭意見陳述において処分庁に質問をすることもできる（31条5項）。

②職権審理主義：審理員の審査は、訴訟とは違って、**職権審理主義**が原則である。審理員は、当事者の申立てがなくても自分の判断で（職権で）、物件の提出要求（33条）、参考人の陳述・鑑定の要求（34条）、必要な場所の検証（35条）をすることができる。

③手続的権利の保障：審理請求人または参加人は、審理手続で、口頭意見陳述における処分庁への質問（31条5項）、証拠書類の提出や証拠書類等の閲覧・謄写を求めることもできる（32条・38条）。このように手厚い手続保障がなされる一方で、簡易迅速な救済も実現するため、審理手続は、計画的に進行・遂行することとされる（28条・37条1項）。また、必要な審理を終えたときに加え、弁明書・反論書その他の物件が提出期間内に提出されないときは、審理員は、審理手続を終結することができる（41条）。

行政不服審査会の審査

行政不服審査会は、行政庁や審査請求人とは一定の距離をもつ第三者機関として、審査請求に対する裁決の客観性と公正性を高めるため、審理員が行った審理手続の適正性や法令解釈、審査庁の判断の妥当性をチェックする諮問機関である。本文に述べたとおり、この行政不服審査会は、原則として、審理員意見書と事件記録に基づいて**書面審査**を行う。ただし、口頭意見陳述の機会が保障される（75条1項）。また、行政不服審査会は、独自の調査権限ももつ（74条）。なお、審査関係人は、行政不服審査会に対し**主張書面・資料の閲覧・写し等の交付**を求めることができる（78条1項）。

8　審理に対する判断

　審査請求と再審査請求に対する審査庁の判断を**裁決**という（44条・64条）。再調査の請求に対する処分庁の判断は**決定**という（58条）。

　処分や不作為についての審査請求に理由があれば**認容**、理由がなければ**棄却**される（45条2項・49条2項）。不服申立期間の経過や、処分性、審査請求適格がないなど審査請求自体が不適法の場合は、**却下**となる（45条1項・49条1項）。以下、処分と不作為に分けて、審査請求を認容する場合を説明する。

(1)　処分についての審査請求を認容する場合

　審査請求人の主張が正しいと判断されるとき、**審査庁は、裁決で、審査請求の対象となった処分の全部・一部を取り消し、または、これを変更する**。ただし、審査庁が処分庁の上級行政庁か処分庁でなければ、その処分を変更することはできない（46条1項）。

　なお、申請拒否処分を取り消す場合で、その申請に対して一定の処分をすべきものと認めるときは、処分庁の上級行政庁である審査庁は、当該処分庁に対して当該処分をすべき旨を命じ、処分庁である審査庁は当該処分をする（46条2項以下参照）。処分の審査請求については、**事情裁決**（→第3節Ⅲ11コラム「事情判決」）もある（45条3項）。事実上の行為についても、審査請求を認容する場合の規定がある（47条）。ただし、処分や事実上の行為についての審査請求に理由があるときであっても、審査庁は、審査請求人に不利益な変更をしてはならない（48条）。

(2)　不作為についての審査請求を認容する場合

　審査庁は、裁決で、審査請求の対象となった不作為が違法・不当である旨を宣言する。それに加えて、当該申請に対して一定の処分をすべきものと認めるときは、審査庁が不作為庁の上級行政庁であるときは、当該不作為庁に対して当該処分をすべき旨を命じ、不作為庁であるときは、審査庁は当該処分をすることとされる（49条3項・4項・5項参照）。

　裁決は、関係行政庁を拘束するため（52条1項）、関係行政庁は、それに従わ

なければならない。この**拘束力**により、関係行政庁は、①不利益処分の取消裁決を受けたときは、同じ事情の下で同一内容の処分を繰り返すことが禁止され、また、②申請に対する処分の取消裁決を受けたときは、裁決の趣旨に従って改めて申請に対する処分をしなければならない（52条2項）。

①の例：営業許可取消処分の取消裁決を受けた処分庁は、不利益処分の根拠となる事実がないという理由で取消裁決を受けたならば、再び同じ事実を挙げて不利益処分をすることが許されない。そのため、他に不利益処分をする理由がなければ、営業許可取消処分自体をしないことになる。あるいは、営業許可取消処分が重すぎるという理由で取消裁決を受けたならば、処分庁は、より軽微な処分に変更することが考えられる。

②の例：処分庁が、不許可処分の取消裁決を受けたときは、改めて申請内容を審査し、不許可とする理由が別になければ、許可処分をすることになる。

9　執行停止

行政訴訟と同様に、審査請求をしても、原則として処分の効力・執行・手続は止まらない（執行不停止原則。25条1項）。ただし、審査庁が**処分庁の上級行政庁または処分庁である場合**は、必要があると認めるとき、審査請求人の申立てまたは職権により、①処分の効力・執行・手続続行の停止や、②その他の措置（公務員に対する懲戒免職処分の審査請求において、停職処分に変更することなど）をすることができる（同条2項）。**それ以外の機関が審査庁である場合**には、必要があると認めるとき、審査請求人の申立てにより、処分庁の意見を聴いた上で、執行停止をすることができる（3項）。ただし、審査請求人による申立てがあって、重大な損害を避けるために緊急の必要があると認めるときは、審査庁は、公共の福祉に重大な影響を及ぼすおそれがある場合や本案に理由がない（違法・不当ではない）とみえる場合を除き、執行停止をしなければならない（4項。5項も参照）。

Ⅲ　適用関係

行審法は、原則として、処分やその不作為一般に適用されるものの、一定の

場合には適用されない（適用除外。7条）。

　適用除外の理由はさまざまであるが、例えば、①国会・裁判所・会計検査院といった内閣から独立した機関が独自の手続で行う処分（同条1項1号～4号）、②刑事事件に関する法令に基づいて検察官が行う処分など、行審法の審査請求手続よりも慎重な手続で行うもの（同条同項5号～7号）、③外国人の出入国に関する処分など、処分の性格上、行審法を適用することが適切でないと考えられるもの（同条同項8号～11号）などがある。

教示制度

　ある処分を私人が争おうとするとき、いつまでに、誰を相手にしてどのような争訟手段があるのか、よく知らないうちに、期間の経過などにより争えなくなってしまうことがある。これは、権利救済の面から見て妥当ではない。そこで、例えば、自動車の運転免許に関わって、処分を書面でする場合に、下記のような教示が行政庁に義務付けられている（行審法82条、行訴法46条）。行審法と行訴法の教示制度は、誤った教示をした場合の取扱いが決められている点で相違する。行審法では、審査庁を誤った場合や不服申立ての種類を誤った場合（22条・55条）、行政庁が教示を誤ってしなかった場合（83条）について定められているが、行訴法にはこのような規定はない。

　　　　　　　　　　　教　示
　1　この処分に不服があるときは、行政不服審査法の規定に基づき、この処分があったことを知った日の翌日から起算して3か月以内に〇〇県公安委員会に対して、審査請求をすることができます。
　2　この処分に対する処分の取消しの訴えは、行政事件訴訟法の規定に基づき、この処分があったことを知った日の翌日から起算して6か月以内に〇〇県を被告として（訴訟において〇〇県を代表する者は、〇〇県公安委員会となります。）提起することができます。

Ⅳ　行政審判

　行政審判とは、内閣などの上級行政機関からの独立性の高い**行政委員会**やそれに類する行政機関が、裁判手続に準じた手続（**準司法手続**）で行う審判の総

称である。行政審判については、一般法はなく、個々の法律が定めている。

1　行政審判制度の沿革と種類

　行政審判の性格はさまざまで、処分に対する**不服申立手続**（人事院による国家公務員懲戒処分の審査。国家公務員法89条～92条の2）や、**私人間の紛争を処理する手続**（労働委員会による不当労働行為事件の審査。労働組合法19条以下）のほか、**行政決定の事前手続**（公安審査委員会の決定手続。破壊活動防止法20条以下）がある。

2　行政審判制度の特徴

　行政審判手続は、裁判によく似た手続で行われる。その大きな特徴は、次のとおりである。

(a) **職権行使の独立性**：行政審判を行う機関は、通常の行政機関と異なり、個々の案件について上級機関から指揮監督（→第1章第2節Ⅳ2）を受けずに、独立して職務を行う。例えば公害等調整委員会の委員長と委員は、「独立してその職権を行なう」こととされる（公害等調整委員会設置法5条）。また、委員長と委員は、身分が保障されており、原則として、在任中は、その意に反して罷免されない（同法9条）。

(b) **準司法手続**：行政審判は、紛争当事者が相対して主張をぶつけ合う対審構造、公開の口頭審理など、裁判に準じた手続で行われる。

(c) **実質的証拠法則**：行政審判を行う機関の事実認定が、これを証明する実質的な証拠によって支えられているときは、**裁判所を拘束する**という制度がある（土地利用調整法52条参照）。通常の訴訟では、法解釈に限らず、事実認定も、裁判所に最終的な決定権がある。しかし、実質的証拠法則は、行政審判が専門的知識をもつ者によって慎重な手続で行われることから、事実認定に限って行政機関の判断を最終的なものとする。このように裁判所の権限を制約するため、実質的証拠法則は違憲ではないかという意見もある。これに対し、一般的には、裁判所を拘束するのは事実を証明する実質的証拠があるときに限られ、また、実質的証拠の有無は裁判所が判断する（同条2項）ため、最終決定権が裁判所に残っており、違憲ではないとされる。

〈課題〉
1．次のうち、行審法の2014年改正により新たに導入された仕組みはどれか（答えは1つとは限らない）。
①審理員制度　②行政不服審査会制度　③行政審判制度　④異議申立制度
2．行審法38条は、審査請求人が、審理員に対し、提出書類等の閲覧・謄写を請求できると定めている。審理員自身が作成する調査メモが、この閲覧・謄写請求の対象となるか答えなさい。

第3節　行政訴訟

　行政訴訟は、裁判所を通じて行政上の紛争を解決する制度である。ここでは、行訴法が定める行政訴訟の仕組みについて学ぶ。民事訴訟との関係や違いを踏まえつつ、行政訴訟の特徴をよく理解しよう。

I　行政訴訟の概要

1　行政訴訟の意義と特徴

　裁判所を通じて行政上の紛争を解決する基本的な方法として**行政訴訟**（行政事件訴訟）がある。この行政訴訟には、**抗告訴訟、当事者訴訟、争点訴訟、民衆訴訟**および**機関訴訟がある**（行訴法2条）。行訴法が定める行政訴訟は、後掲【図5-3】のとおりである。**行政訴訟の基本法は行訴法**であり、行訴法に定められていないことは民事訴訟の制度と同様の取扱いをする（行訴法7条）。要するに、**行訴法は、民事訴訟制度を基盤としつつも、行政事件の特質を考慮して、特別の仕組みを設けたもの**といってよい。

　行政訴訟と民事訴訟の関係について、もう少し説明しておこう。まず、行政訴訟の制度が設けられているため、**国民は、一定の場合には民事訴訟ではなく行政訴訟を提起しなくてはならない**。その一例として、行政処分の効力を失わせるためには、取消訴訟を提起しなければならない、という制約がある。例え

ば、民間企業の従業員が懲戒解雇された場合、民事訴訟でその是非を争うことになる。しかし、公務員の場合、懲戒免職処分を争うときは、人事院・人事委員会等に対する審査請求を経た後で、その処分の取消訴訟を提起しなければならない（国家公務員法90条の2、地方公務員法51条の2）。このように行政処分の効力を取り消すためには取消訴訟を提起しなければならないという制約がある（取消訴訟制度の排他性、取消訴訟の排他的管轄）。

　また、上記のとおり、行政事件について、行訴法に定めのない事項は「民事訴訟の例による」こととされている（行訴法7条）。「民事訴訟の例による」と表現しているのは、行政事件訴訟の特殊性から民事訴訟法をそのままの形で適用するのではなく、アレンジして適用することもあるからである（→Ⅲ10）。

　次に、国・地方公共団体が、訴訟を起こす場合は、どうであろうか。一方で、国・地方公共団体は、私人と同じように、財産権の主体として自らの財産を守るために民事訴訟を提起することができる。他方で、国・地方公共団体が、私人と異なる立場で、私人を相手に民事訴訟を起こす場合もある。例えば、市が、市条例違反者に対し、条例に基づく履行を求める民事訴訟を起こしたらどうか。この民事訴訟は、「国・地方公共団体が専ら行政権の主体として私人に対して行政上の義務の履行を求める訴訟」ということになりそうである。しかし、これは、国・地方公共団体自らの権利や利益を守ろうとするものではない。それは、「法規の適用の適正ないし一般公益の保護を目的とするもの」であるから、法律に特別の規定がない限り、私人の権利救済を意味する**法律上の争訟**ではなく、不適法となる（最判平成14・7・9民集56巻6号1134頁〔宝塚市パチンコ条例事件〕→第2章第4節Ⅵ）。

【図 5-3】 行政事件訴訟法が定める訴えの種類

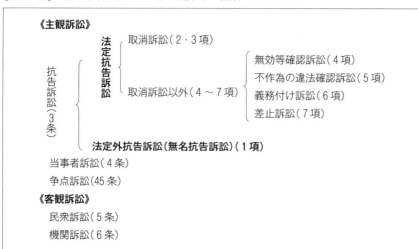

2　主観訴訟と客観訴訟

　行政訴訟は、**主観訴訟**（原告自身の権利利益を守ろうとする訴え）と**客観訴訟**（そうではない訴え）の２つに大別される。主観訴訟は「法律上の争訟」（裁判法３条１項）であるから、個別法でその訴訟を提起できるなどの規定は不要である。しかし、私人の権利救済ではなく、専ら行政活動の適法性確保を目的とする客観訴訟は、裁判所の「法律において特に定める権限」（裁判法３条１項）となるから、個別法でその訴訟を提起できるとする規定が必要になる。
　主観訴訟は、**抗告訴訟**と**当事者訴訟**、そして**争点訴訟**である（以下では、行訴法で主に問題となる抗告訴訟と当事者訴訟にしぼり取り上げる）。他方で、客観訴訟は、**機関訴訟**と**民衆訴訟**である。

3　抗告訴訟

　抗告訴訟とは、「行政庁の公権力の行使に関する不服の訴訟」（行訴法３条１項）をいう。大ざっぱにいえば、抗告訴訟は、行政活動のごく一部、行政処分やその不作為などを中心に争う訴訟である（これらの行政活動には「処分性」があ

る。「処分性」につき、詳しくはⅢ3）。抗告訴訟のうち、最も重要なのは**取消訴訟**であり、これは、既になされた不許可処分や営業停止処分、審査請求に対する裁決などの取消しを求める訴訟（行訴法3条2項・3項）である。しかし、取消訴訟にも、さまざまな限界があり、それだけでは、十分に国民の権利救済を図ることができない（【表5-3】）。

　そこで、取消訴訟の限界を補うため、さまざまな抗告訴訟や当事者訴訟が用意されている。行訴法が定める抗告訴訟として、処分の無効等の確認を求める**無効等確認訴訟**（行訴法3条4項）、申請に対し何ら応答しないことが違法である旨の確認を求める**不作為の違法確認訴訟**（行訴法3条5項）がある。また、行政庁にある一定の処分をするよう求める**義務付け訴訟**（行訴法3条6項）と行政庁にある一定の処分をしないように求める**差止訴訟**（行訴法3条7項）は、2004年の行訴法改正で新設された。これらをまとめて、**法定抗告訴訟**とよぶ。

　ただし、抗告訴訟は、法定抗告訴訟に限られない。行訴法は、上記のとおり、抗告訴訟を「行政庁の公権力の行使に関する不服の訴訟」（行訴法3条1項）と大まかに定めており、行訴法3条2項以下に規定されている取消訴訟等の法定以外の抗告訴訟（**法定外抗告訴訟**または**無名抗告訴訟**）も認めている。ただし、かつて法定外抗告訴訟の代表例とされていた義務付け訴訟と差止訴訟が現在では法定され、法定外抗告訴訟として他に考えられるものは少ない。

【表5-3】取消訴訟の限界

■処分しか争えない。	⇒	**抗告訴訟以外の訴訟（実質的当事者訴訟）**が必要である。
■出訴期間経過後に提起できない。	⇒	**無効等確認訴訟**が必要である。
■不作為を争えない。	⇒	**不作為の違法確認訴訟**や**義務付け訴訟**が必要である。
・自分の申請に対して処分をしない。	→	不作為の違法確認訴訟、申請型義務付け訴訟。
・第三者に対して処分をしない。	→	非申請型義務付け訴訟。
■不適切な処分を予防できない。	⇒	**差止訴訟**が必要である。

4　当事者訴訟

　先に述べたとおり、抗告訴訟では、行政処分とその不作為など（処分性のあ

【図5-4】実質的当事者訴訟のイメージ

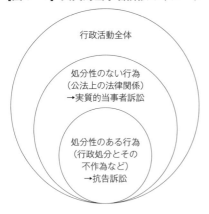

る行為）しか争えない。しかし、国民の権利救済という観点からすれば、それ以外の行政活動についても、一定の条件を満たせば争えた方がよい。そこで、行訴法は当事者である原告と被告の間を形成する処分や裁決を争うための訴訟、およびその法律関係についての確認を求める訴訟を設けた（行訴法4条）。具体的には、次の2つがある。

例えば、収用裁決によって土地所有権を奪われる者が、確定した損失補償額の増額について、処分庁ではなく、その土地所有権を取得する起業者に対して求める訴訟（形式的当事者訴訟）がある。収用委員会（行政）の裁決（処分性あり）自体には争いがなく、その後の土地所有者と起業者間で補償金だけが問題となるので、この訴訟が認められる（→Ⅵ2）。

このほか、公務員の俸給支払い等を求める訴訟や身分の確認を求めるなど公法上の権利義務について、法律関係にある当事者が争う訴訟（実質的当事者訴訟）がある。これも、処分ではない公法上の法律関係に関する問題であることから認められる訴訟である（→Ⅵ3）。行訴法4条は、「当事者間の法律関係を確認し又は形成する処分又は裁決に関する訴訟で法令の規定によりその法律関係の当事者の一方を被告とするもの及び公法上の法律関係に関する確認の訴えその他の公法上の法律関係に関する訴訟をいう」と定めている。この読み方は難しいが、同条の「及び」の前までは、法律の定めがあって初めて認められる**形式的当事者訴訟**、その後が**実質的当事者訴訟**といわれる訴訟である。

なお、2004年の行訴法改正では、実質的当事者訴訟（確認訴訟）の活用を図ることとした（【図5-4】）。

5　民衆訴訟と機関訴訟

客観訴訟は、法律に定める場合に、**法律に定める者に限り**、提起することが

できる訴訟をいう（行訴法42条）。これまで説明してきた主観訴訟は、国民の権利利益に関わる紛争を解決するための訴訟であり、裁判所の本来的な役割に属する。客観訴訟は、これと性格が異なる。すなわち、立法者が、国民の権利利益に関わる紛争ではないものの、中立的な裁判所の解決に委ねた方がよいと判断し、法律で特別に設けた訴訟である。

客観訴訟のうち、**民衆訴訟**（行訴法5条）は、選挙人や住民という資格で、自己の利益のためではなく、専ら、法規に適合しない行政活動の是正を求める訴訟で、一票の格差などを争点にして選挙の無効を求める**選挙訴訟**や地方公共団体の違法な公金支出を争う**住民訴訟**がある。

一方、**機関訴訟**とは、国の機関と地方公共団体の機関の権限を争う紛争や、地方公共団体における首長と議会との紛争について裁判を通じて解決するための訴訟である。

II 行政訴訟のスタートからゴールまで

1 裁判所の審理

行政訴訟のスタートは、管轄する裁判所（行訴法12条）に訴状を提出することから始まる。その後、裁判所が行政訴訟を審理する流れには、大きく分けると、①訴訟そのものが適法かどうかを裁判所が審理する**要件審理**と、②裁判所が原告の言い分が正しいかどうか請求の中身を審理する**本案審理**の2つがある。以下では、行政処分の取消訴訟を例に、訴訟の流れを見ておこう。

行政処分の取消訴訟における要件審理は、主に、**処分性**（行訴法3条2項）および**原告適格**（行訴法9条）が重要である。そのほか、**狭義の訴えの利益**（行訴法9条1項かっこ書）、不服申立前置（行訴法8条）、出訴期間（行訴法14条）なども審理される（詳細は本節III 3以下において概説）。

本案審理では、行政処分に違法性があるかどうか、その結果、当該処分を取り消すかどうかが審理される。ただし、行政訴訟では、訴訟要件（裁判所が判決〔本案判決〕を下す上で満たされていなければならない要件。これを審理するのが要件審理）が満たされるかどうか判断が難しい場合が多く、要件審理と本案審理

が同時に行われることも少なくない。

2　判決──行政訴訟のゴール

　行政訴訟のゴールは判決である。判決には、①要件審理の段階で、訴訟が不適法で門前払いをする**却下**、②本案審理の段階で、原告の言い分が正しくなく、訴えを退ける**棄却**、そして、逆に、③原告の言い分が正しく、訴えに理由があると認める**認容**の3つがある。

Ⅲ　取消訴訟

1　行政事件訴訟法上の位置づけ

　取消訴訟では、原告は違法な処分または裁決を取り消すことで、その処分または裁決の効力を過去に遡ってなくすことを裁判所に求める。行訴法の定め方を見ても、この取消訴訟に関する規定が法律の最初の方にあり、他の抗告訴訟等がその規定を準用していることがわかる。このように、行訴法は、行政庁による意思決定後の処分を争う仕組みについて、**取消訴訟を抗告訴訟の中でも中心的な制度として位置づけている**（取消訴訟中心主義）。

　取消訴訟には、処分の取消訴訟（行訴法3条2項）と審査請求等の結果である裁決・決定の取消訴訟（行訴法3条3項）の2つがある。裁決・決定も1つの処分であるが、その取消訴訟では裁決・決定に固有の瑕疵（例、裁決・決定に至る手続の瑕疵）を争うものであり、処分の取消訴訟とは違法の主張制限などの面で少し違った取扱いがある場合もあるので、注意が必要である。

　次に、取消訴訟の訴訟要件と本案勝訴要件について、概括的に見ておこう。

2　取消訴訟の訴訟要件

　取消訴訟を適法に裁判所に提起するためには、行訴法上、次の7つのポイント（訴訟要件）をクリアしなければならない。
　①**処分性**：訴訟で争われる対象が処分に当たること（行訴法3条2項以下）
　②**原告適格**：取消訴訟を起こす者が取消しを求める法律上の利益を有してい

ること（行訴法9条）
③狭義の訴えの利益：裁判所が裁判をする必要性あるいは実益があること（行訴法9条1項かっこ書）
④被告適格：取消訴訟の相手方（被告）は、原則として、行政処分をした行政庁が所属する国または公共団体であること（行訴法11条）
⑤裁判管轄：取消訴訟を提起する裁判所は地方裁判所であり、地方公共団体に所属する行政庁の処分の場合と国に所属する行政庁が行った処分の場合とでは、取消訴訟を提起できる裁判所に違いがあること（行訴法12条）
⑥出訴期間：取消訴訟を提起できる期間内に訴訟が起こされていること（行訴法14条）
⑦不服申立前置：個別法で不服申立てを経た後でなければ取消訴訟を提起できない旨の規定がある場合には、取消訴訟提起前に審査請求の裁決等を得ていること（行訴法8条1項ただし書）

以下、重要な訴訟要件について概観する。

3　処分性

(1)　「行政庁の処分その他公権力の行使に当たる行為」

　行訴法は、取消訴訟の対象を「処分」と「裁決」に分けて規定する（3条2項・3項）。このうち「裁決」は、審査請求その他の不服申立てに対する行政庁の裁決等を意味し、「何が裁決か」ということについて、難しい問題は生じない。

　これに対して、何が「処分」といえるかは難しい問題である。行訴法3条2項は、「行政庁の処分その他公権力の行使に当たる行為（……以下単に「処分」という。）」と規定している。ここで規定している「行政庁の処分」と「以下単に『処分』という」の「処分」とは、後者の「処分」の方が広い概念である。この広い方の「処分」に当たるかどうかが、**「処分性」**の問題である。この**「処分性」**が認められないと、取消訴訟を提起できない。

　「行政庁の処分」の典型は、業務改善命令や営業停止命令、許認可などの行政行為（→第2章第3節）である。その一方で「その他公権力の行使に当たる行為」は、「行政庁の処分」と同等の「公権力の行使に当たる行為」を意味する。この「公権力の行使に当たる行為」には、外国人の送還前の収容（出入国管理

及び難民認定法39条)、調査のために食品を取り上げること(収去。食品法28条)などの権力性をもった事実行為が典型的に考えられる。

戦前の日本の行政訴訟は、税金関係や営業許可申請の拒否処分など一部の行政処分しか行政訴訟で争うことができなかった(列記主義)。それでは、私人の権利救済を大きく妨げることになるので、戦後は、取消訴訟の対象を限定的に定めるのではなく、「処分」と一般的に定めることで行政訴訟の対象を拡大したのである(概括主義)。

処分かどうかは、私人がどのような訴訟を選択すればよいのかを判断するための重要な要素であるから、注意が必要である。処分の取消しを求めるのであれば、取消訴訟でしか争えず、他の当事者訴訟や民事訴訟では争えない。

そこで、まず、どのような場合に処分性があると認められるのか、重要なポイントを見てみよう。

(2) 処分性の構成要素

処分性の存否を判断する上で、最も基礎となる最高裁判例が、東京都ゴミ焼却場事件(最判昭和39・10・29民集18巻8号1809頁)である。この事件は、行訴法の前身である行政事件訴訟特例法1条にいう行政庁の「処分」を定義したが、その後の最高裁判決によれば、行訴法における処分性の考え方と同様である。この最高裁判決によれば、行政庁の処分とは、「行政庁の法令に基づく行為のすべてを意味するものではなく、公権力の主体たる国または公共団体が行う行為のうち、その行為によって、直接国民の権利義務を形成またはその範囲を確定することが法律上認められているもの」である。それゆえ、処分性について、次の3つの要素すべてが認められなければならない。

①公権力性(公権力の主体たる国または公共団体の行為)
②外部性、個別具体性、法効果(直接国民の権利義務を形成またはその範囲を確定すること)
③法律上認められているもの

そこで、例えば、飲食店でサルモネラ菌による食中毒が発生したことを理由とする営業停止命令について具体的に考えてみよう。

①営業停止命令は都道府県知事が一方的に行う命令(=公権力性)である。

②この命令は、行政組織外にある（＝外部性）、食中毒を発生させた飲食店（経営者）に対して（＝個別具体性）、営業してはならない義務を負わせる（＝法効果）。

③飲食店がサルモネラ菌が付着した食品の提供（食品衛生法6条3号）をしたことから、食品衛生法55条1項に基づき営業停止命令が出されている。

処分性がある行為は、このように①から③のすべての要素をもっている行為でなければならない。その1つでも欠ければ、処分性がないことになる。上記の営業停止命令は、①〜③のすべての要素をもち、「処分性」がある。

③の「法律上認められているかどうか」については、ほほどのケースでも明確なので、以下では、それ以外の要素について、重要な最高裁判決を中心に見ていく。

(3) 重要な代表事例
(a) 公権力性

処分性が認められるためには、まず、**公権力性**が必要となる。公権力性は、典型的には、行政行為のように権利義務の発生・変更・消滅が一方的に行われるものや、代執行（→第2章第4節Ⅱ）や即時強制（→第2章第4節Ⅴ）などの行政による実力行使に見られる。したがって、**契約**などのように**対等当事者間の合意によって成り立つ関係には処分性がない**。例えば、国有財産法では庁舎や道路、公園のような「行政財産」は貸付けや交換などが禁止されている。それに対し、行政財産以外の直接公のためには利用しない「普通財産」は、私人間に類似して、それらが認められている（国有財産法18条と20条を対比するとわかりやすい）。そこで、最高裁は、国有「普通財産」の払下げ行為は、私法上の売買契約である（＝公権力性がない）と判断した（最判昭和35・7・12民集14巻9号1744頁〔普通財産売払事件〕）。

(b) 外部性

外部性とは、行政組織内部の行為ではなく、行政組織外部の私人に対する行為であることを意味する。逆に、行政組織内の下級行政機関や公務員に対しては法的拘束力をもつが、行政組織外の私人に対し直接に法的拘束力をもたない行政庁の行為を**内部行為**という。例えば、知事が建築基準法に基づき建設を許

可するにあたって、消防法7条や建築基準法93条に基づいて市町村の消防長の同意が必要となる事例がある（→第2章【図2-1】参照）。判例では、消防長が一旦は同意したものの、地元住民が反対したため、後になって同意を取り消したため、建築できなくなった建築主が消防長の同意取消しを争った（最判昭和34・1・29民集13巻1号32頁〔消防長不同意事件〕）。最高裁は、この同意・同意の取消しは、消防長が知事に向けて行った行為であって行政機関の間での内部行為である（＝外部性がない）という理由で、処分性を否定した。

このほか、法律の解釈・運用等を示す上級行政機関から下級行政機関に向けて出される通達も内部行為である（→第2章第2節Ⅴ）。例えば、「墓地埋葬等に関する法律」13条は寺院に「正当な理由がある」場合には埋葬を拒否できると定めているが、これに関して「異教徒であることを理由に拒否することはできない」旨の通達の取消しが求められた事件がある。最高裁は、国民は通達に直接拘束されるわけではないので、通達は、あくまでも内部行為にすぎないという理由で処分性を否定した（最判昭和43・12・24民集22巻13号3147頁〔墓地埋葬法通達事件〕）。

(c) 法効果

国または公共団体の行為のうち、権利義務の発生・変更・消滅という法効果が生じない行為が**事実行為**である。例えば、道路新設や改築などの工事自体は私人の権利義務を形成しない（前掲・東京都ゴミ焼却場事件）（＝法効果がない）。

行政指導も私人への働きかけにすぎず、非権力的な事実行為である（→行政手続。第3章）。ただし、法律上の仕組みや運用から、行政指導に従わなかった者が、必ず、不利益を被る場合には、公権力性（→(a)）も法効果も認められ、処分性が肯定されることもある。例えば、病院開設にあたり、医療法30条の11に基づいて、都道府県知事は地域医療計画に従わない者に病院開設中止の勧告（＝行政指導）を出すことが認められているが、この勧告に処分性を肯定した判例がある（最判平成17・7・15民集59巻6号1661頁〔病院開設中止勧告事件〕。→第2章第6節Ⅱ3）。

(d) 個別具体性

法効果があっても、個別具体性をもたない行為もある。その典型例が、立法行為と計画決定行為である。

立法行為は、国会・地方議会による法律・条例の制定行為のほか、行政機関による政省令等の制定行為（→行政立法。第2章第2節）を含む。立法行為は、通常、ある特定の私人を狙い撃ちして、権利利益を制約したり、義務を課すことはなく、現在および将来の不特定多数の人に影響を及ぼす。それゆえ、立法行為は、通常、個別具体性がないと考えられている。ただし、ある市立保育所を廃止する内容の条例改正は、特定の保育所で現に保育を受けている児童やその保護者にとっては、保育の実施期間満了まではその保育所で保育を受けることができる法的地位を奪ってしまうことと同じであるため、個別具体性が肯定され、処分性が認められた（最判平成21・11・26民集63巻9号2124頁〔横浜保育所廃止条例事件〕）。

　計画決定行為とは、行政計画（→第2章第6節Ⅰ）を決定する行為である。計画には、政策方針を定めるものから、ある特定地域の建築制限などに至るまで、多種多様なものがある。そのため、計画決定自体によって、直ちに、特定の私人に対して権利利益を制約したり、義務を課すわけではない。例えば、都市計画法上の**用途地域の指定**（同法8条→第2章第6節Ⅰ1）は、その指定があっても、直ちに私人に対する権利制限が明確になるわけではなく、私人がある特定の建物を建てたいと考えて、建築確認を受ける際に、その建物が建築制限によって建てられないことがはっきりする。そのため、用途地域の指定という計画決定には処分性がないと判断されている（最判昭和57・4・22民集36巻4号705頁〔用途地域指定事件〕）。

　このような計画決定行為であっても、私人の権利救済の観点から処分性を肯定することがある。例えば、以前は、【図5-5】にあるような市街地における土地の区画を整備する**土地区画整理事業計画の決定**について、誰の土地がどのようになるのかまだはっきりしていない「土地区画整理事業の青写真」にすぎず、私人の具体的な権利関係の変化をもたらすものではないこと等を理由に処分性を否定されていた（最大判昭和41・2・23民集20巻2号271頁〔土地区画整理事業事件〕）。しかし、土地区画整理法では、土地区画整理事業計画の決定後、具体的に土地の広さや場所がはっきりする「仮換地」の指定段階で取消訴訟を起こしても、判決が出される頃には事業がほとんど終わってしまい、後戻りできない状態になってしまうことが多い。そうすると、問題の根本的な解決はでき

なくなってしまう（事情判決〔→後掲11コラム「事情判決」〕が出されることはありうる）。そこで、最高裁は、土地区画整理事業計画が決定されると、建築等が制限され、換地処分を将来受けること、そして、早い段階で訴訟を認めることでしっかりした権利救済ができるようにするために、土地区画整理事業の決定段階で処分性を認めるに至った（最大判平成20・9・10民集62巻8号2029頁〔土地区画整理事業計画決定事件〕）。

このように、実効的な権利救済の観点から、処分性を認める考え方の方向性が示された点が重要である。

【図5-5】土地区画整理法に基づく土地区画整理事業のイメージと手続

〈土地区画整理事業のイメージ図〉

土地区画整理事業とは、都市計画法によって都市計画区域に指定されている区域内の土地について、公共施設の整備改善や宅地利用の増進を図るため行われる土地の区画形質の変更、公共施設の新設・変更に関する事業をいう（土地区画整理法2条1項）。具体的には、地権者の権利に応じて少しずつ土地を提供（減歩）してもらい、下図のイメージのように、宅地の整備や公共施設の整備を一体的に行うことを狙いとする。

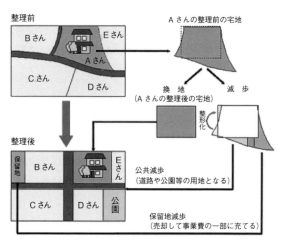

出典：越智敏裕『環境訴訟法』（日本評論社、2015年）29頁

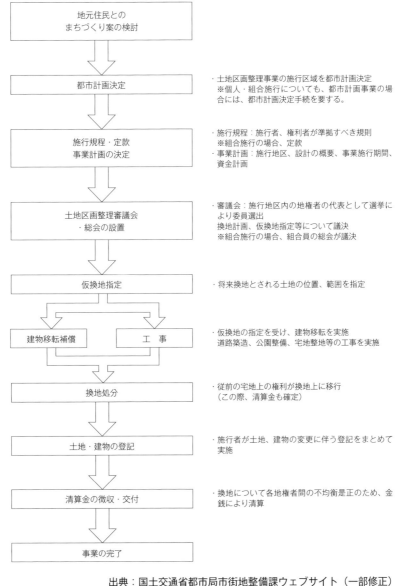

出典：国土交通省都市局市街地整備課ウェブサイト（一部修正）

4　取消訴訟を起こす資格（原告適格）

　行訴法9条1項は、取消訴訟を提起できる者には「法律上の利益」が必要とする。ここでは、「法律上の利益」を有する者とは誰かが問題となる。これを**原告適格**の問題という。このような原告適格を定めたのは、処分に利害関係のない者まで訴訟を提起する資格を与えてしまうと、数多くの訴訟が起こされることで裁判所がきちんとした任務を果たせなくなってしまう事態（濫訴の弊）を避けるためである。しかし、その一方で、原告適格の範囲をあまりに小さくすることは、国民の権利救済という本来の趣旨からすると望ましくない。

　従来の最高裁判決によれば、取消訴訟の原告適格を有するのは、「当該処分により自己の権利若しくは法律上保護された利益を侵害され、又は必然的に侵害されるおそれのある者」である。また、「当該処分を定めた行政法規が、不特定多数者の具体的利益を専ら一般的公益の中に吸収解消させるにとどめず、それが帰属する個々人の個別的利益としてもこれを保護すべきものとする趣旨を含むと解される場合」には、こうした利益も法律上保護された利益に当たる（最大判平成17・12・7民集59巻10号2645頁〔小田急高架化訴訟〕）。

　このような捉え方は**法律上保護された利益説**といわれ、通説・判例とされている。この点をより端的にまとめれば、取消しを求める者の利益（侵害されている利益）が

　①処分の根拠法規等によって保護されていること

　②公益としてだけでなく、個別的利益としても保護されていること

　③そうした個別的利益を実際に侵害されるおそれのあること

　を必要とすることになる。

　なお、例えば、食中毒を原因として営業停止命令を受けた処分の相手方（飲食店）は、**当然に原告適格が認められる**。何故なら、法律の留保の考え方（→第1章第1節Ⅱ3）からすると法律の根拠が必要であるところ、**処分の相手方**は、当該処分が違法であるとして争うことになる。もし相手方の主張が正しいとすれば、行政庁は法律の根拠なく、相手方の自由（営業の自由）を損なうことになってしまうからである。このため、裁判所は、相手方の主張が正しいかどうかを判断しなければならず、**権利侵害のおそれを理由に必ず原告適格を認**

めることになる。

そこで、主に問題となるのは、処分の相手方以外の第三者が原告となる取消訴訟である。

(1) 「法律上の利益」と第三者

取消訴訟において、処分の取消しを求める者が処分の相手方以外の第三者である場合、法制度がその第三者を守ろうとしているかどうかが重要なポイントとなる。

二面関係の考え方からすると、行政庁の権限行使である処分は公共の利益を実現するために行われるから、第三者を守ろうとしているわけではない。しかし、**三面関係**の考え方からすると、行政庁の権限行使は、公益を実現するだけではなく、ある一定範囲の第三者の利益を守ろうとしている場合がある（→第1章第1節Ⅰ）。

このような三面関係の考え方から、法制度がどの範囲の第三者まで保護しようとしているのか、条文の文言を探したり、解釈することが必要になる。そして、この法制度がどうなっているかを確認するためには、根拠法の趣旨・目的、処分の根拠規定のほか、処分する際の手続や手順、処分をする際に関係する法令が重要になる。

(2) 行政事件訴訟法9条2項の考慮要素

行訴法9条2項には、特に第三者の原告適格の存否を判断する際に考慮すべき要素が明文で定められている。それは、処分の根拠規定から「法律上の利益を有する者」（9条1項）の範囲を画定することが難しい場合であっても、裁判所が関係法令の規定や、被害を受けることになる利益などを実質的に検討し、原告適格の存否を判断するためである。具体的にみると、次の2つの考慮要素である。

①処分の根拠法令と目的を共通する関係法令があるときはその趣旨および目的を参酌すること（関係法令の趣旨・目的）

②根拠法令に違反して処分が行われた場合に害される原告の利益の内容・性質、害される態様・程度を勘案すること（被侵害利益の内容等）

である。

　以上の２つの考慮要素の当てはめ方を、鉄道沿線の周辺住民らがある路線の立体交差化を行う事業について、建設大臣（当時）が東京都にした都市計画事業認可（都市計画法59条２項）に対し、沿線に居住する住民が騒音等による被害を理由に取消しを求めた事例（前掲・小田急高架化訴訟）を参考に見てみよう。最高裁は、

①処分の根拠法である都市計画法を中心に同法の**趣旨・目的**、手続規定や**処分に関連する規定**がチェックされ、関係する公害対策基本法（当時）、東京都環境影響評価条例などの法令の規定も踏まえて、騒音等による被害を受けない利益が保護されていること

②このうち、重大な生活環境被害を受けるおそれのある者については、そうした被害を受けない利益が**個別的に**保護されており、この利益は事業地の周辺に居住する住民、具体的には、前記条例に基づく環境影響評価が実施された「関係地域」内に居住している**住民**が該当していること

をそれぞれ確認し、その範囲内で住民の原告適格を認めた。

　次に、①と②の考慮要素をそれぞれ詳しく見ておく。

(3)　関係法令の趣旨・目的

　(2)①の要素によって、原告が求める利益を直接根拠づける法令が存在しない場合であっても、その法令と関係する法令（関係法令）がある場合は、その趣旨・目的も取り入れて、「法律上の利益」の存否を判断することになる。

　空港の周辺住民が騒音防止を目的に、航空法に基づく運輸大臣（当時）の航空会社に対する路線免許の取消しを求めた事例で、最高裁が次のような判断をしたことが、この規定のもとになっている（最判平成元・２・17民集43巻２号56頁〔新潟空港訴訟〕）。まず、処分の根拠規定からは騒音対策について明確には読み取れなくても、航空法の趣旨・目的や関連する規定から騒音対策が読み取れる。また、この航空法と同じ趣旨・目的をもつ「公共用飛行場周辺における航空機騒音による障害の防止等に関する法律」が関係法令であって、これによって行政庁は騒音防止に配慮して路線免許を与えている。したがって、「航空機の騒音によって社会通念上著しい障害を受けることとなる者」に原告適格があ

ると判断した。

(4) 被侵害利益の内容等

(2)②の要素によって、誰が「法律上の利益」を有するかを区別する基準が根拠法令に明確に規定されていない場合であっても、処分により害される利益の内容・性質、害される態様・程度もあわせて考慮されることになる。

例えば、最高裁によれば、原子炉等規制法に基づく原子炉設置許可の取消しを求める者について、原発事故等がもたらす災害によって生命・身体の安全等が直接的かつ重大な被害を受ける周辺住民に原告適格があるかどうかは、原子炉の位置と居住地域との距離関係を中心に社会通念に照らして合理的に判断される。その結果、原子炉から29～58km の範囲内に居住する上告人全員の原告適格が認められた（最判平成4・9・22民集46巻6号571頁〔もんじゅ第1次訴訟〕）。この判決に見られるように、**生命・身体のような重要な利益の保護は、原告適格を考える上で、必要不可欠な要素**となっている。

(5) 重要な代表事例

ここでは、第三者の原告適格が問題とされた代表的事例について取り上げる。

(a) 競業者の利益

ある事業の競争相手（競業者）が営業許可を受けたことによって既存の業者が自分の利益を奪われる場合、原告適格が認められるかが問題となる。

例えば、ある公衆浴場業者が新規に営業を許可されたため、既存業者が自分の営業上の利益を侵害されると主張してこの許可を争った事例がある。公衆浴場法が公衆浴場の無用な競争により経営が不合理化しないよう業者の濫立を防止することを目的に、既存業者の施設を中心に半径250m 以内の許可はしない旨の距離制限を定めており、既存業者の営業（事業継続）を保護していることから、最高裁は既存業者の原告適格を肯定した（最判昭和37・1・19民集16巻1号57頁〔公衆浴場事件〕）。このような距離制限がある場合のほか、ある事業に新規業者が新しく参入するのを制限する規制（参入規制）がある場合にも、既存業者の原告適格は認められやすい（最判平成26・1・28民集68巻1号49頁〔一般廃

棄物処理業事件〕）。

(b) 周辺住民等の利益

施設の周囲住民に関する原告適格が問題になった例として、前掲・小田急高架化訴訟や、新潟空港訴訟およびもんじゅ第1次訴訟が挙げられる。このほか、産業廃棄物処分業に対する許可等の取消しなどを周辺住民が求めた事例において、最高裁は、処分場から有害物質の排出に起因して「健康又は生活環境に係る著しい被害を直接的に受けるおそれのある者」には原告適格があるという、小田急高架化訴訟判決と同じような判断をした（最判平成26・7・29民集68巻6号620頁〔高城町産業廃棄物処分業事件〕）。このように、騒音などによって近隣住民のうち、「著しい被害を直接的に受けるおそれのある者」に原告適格を認めるのが一般的傾向である。

その一方で、競輪の場外車券売場の設置が交通や風紀、教育などに与える影響などの生活環境の悪化を理由に、その設置許可の取消しを近隣住民等が求めた事例がある。最高裁は、「直ちに周辺住民等の生命、身体の安全や健康が脅かされたり、その財産に著しい被害が生じたりすることまでは想定し難い」として、原告適格を否定した（最判平成21・10・15民集63巻8号1711頁〔サテライト大阪事件〕）。

(c) 消費者・利用者の利益

消費者や利用者が行政庁の処分によって不利益を被ると考えられる場合にも、この原告適格が大きな論点になる。

消費者団体が、果汁飲料等の不当な表示等を未然に防止すべく、業界団体（日本果汁協会）によって自主的に定められた「公正競争規約」に対し公正取引委員会が行った認定を取り消すよう求めた事例がある（最判昭和53・3・14民集32巻2号211頁〔主婦連ジュース事件〕）。最高裁は、「不当景品及び不当表示防止法（景表法）」の目的規定その他の規定を見ても、一般消費者の利益を保護するためにこの認定制度があり、ある特定範囲の消費者の利益を保護するためではないこと、仮に消費者団体が認定取消しによって利益を受けるとしても、それは公益実現に向けた規制の結果生じた「反射的利益」にすぎず、法的に保護されるものではないとして消費者団体の原告適格を否定した（→第2節Ⅱ4）。

また、定期券購入者が特急料金の値上げに関する認可処分の取消しを求めた

事例でも、概ね同様に、最高裁は、原告適格を否定していた（最判平成元・4・13判時1313号121頁〔近鉄特急事件〕）。しかし、2004年行訴法改正後、このような鉄道運賃に関する訴訟において利用者の原告適格を認めないという判断は変化しつつある。例えば、通勤や通学等のため鉄道を反復・継続して日常的に利用している者等が鉄道運賃の値上げ認可等の取消しを求めた事例で、裁判所は、鉄道事業法1条が「利用者の利益の保護」を規定していることや、同法16条5項1号が不当な差別的取扱いを禁じていることなどを理由に原告適格を肯定した（東京地判平成25・3・26判時2209号79頁と控訴審・東京高判平成26・2・19訟月60巻6号1367頁〔北総線運賃訴訟〕）。

(d) 学術研究者の利益

学術研究者が純粋な学術研究のために主張する利益を侵害されたことで、原告適格が認められるかが問題になる。

ある史跡が県文化財保護条例を根拠に指定解除処分を受けたため、史跡の研究者がその取消訴訟を提起した事例（最判平成元・6・20判時1334号201頁〔伊場遺跡訴訟〕）がある。最高裁は、県文化財保護条例には、個々の県民・国民が文化財の保存・活用から受ける個別的利益の保護を配慮する規定がなく、学術研究者にもその利益を超えて特段配慮する規定はないと解し、原告適格を否定した。

5　訴えの利益

(1)　行政事件訴訟法上の位置づけ

原告が処分の取消しを求めて訴訟を提起しても、既に処分の効力がなくなっていたり、事情が変わって、処分を取り消す必要性も実益もなくなっている場合がある。そうすると、裁判所が紛争解決のために判決を出しても意味がない。行訴法はこのような場合を想定して、処分を取り消すことによって「なお処分又は裁決の取消しによって回復すべき法律上の利益」があることを訴訟要件の1つとしている（9条1項かっこ書）。そして、この「回復すべき法律上の利益」がなければ、「訴えの利益がない」とか、「訴えの客観的利益がない」として、訴えが却下される。

(2) 問題となる場面

相続等の対象にはならない生活保護の受給について取消訴訟を提起した後、原告が死亡した場合（最大判昭和42・5・24民集21巻5号1043頁〔朝日訴訟〕）や、公園をメーデーの集会のために利用しようと許可申請をしたが、拒否され、争っている間に集会開催日が過ぎてしまった場合（最大判昭和28・12・23民集7巻13号1561頁〔メーデー事件〕）がその典型である。

次に、「訴えの利益」に関する主要な事例を取り上げる。

(a) 処分と結びつく利害がある場合

処分の効力がなくなっても、「なお処分又は裁決の取消しによって回復すべき法律上の利益」がある場合の典型例として、公務員が免職処分の取消訴訟を提起した後に、選挙に立候補した場合が考えられる。公職選挙法90条によれば、公務員が公職に立候補したとき、公務員としての地位が失われるとされる。そのため、免職処分を取り消しても、公務員には復職できない。しかし、免職処分を取り消すことによって、免職処分以降から立候補するまでの間の俸給の請求ができるようになることから、訴えの利益が認められている（最判昭和40・4・28民集19巻3号721頁〔名古屋郵便局職員免職処分事件〕）。

(b) 法的不利益の消滅または事実上の利益

森林法に基づく保安林の指定解除処分の取消しを求めた事例において、指定解除によって周辺住民が洪水等の危険にさらされるから、周辺住民には原告適格が認められる。しかし、保安林に代わる安全確保施設が設置された場合は、争う必要性がなくなる（最判昭和57・9・9民集36巻9号1679頁〔長沼ナイキ基地訴訟〕）。

また、運転免許停止処分の期間経過後も、免許証に交通違反をしたことが判明する記載があるため、名誉や感情等を損なうので、処分の取消しを求めることに「なお回復すべき利益」があるかどうかが争われた事例がある。しかし、最高裁はそこで問題となる利益は、免許の取消処分等の法的効果とは関係のない、**事実上の不利益**にすぎないとして、訴えの利益を否定した（最判昭和55・11・25民集34巻6号781頁〔自動車運転免許停止処分事件〕）。

(c) 断続的行為と連続的行為

ある処分が行われた後に、別の処分が行われるものの、法制度上、別々の行

為として仕組みができている（断続的行為）とき、先行する処分の効力が消滅すると、訴えの利益がなくなる。例えば、近隣住民が建築確認の取消しを不服申立てと取消訴訟で争っている最中に、建築確認の対象建築物である共同住宅の工事が完了した場合を考えてみよう。最高裁によれば、建築確認は違法な工事の防止を目的としており、工事の完了によってその効力が失われる。また、建築工事完了後の検査済証の交付や違法な建築物の違反是正命令を出す場合（→第2章【図2-1】）には、建築確認とは関係なく、建築物の適法性がチェックされ、違反是正命令が出される。したがって、工事完了後に建築確認を取り消す実益はなく、訴えの利益はないとした（最判昭和59・10・26民集38巻10号1169頁〔仙台市建築確認取消請求事件〕）。

その一方で、ある処分が次の手続に進むために必須となる場合（連続的行為）、その処分の取消しには「訴えの利益」が認められる。例えば、農地の区画整理事業について定める土地改良法に基づく土地改良事業の認可について、この事業に反対する農家が取消訴訟を提起したものの、裁判で争っている最中に事業が完了してしまった場合は、どのように考えられるのだろうか。最高裁によれば、土地改良法では、土地改良事業の認可が違法と判断され取り消された場合、その後に続く換地処分もその認可が適法であることを前提に行われているから、工事完了後であっても、訴えの利益は失われない（最判平成4・1・24民集46巻1号54頁〔八鹿町土地改良事業事件〕）。ただし、事業が完了してしまった場合には元に戻すことが極めて困難であるため、事情判決（行訴法31条。後掲11コラム「事情判決」参照）が出される可能性が大きい。

6　被告適格

取消訴訟を裁判所に提起するとき、その相手方である被告は、処分をした行政庁が所属する国または公共団体である（11条1項）。2004年行訴法改正前は、被告は処分をした行政庁であったため、古い判決を読むときは注意が必要である。

また、建築確認をする民間法人である指定確認検査機関のように、処分を行う者が国または公共団体に所属しない場合には、処分を行った者（行政庁）を被告として取消訴訟を提起することになる（同条2項）。

7　不服申立てとの関係

　原告が処分を争う場合、不服申立てをした後で取消訴訟を提起しても、不服申立てをしないで直ちに取消訴訟を提起してもかまわない（8条1項）。これを**自由選択主義**という。しかし、個別法によっては、あらかじめ不服申立てを経た後でなければ、取消訴訟を起こせない旨を定めている場合がある（例、国家公務員法92条の2等）。これを**不服申立前置主義**という。不服申立前置主義がとられているにもかかわらず、不服申立てとそれに対する裁決等を得ないまま取消訴訟を提起すると、その取消訴訟は却下される。ただし、審査請求後3カ月を過ぎても裁決がないなどの場合には、裁決がなくても、取消訴訟を提起できる（8条2項）。

原処分主義と裁決主義

　裁決の取消訴訟では、もともとの処分（原処分）の違法を争うことはできない。具体的には、原処分に対して不服申立てをして裁決を求めたにもかかわらず、口頭意見陳述の機会を与えなかったとか、審理員になれない者（欠格者）が審理員となって審理が進められたなど、裁決に固有の違法（裁決固有の瑕疵）しか主張できない。原処分の違法を争うのであれば、原処分の取消訴訟を提起しなければならないのである（原処分主義）。

　ただし、個別法の中には、原処分ではなく、審査請求をした後の裁決のみを取消訴訟の対象とするものがある（例：電波法96条の2）。この場合、原処分主義によると、原処分の違法を争う機会がなくなってしまうため、例外的に、裁決の取消訴訟において原処分の違法を主張し、裁決の取消しを求めることができる（裁決主義）。

8　出訴期間

　取消訴訟を提起できる期間は、処分等があったことを知った日から6カ月、または処分等の日から1年である。これを経過したときは「正当な理由」がなければ提起できない（14条1項・2項）。ただし、審査請求をしたときは、それ

に対する裁決があったことを知った日から6カ月などと、出訴期間が順延される仕組みとなっている（14条3項）。「処分があったことを知った日」とは、処分がなされたことを現実に知った日をいう。処分を知ることができたはずであるという客観的状態が生じたことで現実に知ったと認められる。

なお、民事訴訟の原則に従い、初日は算入しない。

取消訴訟の提起が出訴期間を過ぎると、却下される。

9　裁判所の審理

(1)　主張制限

取消訴訟は主観訴訟であり、自分の利益のために裁判を起こすものである。そのため、自己の法律上の利益とは無関係な違法を主張して取消しを求めることはできない（主張制限）。要するに、専ら一般公益や他人の利益に関わる違法の主張は禁止されているのである。

(2)　違法性判断の基準時

取消訴訟では、処分当時の違法性のみを判断する考え方（処分時説）と、処分後の事情を含めて事実認定が終わる口頭弁論終結時の違法性を判断する考え方（判決時説）の2つがある。この問題は**違法性判断の基準時**と呼ばれる。

なお、科学的知見の変化に伴って安全性の確保を要することが予定される原子力施設のような場合、最高裁は、原子炉設置許可の取消訴訟における違法性判断は「現在の科学技術水準」に照らして行うと判断している（最判平成4・10・29民集46巻7号1174頁〔伊方原発訴訟〕）。

10　民事訴訟手続との関係

取消訴訟の審理においても民事訴訟手続がとられる（→第3節Ⅰ1）。例えば、「当事者主義」がその例である。これは、訴訟の開始・終了、訴訟の対象範囲を定めたり、事実の確定に要する資料の提出を当事者の主導権に委ねるものであり、取消訴訟にも妥当する。しかし、民事訴訟手続が妥当しない場合もあるので、それらを見ておくことにしよう。

(1) 証明責任

　証明とは、「裁判官に対し合理的な疑いを差し挟まない程度に真実らしいと確信を抱かせる行為」をいう。民事訴訟手続では、原則として、法律の定めるところにより、現状の変更を求めたり、自己に有利な主張を行う者がそれを根拠づけるために必要な事実を証明しなければならない（証明責任）。裁判官がその事実の存否を判断できないときは、証明責任を負う者の不利益に扱うことになる。例えば、原発設置許可の取消しを周辺住民が求めた原発訴訟では、原告である周辺住民が証明責任を負うことになる。しかし、通常、人的資源や財政能力などの面で被告（国や公共団体）が圧倒的に有利である。最高裁は、証拠資料等が行政庁の手にあることなどから、原発の安全性の判断に不合理がないことを「相当の根拠、資料」によって行政庁がまず主張・立証し、それができなければ違法性が推定されるとした（前掲・伊方原発訴訟）。

(2) 釈明処分の特則

　取消訴訟における裁判所の審理をより充実化して権利利益の救済の実をあげるため、民事訴訟の特例として、釈明処分の特則が定められている（23条の2）。

　対等な当事者の間で争われる民事訴訟でも、訴訟関係を明瞭にするためには裁判官が当事者本人などに釈明の機会を与える処分（釈明処分）ができる。例えば、訴訟で引用した文書などの提出を求めることがある（民事訴訟法151条1項1号）。行訴法では、被告（国・公共団体）が証拠資料を出し渋ることもあるため、処分の内容、根拠となる法令の条項、処分の根拠となる事実やその理由を明らかにする資料などを求めることができる（釈明処分の特則）。この特則は、処分をするにあたり行政庁がきちんとした説明責任を果たすことを、裁判においても徹底させるために導入されており、被告となる行政庁以外も対象となる（23条の2第1項2号）。

(3) 職権証拠調べ

　民事訴訟手続では、原則として、裁判所は当事者が主張する事実と証拠のみを用いて判断する（弁論主義）。このため、裁判所自らは証拠を収集しない。し

かし、行訴法は、訴訟の結果が他の利害関係者を含め公益に影響を与えることがあるため、当事者が主張する事実について証拠や証明が不十分であって必要があると認められるときは、裁判所が職権で証拠調べを行うことができる（**職権証拠調べ**）。ただし、証拠調べの結果について当事者の意見を聴かなければならない（24条）。

11　取消訴訟の判決の効力

取消訴訟の確定判決には、その内容について、後の訴訟で**訴訟当事者**および**裁判所**を拘束し、それとは異なる主張や判断ができない効力（**既判力**）が発生する。また、それが認容判決の場合、行政庁が取り消さなくても、訴訟の対象となった処分の効力は遡及的に消滅する効力（**形成力**）がある（ただし、行政行為の取消しと撤回の効力について→第2章第3節Ⅳ）。この点は、通常の形成訴訟としての民事訴訟手続と基本的に同じである。しかし、行政処分は、他の多くの利害関係人が関わるため、行訴法で特別の効力を定めている。

第1に、処分の取消判決は、訴訟当事者以外の第三者にも効力を及ぼさないと、紛争の解決にならないことが多い。そのため、訴訟当事者以外の第三者にも形成力が及ぶことを認めている（32条1項）。この効力を**第三者効**または**対世効**という。しかし、影響を受ける第三者も自分の権利利益を守る機会が与えられる必要がある。そこで、第三者の訴訟参加（22条）と第三者再審の訴え（34条）が制度化されている。

第2に、処分の取消判決が確定した場合、行政庁が原告に対し同じ行動を繰り返すことで再び紛争が蒸し返されないようにしなければ意味がないことから、取消判決は関係行政庁に対して**拘束力**をもつ（33条）。その主な内容は、①同じ事実関係の下で、同じ理由によって同じ処分をすることを禁止することと、②判決の趣旨に従って、改めて処分を行うことの2つである。①は、既判力の1つの内容と解することもできる。

> **事情判決**
> 　行訴法は、取消訴訟については、処分が違法であってもその取消しによって「公の利益に著しい障害が生ずる場合」には請求を棄却することを認めて

いる（31条）。これを事情判決と呼ぶ。例えば、二風谷ダム事件（札幌地判平成9・3・27判時1598号33頁）では、国がダム建設のために土地を収用するために重要な事業認定に際し、アイヌ民族の文化を不当に軽視ないし無視しているとして、その事業認定が違法であると判断された。しかし、それが違法であるとしても、既に巨額の費用を投じてダムが完成していて、しかも、それを壊すことで洪水の危険もあることなどを理由に、処分は違法ではあるが、請求は棄却されたのである。

Ⅳ 取消訴訟以外の抗告訴訟

1 無効等確認訴訟

(1) 行政事件訴訟法上の位置づけ

抗告訴訟のうち、処分の存在・不存在または処分の有効・無効を確認するのが**無効等確認訴訟**である（3条4項）。

処分の存在・不存在については、例えば、原告の有する通路部分を建築基準法42条2項に基づく「道路」として指定されていないこと（指定されると敷地の利用方法が制限される）の確認を求めることが処分の不存在を確認する訴えとして適法と認められた例がある（最判平成14・1・17民集56巻1号1頁〔二項道路事件〕）。

処分の有効・無効を確認する訴訟の中で最も重要なのは、処分が重大・明白な瑕疵を帯び無効（→第2章第3節Ⅲ）であることを求める**無効確認訴訟**である。したがって、以下ではこの訴訟を中心に取り扱う。無効確認訴訟は、不服申立期間や出訴期間を過ぎてしまい、取消訴訟では争えない場合に利用されることが多い。その1つが、処分後に、処分に基づいて発生するおそれのある損害を予防する**予防的訴訟**である。例えば、原告が刑事事件で身柄を勾留されていたため、所得税額の更正処分等の課税処分を争う不服申立期間を徒過した場合、その後、適法な課税処分を前提として未納分の税金について滞納処分が行われる。そこで判例は、滞納処分の実施による損害発生を予防するため、課税処分の無効確認訴訟を認めている（最判昭和51・4・27民集30巻3号384頁〔課税処

分無効確認訴訟〕）。

無効確認訴訟の訴訟要件は、取消訴訟と基本的に同じであるが、出訴期間と不服申立前置の規定はない。ただ、原告適格については、次のような特徴がある。

(2) 原告適格——一元説と二元説

無効確認訴訟の重要な訴訟要件の1つに、原告適格がある。行訴法36条は①「当該処分又は裁決に続く処分により損害を受けるおそれのある者」②「その他当該処分又は裁決の無効等の確認を求めるにつき法律上の利益を有する者で」、③「当該処分若しくは裁決の存否又はその効力の有無を前提とする現在の法律関係に関する訴えによって目的を達することができないものに限り」訴訟を提起できると規定する。

①はある処分に続く処分によって損害を受けるおそれがあることを必要とする。この部分が予防的訴訟に当たる。他方、②の「法律上の利益」があるかどうかは取消訴訟と同様に判断される。そして、③は「現在の法律関係に関する訴え」に当たる当事者訴訟や民事訴訟によって目的が達成できないことを求めており、**補充性要件**といわれる。

この①～③について、学説上争いがあるのは、図のように、①と②の両方が③の補充要件も満たさなければ原告適格が認められないのか（一元説）、①単独でよく、②のみが③を満たさなければならないのか（二元説）である。

【図5-6】一元説と二元節のイメージ

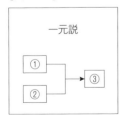

従来の裁判例は、どちらを採用しているか明確とは言い難い。学説上は、立案関係者の理解でもあるとして二元説が有力である。ただ、一元説の中には、二元説のメリットである①の要件のみで原告適格を認め、権利救済の実効性を確保しようとする点から、①の要件が満たされれば同時に③要件も満たすとして、実質的には同じ結論となるよう解釈する考え方が主張されている。そうすると、実際には、一元説であれ、二元説であ

れ、結論に違いがなくなる。

(3) 原告適格──補充要件

無効確認訴訟の原告適格を考える上で、実質的当事者訴訟や民事訴訟が起こせる場合には、一切無効確認訴訟を提起できないというように、③補充性要件を厳格に捉える必要はない。例えば、農地の区画整理である土地改良事業において、自己に割り当てられた土地が適切でないとして換地処分の無効確認訴訟を提起した事例で、最高裁は、換地処分に関わる複数の土地所有者がいる中では民事訴訟を提起するよりも、無効確認訴訟を提起して解決を図る方が「直截的で適切」であるとして、補充要件が充足されていると判断した（最判昭和62・4・17民集41巻3号286頁）。無効確認訴訟が紛争解決にふさわしいものであれば、補充性要件は満たされると考えられる。

2　不作為の違法確認訴訟

(1)　行政事件訴訟法上の位置づけ

法令に基づく申請があって、行政庁が何らかの処分をすべきであるにもかかわらず、相当の期間これを放置することがある（不作為）。この不作為が違法であることの確認を求める抗告訴訟が**不作為の違法確認訴訟**である。ただし、不作為が違法であると確認されても、原告が申請し求めていた一定の処分がそのとおり行われるわけではないため、申請型義務付け訴訟（→3(2)）と関連させて考えることが重要となる。

(2)　訴訟要件

不作為の違法確認訴訟に特徴的な訴訟要件は、①法令に基づく申請をしていること、②原告が実際に申請したこと、③判決時までに処分がないことである。「法令に基づく申請」とは、法令で申請制度が設定されており、私人に申請権が認められているものを意味する。また、判決時までに何らかの処分が行われると、訴えの利益がなくなり、却下される。

(3) 「相当の期間内」

　行政庁の不作為が違法とされる場合とは、申請が事務所に到達してから（行手法7条）、不作為が「相当の期間」経過していることである。この「相当の期間」が経過しているかどうかの判断にあたっては、標準処理期間（行手法6条。→第3章第2節Ⅰ2）が1つの指標となる。ただし、標準処理期間の経過が直ちに「相当の期間」を経過したことにはならない。一般的には、通常必要な期間が経過した場合は、それを正当とする特段の事情がない限り、相当の期間経過＝違法と判断される。

　例えば、採石法33条に基づく採取計画の許可および森林法10条の2第1項に基づく林野開発行為の許可の各申請に対し、知事が2年4カ月以上も不作為であったことが、各処分につき標準処理期間が60日間および80日間定められていたこととあわせて違法とされた事例がある（高知地判平成14・12・3判タ1212号108頁〔採石許可申請等不作為違法確認訴訟〕）。

3　義務付け訴訟・差止訴訟

(1)　行政事件訴訟法上の位置づけ

　義務付け訴訟および差止訴訟は、2004年行訴法改正により、導入された。それ以前は、法定外抗告訴訟として議論されてきた訴訟形式であるが、法定外抗告訴訟であると、原告は訴訟手段として実際に選択することに控え目になりがちであり、裁判所もこれを認めることには慎重になる。このため、法定抗告訴訟化することで、救済方法の多様化が図られた。

　義務付け訴訟は行政庁に対し一定の処分をしなければならないこと、差止訴訟は行政庁に対しこれから行われる一定の処分をしてはならないことを求める**抗告訴訟**である。

　このうち、義務付け訴訟は、①原告が、法令に基づく申請を前提とせずに、行政庁に一定の処分をすべきことを求める**非申請型義務付け訴訟**と、②原告が、法令に基づく申請により求められた処分をするように求める**申請型義務付け訴訟**がある。これら訴訟の重要な訴訟要件は、次のとおりである。これ以外にも被告適格と裁判管轄があるが、それは取消訴訟と同じである（行訴法38条1項）。

(2) 義務付け訴訟

(a) 非申請型義務付け訴訟

非申請型義務付け訴訟の典型例は、例えば、産業廃棄物最終処分場で有害物質が検出されたものの、事業者が何らの対応もしないとき、近隣住民が都道府県知事に事業者に対する有害物質の除去命令を発するように義務付けを求める場合である（福岡高判平成23・2・7判時2122号45頁〔飯塚市産廃処分場事件〕）。

非申請型義務付け訴訟の重要な「訴訟要件」は、次の①〜④である（行訴法3条6項1号および37条の2）。

①一定の処分を求めること（一定の処分）
②義務付けを求める法律上の利益があること（原告適格）
③重大な損害を生ずるおそれがあること（重大な損害）
④損害を避けるために他に適当な方法がないこと（補充性）

①の原告が求める処分は、権限行使すべきかを裁判所が判断できる程度に特定しておく必要がある。②の原告適格は、取消訴訟のそれと同じである。③「重大な損害」の存否は、「損害の回復の困難の程度」を考慮し、「損害の性質及び程度」のほか、公益や第三者の利害も取り入れて「処分の内容及び性質」を勘案して判断される。そして、④補充性要件は、他の特別な救済制度が法定されている場合（例、国税通則法23条）に考慮される。なお、民事訴訟による救済制度は、「他の適当な方法」には当たらない。

これら訴訟要件のすべてが満たされて、非申請型義務付け訴訟が適法に提起されることになる。

一定の処分を行政庁に命じる「本案勝訴要件」は、行政庁が処分をすべきことが根拠となる法令の規定から明らかであると認められる場合、または行政庁が処分をしないことが裁量権の逸脱・濫用であると認められる場合である（行訴法37条の2第5項）。

(b) 申請型義務付け訴訟

申請型義務付け訴訟は、例えば、営業許可の申請をしたにもかかわらず、相当の期間経過後も何ら応答がないとき、不作為の違法確認訴訟と申請どおりの許可をするよう義務付ける訴訟を一緒に提起する場合が1つのパターンである。もう1つは、例えば、ある疾病を抱えた児童の保育園入園の申込みが拒否

されたため、その拒否処分の取消しと看護師のいる保育園への入園を承諾するよう義務付ける訴訟である（東京地判平成18・10・25判時1956号62頁〔東大和市保育園入園承諾義務付等請求事件〕）。

この訴訟の特徴は、非申請型義務付け訴訟よりも、訴訟要件が厳格でないことと、他の抗告訴訟と一緒に訴訟を提起（併合提起）しなければならない点にある（行訴法37条の3第3項）。申請型義務付け訴訟の重要な訴訟要件は、次の2つのパターンごとに、(ア)～(ウ)である（行訴法3条6項2号および37条の3）。

①**申請に対する不作為の場合**：(ア)法令に基づく申請等に対し相当の期間内に何らかの処分等がされないこと（**不作為の違法**）、(イ)その申請に対する不作為の違法確認訴訟を併合提起すること（**併合提起**）、(ウ)原告が法令に基づく申請等をした者であること（**原告適格**）

②**申請に対する拒否処分の場合**：(ア)法令に基づく申請等を拒否・棄却する処分がされ、その処分等が取り消されるべきものであるか、または、無効・不存在であること（**処分の違法・無効等**）、(イ)その処分等の取消訴訟または無効等確認訴訟を併合提起すること（**併合提起**）、(ウ)原告が法令に基づく申請等をした者であること（**原告適格**）

上記のとおり、①②とも、(イ)で併合提起した不作為の違法確認訴訟や取消訴訟での勝訴が訴訟要件であるとされており、併合提起した訴訟で却下または棄却判決が出されると、申請型義務付け訴訟は却下される（最判平成23・10・14判時2159号53頁〔省エネ数値情報公開請求名古屋事件〕）。ただし、併合提起した訴訟の勝訴は、後述の本案勝訴要件であるとする学説も有力である。

これらの訴訟要件を満たす適法な申請型義務付け訴訟の場合、本案勝訴要件は、併合提起した訴訟が認容され、かつ、行政庁が処分をすべきことが根拠となる法令の規定から明らかであると認められる場合、または行政庁が処分をしないことが裁量権の逸脱・濫用であると認められる場合である。

(3) 差止訴訟

差止訴訟は、例えば、職務命令違反などを理由として、これから公務員に対し何らかの懲戒処分がされようとしているときに、その懲戒処分をしてはならないことを求める訴訟である。この訴訟の重要な訴訟要件は、次の①～④であ

る（行訴法3条7項および37条の3）。

①一定の処分等がされようとしていること（一定の処分の蓋然性）
②差止めを求める法律上の利益があること（原告適格）
③重大な損害を生ずるおそれがあること（重大な損害）
④その損害を避けるため他に適当な方法がないこと（補充性）

①の一定の処分については、非申請型義務付け訴訟と同様に、裁判所が差止めの可否を判断できる程度に処分が特定されていることが必要となる。また、その処分がされることが相当程度確かであると認められること（蓋然性の存在）も必要である。②の原告適格は、取消訴訟の場合と同様である。

③の重大な損害要件については、基本的な考え方は、非申請型義務付け訴訟と同じである。ただし、差止訴訟は、**取消訴訟の提起**と**執行停止制度**（後述）によっても十分に救済できない場合があるために法定されたことを踏まえ、最高裁は、この重大な損害要件について、差止訴訟の対象である処分が行われた後の執行停止決定などにより「容易に救済を受けることができる」損害では足りないと判断している（最判平成24・2・9民集66巻2号183頁〔日の丸・君が代予防訴訟〕）。

また、④の補充性要件については、例えば、取消訴訟の提起により、重大な損害を回避できる仕組みがある場合である。国税が滞納する場合、滞納額の全額に値する財産が公売により現金化されるための「換価処分」が行われる。しかし、国税徴収法90条3項は、滞納処分の取消訴訟が提起された場合、訴訟係属中は財産の換価ができない旨定めているため、換価処分の差止めを求めることができない。このように、差止訴訟の対象となりうる処分（換価処分）の前提となる処分（滞納処分）の取消訴訟が提起できるような場合には、「他に適当な方法」があるため補充性要件は満たさない。

4 判決の効力

取消訴訟以外の抗告訴訟に関する判決の効力は、取消訴訟のそれと同様である（→第3節Ⅲ11）。

第1に、拘束力は、無効等確認訴訟、不作為の違法確認訴訟および義務付け・差止訴訟のいずれの判決にも認められている（38条1項）。

第2に、第三者効または対世効については、拘束力とは異なり、取消訴訟以外の抗告訴訟の判決について準用規定はない。ただし、無効等確認訴訟や、非申請型義務付け訴訟および差止訴訟の場合には、利害関係をもつ第三者がいることが多いから、第三者効や対世効を認めないと紛争の解決にならないおそれもあるため、学説からの批判がある。

V　仮の救済

1　行政事件訴訟法上の位置づけ

　抗告訴訟が提起されても、審理には時間がかかり、裁判所がすぐに判決を出すわけではない。しかし、事情によっては、今すぐ救済されなければ著しい不利益を被る場合もある。そこで、行訴法は私人の権利・利益を一時的に守るため、「仮の救済」という仕組みを設けている。

　行訴法は、仮の救済方法として、取消訴訟および無効等確認訴訟に対する**執行停止**（25条・38条3項）、義務付け訴訟・差止訴訟に対する**仮の義務付け・仮の差止め**（37条の5）を設けている。これらの仮の救済は、それぞれ義務付け訴訟・差止訴訟を提起した上で、申し立てられなければならない（25条2項・37条の5第1項・2項）。

　なお、行訴法は行政庁の処分その他公権力の行使に当たる行為について、この仮の救済方法を準備していることもあり、民事保全法の仮処分を除外している（44条）。

2　執行停止

(1)　執行停止の意義

　執行停止とは、処分を争う者が取消訴訟または無効等確認訴訟を提起した場合、申立てによって、その処分の効力、執行または手続の続行について、全部または一部を停止するものである（25条2項）。行訴法は、取消訴訟等を提起しても、処分の執行等は停止しない**執行不停止の原則**を採用している（25条1項）ため、訴訟の提起とは別に執行停止を申し立てる必要がある。

執行停止には、処分の効力の停止、処分の執行の停止、手続の続行の停止という3種類がある。例えば、**処分の効力の停止**として建築確認処分の取消訴訟と同処分の効力の停止、**処分の執行の停止**として外国人に対する退去強制令書発付の取消訴訟で送還または収容（出入国管理及び難民認定法52条3項・5項）の停止、そして、**手続の続行の停止**として課税処分の取消訴訟で滞納処分手続（国税通則法37条・40条、国税徴収法47条以下）の停止がある。このうち、処分の効力の停止は、その他の執行停止によって目的達成ができないとき認められる。

(2) 積極要件・消極要件

執行停止の要件は、それを満たせば申立てが認められる「積極要件」と、それを満たせば申立てが認められない「消極要件」の2つがある。積極要件は申立人（原告側）が、消極要件については相手方（被告側）が主張・疎明をしなければならない。執行停止の審理は、時間を短縮するため、これらの要件については「証明」ではなく、裁判官が一応確からしいとの推測をいだくための証拠提出等（「疎明」）をすれば足りる（行訴法25条5項）。

執行停止の要件としては、次の4つである。①②が積極要件、③④が消極要件である。

①処分の取消訴訟または無効等確認訴訟が適法に提起されていること（**訴訟の適法性**）

②重大な損害を避けるため緊急の必要があること（**重大な損害と緊急性**）

③公共の福祉に重大な影響を及ぼすおそれがあること（**公益性**）

④本案について理由がないと見えること（**本案勝訴**）

②の「重大な損害」があるかどうかの判断にあたっては、「損害の回復の困難の程度を考慮するものとし、損害の性質及び程度並びに処分の内容及び性質をも勘案するものとする」とされている（25条3項）。例えば、弁護士会から業務停止3カ月の懲戒処分を受けた弁護士がその取消訴訟の提起と処分の効力停止を申し立てた事例がある。最高裁は、懲戒処分期間中に裁判の審理日程が入っていた31件の訴訟案件を担当していた等の事情から、懲戒処分によって弁護士に生ずる社会的信用の低下、業務上の信頼関係の毀損等に関する損害は、損

害賠償等によっても容易に回復できないため、「重大な損害」に当たるとした（最決平成19・12・18判時1994号21頁〔弁護士懲戒処分執行停止事件〕）。

執行停止が否定されるためには、③の執行停止を認めることで具体的な公益上の重大な支障が生じることのほか、④の取消訴訟等で処分の取消原因や無効原因がないことがそれぞれ疎明される必要がある。

以上は行訴法に規定された執行停止の要件についてであったが、明文の要件以外にも一般的に、申立人が執行停止により現実の救済を受けられるといった**申立ての利益**が認められなければ、認容されない。例えば、生活保護や許可の申請拒否処分の場合には、執行停止を認めても拒否処分がない状態になるだけである。また、建物除却命令の代執行が実施されている場合には、執行停止を認めても原状は回復しない。これらのような場合には、救済の実益はなく、申立ての利益が認められない。

(3) 決定の効力

執行停止の決定またはこれを取り消す決定が、第三者に対しても効力を有することは取消判決と同じである（32条2項）。取消判決における拘束力の規定も、執行停止の決定に準用されている（33条4項）。

内閣総理大臣の異議

ある処分について執行停止の申立てがあった場合、内閣総理大臣が裁判所に対して異議を述べることができる。この異議があった場合、裁判所は執行停止の決定をすることができず、仮に既に執行停止の決定をしていたときは取り消さなければならない（行訴法27条）。これが**内閣総理大臣の異議**という制度である。この制度は、仮の義務付け・仮の差止めにも妥当する（37条の5第4項）。

この制度が使われた唯一の事例は、国会周辺のデモ行進を予定していた申立人が、許可を受ける上で「国会周辺のデモを禁ずる」旨の付款（負担）（→第2章第3節Ⅴ）に関する効力の停止を申し立て、裁判所は認容したが、内閣総理大臣が異議を述べた結果、裁判所は執行停止決定を取り消したというものである（東京地決昭和42・6・9および東京地決昭和42・6・10行集18巻5＝6号737頁および757頁〔国会周辺デモ規制事件〕）。

この制度趣旨は、行政権の長である内閣総理大臣の判断と責任において、執行停止が認められることによって行政活動の停滞等が生じ、公共の福祉に重大な影響を及ぼすおそれを避けることである。執行停止制度があっても、処分の適否の最終判断は司法権に帰属していることなどを理由に正当化される。その一方、この異議が述べられると、裁判所は、その理由が付されているかどうかなど形式面についてのみ審査するだけで、内容の審査はできないことなどから、行政権が司法権の判断を最終的に覆す効果があるため、制度そのものに三権分立の原則に反し違憲の疑いがあるとの有力な学説も見られる。

3　仮の義務付け・仮の差止め

(1)　仮の義務付け・仮の差止めの意義

　仮の義務付け・仮の差止めは、一定の処分の義務付け訴訟または差止訴訟を提起する者が、判決までの間、自己の権利を守るために一時的な権利救済を図るための制度である。例えば、生活保護の開始決定の義務付け訴訟を提起し審理している間、生活を安定させるため、一時的に生活保護の支給を義務付ける場合や、不利益処分が予想される場合にその差止訴訟を提起し、訴訟の審理中に不利益処分の実施とその公表などを防ぐために、一時的に不利益処分を差し止める場合が考えられる。この仮の義務付け・仮の差止めの審理手続等は、執行停止と同様である（行訴法37条の5第4項）。

(2)　積極要件・消極要件

　仮の義務付け・仮の差止めの要件は、次の4つである。①から③が積極要件、④が消極要件である。
　①義務付け訴訟または差止訴訟が適法に提起されていること（訴訟の適法性）
　②償うことのできない損害を避けるため緊急の必要があること（償うことのできない損害と緊急性）
　③本案について理由があるとみえること（本案勝訴）
　④公共の福祉に重大な影響を及ぼすおそれがあること（公益性）

仮の義務付け・仮の差止めが認められるためには、①義務付け訴訟または差止訴訟がすべての訴訟要件を満たしていそうであることのほか、③執行停止の場合とは違って、それぞれの訴訟で義務付けまたは差止めが認められそうであることが積極要件となっている。さらに、執行停止と違って、「重大な損害」ではなく、②「償うことのできない損害」が発生するおそれがありそうであることが積極要件となっている。

　「償うことのできない損害」とは、執行停止の積極要件である「重大な損害」よりもハードルを高くした表現で、損害発生を金銭賠償のみによって我慢させることが社会通念上著しく合理性を欠くと評価される程度の損害である。

　仮の義務付けの具体例として、保護者が入園承諾の仮の義務付けを求めたことが挙げられる（前掲・東大和市保育園入園承諾義務付等請求事件）。裁判所は、保育園の入所拒否によって一定の期間を経過すると保育園における一生に一度の保育を受ける機会が失われることが「償うことのできない損害」と認めた。また、児童が6歳であったため、緊急の必要性も認められた。

　仮の差止めの具体例として、住民票の職権による削除（消除）処分の仮差止めを求めた事例で、裁判所は、近く実施予定の選挙での投票という選挙権の行使ができなくなることが「償うことのできない損害」であるとして、申立てを認めた事例が挙げられる（大阪高決平成19・3・1裁判所ウェブサイト〔住民票消除処分仮差止申立事件〕）。

　仮の義務付け・仮の差止めが否定されるためには、執行停止と同様に、④それらを認めることで公共の福祉に対する重大な影響を及ぼすおそれが具体的に認められる必要がある。

(3) 決定の効力

　仮の義務付け・仮の差止めの決定には、拘束力（→第3節Ⅲ11）が認められる（37条の5第4項による33条1項の準用）。

Ⅵ 当事者訴訟

1 行政事件訴訟法上の位置づけ

行訴法は、行政上の紛争を解決するための主観訴訟の1つとして、行政処分を直接の対象とする抗告訴訟とは別に、原告・被告間の公法上の法律関係を対象とする当事者訴訟を定めている。当事者訴訟には、次のように**形式的当事者訴訟**と**実質的当事者訴訟**の2つがある（4条）。なお、判決の効力としては、既判力だけではなく、拘束力（→第3節Ⅲ11）がある。

2 形式的当事者訴訟（4条前段）

形式的当事者訴訟とは、「当事者間の法律関係を確認し又は形成する処分又は裁決に関する訴訟で法令の規定によりその法律関係の当事者の一方を被告とするもの」である。本来は、処分等に関する訴訟であるから、抗告訴訟で解決を図るべき紛争といえる。しかし、「法令の規定」によって、処分を当事者間の法律関係として争う形式が採用されているため、「形式的当事者訴訟」と呼ばれる。

では、「形式的当事者訴訟」にはどのようなものがあるだろうか。ここでは典型例として、土地収用法133条3項に定められた損失補償額に関する訴えを取り上げてみる。

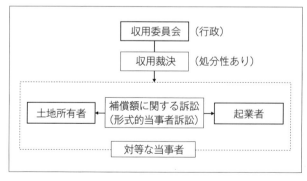

【図5-7】形式的当事者訴訟（土地収用法133条3項）のイメージ

【図5-7】にあるように、この訴えは、土地所有者と起業者（鉄道事業者などその土地を収用する必要がある事業者）の間での損失補償額の争いであるが、その額は収用委員会によ

る収用裁決によって決まる（土地収用法48条1項）。そこで、例えば土地所有者が起業者に補償の増額を求める場合（起業者が土地所有者に減額を求める場合もある）、まずは都道府県を被告に収用裁決の取消訴訟を提起しその効力を排除しておくことが考えられる（取消訴訟制度の排他性、取消訴訟の排他的管轄。→Ⅰ1）。しかし、土地収用法には、損失補償額の争いは専ら土地所有者と起業者間の財産上の争い（当事者訴訟）をもって可能とする特別規定が置かれた。

3　実質的当事者訴訟（4条後段）

次に、実質的当事者訴訟とは、「公法上の法律関係に関する確認の訴えその他の公法上の法律関係に関する訴訟」であり、私人間あるいは私人間と同様の権利義務関係ではなく、行政に特有の法律関係に関する紛争を対象とする。私人間とは異なる行政に特有の法律関係で、処分性は認められないために抗告訴訟では争えないが、当事者にとって重要な法律関係はたくさんある。実質的当事者訴訟はこのような争いを認めるものである。例えば、公務員の給与請求訴訟、損失補償請求訴訟、国籍確認や投票できる地位の確認訴訟などがその例である。

実質的当事者訴訟には、①金銭の給付などある行為をすること、または、しないことを求める**給付訴訟**と、②地位や義務などの権利義務関係の確認を求める**確認訴訟**がある。

(1)　給付訴訟

実質的当事者訴訟の中の給付訴訟の典型例としては、公務員の懲戒免職処分の無効を前提とする退職手当の支払請求（最判平成11・7・15判時1692号140頁〔公務員退職手当支払請求事件〕）や支給停止措置の無効を前提とした未支給老齢年金の支払請求（最判平成7・11・7民集49巻9号2829頁〔老齢年金支給請求事件〕）のほか、形式的当事者訴訟以外で提起される損失補償請求訴訟がある。

(2)　確認訴訟

行訴法は、実質的当事者訴訟として、国等を一方の当事者とする法律関係の存否を確認する「公法上の法律関係に関する確認の訴え」があることを例示し

ている。一般に確認訴訟では確認対象が際限なく広がるおそれがあるため、実質的当事者訴訟としての確認訴訟が認められるための訴訟要件には、下記の3要件に制限される。

①**方法選択の適否**：他の給付訴訟や取消訴訟などの形成訴訟ではなく、確認訴訟という方法の選択が適切であること

②**確認対象の適否**：現在の地位の存否や義務の存在・不存在など、原則として現在の法律関係を対象としていること

③**即時確定の利益**：確認判決によって解消すべき原告の権利や法的地位に対する不安・危険が現に存在すること

確認訴訟が認容された判例のうち、公職選挙法に基づき在外選挙人名簿に登録され投票できる在外国民の地位の確認（最大判平成17・9・14民集59巻7号2087頁〔在外国民選挙権訴訟〕）を例にとって、確認訴訟の訴訟要件を検討してみよう。最高裁は、次の3点から確認の利益を認めた。

①衆参両議院議員選挙における投票をするためあらかじめ選挙権の行使ができる地位を確認することと同様の効果をもつ訴訟はなく、他により適切な訴えによってその目的を達成することはできないこと

②直近に実施される衆参両議員総選挙において投票するための選挙権を行使できる権利、現在の法的地位の確認が求められていること

③今後直近に実施されることになる衆参両議員総選挙において、小選挙区選出議員の選挙および参議院議員の通常選挙における選挙区選出議員の選挙において投票をすることができず、選挙権を行使する権利を侵害されることになること

また、国歌の起立斉唱義務を果たすように教職員に対する学校長の職務命令が式典ごとに行われていたが、その命令に違反する教職員に対する懲戒処分等の処遇が争われた事例がある。最高裁は、この教職員に対する不利益な処遇が、式典ごとに継続的に反復され、かつ、違反1回目は戒告、2、3回目は減給、4回目以降は停職というように違反回数が重なるごとに不利益な取扱いが強くなり、事後的な損害の回復が著しく困難になるから、その不利益発生を予防するために、実質的当事者訴訟として、君が代斉唱義務の不存在確認訴訟を適法とした（なお、請求は認容していない。前掲・日の丸・君が代予防訴訟）。

Ⅶ 民衆訴訟・機関訴訟

　客観訴訟の代表例である選挙訴訟と住民訴訟を中心に、主観訴訟との違いやそれら訴訟を提起できるときの条件を学び、客観訴訟の特徴を理解することが重要である。

1 民衆訴訟

(1) 行政事件訴訟法上の位置づけ

　民衆訴訟とは、「国又は公共団体の機関の法規に適合しない行為の是正を求める訴訟で、選挙人たる資格その他自己の法律上の利益にかかわらない資格で提起するもの」である（行訴法5条）。**民衆訴訟**は、行政の違法行為や違法状態をなくし、行政活動が適法となるように、選挙人や住民という立場で裁判を起こすことが特別に認められた訴訟（行訴法42条）である。このような訴訟を、**機関訴訟**（→後掲2）とともに**客観訴訟**と呼ぶ。

　民衆訴訟の典型例は、一票の格差が違憲であるとして選挙の無効を求める「議員定数配分違憲訴訟」（**選挙訴訟**）や住民が地方公共団体のお金の使い方などをめぐって争う**住民訴訟**である。これら訴訟の提起は近年増加している。そこで、代表例として**選挙訴訟**と**住民訴訟**を概観する。

(2) 選挙訴訟

　選挙訴訟には、地方公共団体の議会議員・長または衆議院・参議院議員の選挙の効力を争う訴訟（公職選挙法203条・204条）と当選の効力を争う訴訟（公職選挙法207条・208条）がある。

　地方公共団体の議会議員・長の選挙の効力について不服がある選挙人または公職候補者は、選挙事務を担当した選挙管理委員会に対して異議の申出を行い、それに対する決定に不服があれば都道府県選挙管理委員会に対して審査の申立てを行う。そして、同選挙管理委員会の決定または裁決に不服があれば、同選挙管理委員会を被告として高等裁判所に訴訟を提起できる。国政選挙の場合には、異議の申出等をする必要はなく、比例代表選出議員の選挙の場合には中央選挙管理委員会を、それ以外の選挙の場合には都道府県選挙管理委員会を

被告として、高等裁判所に訴訟を提起できる。

ある候補者の当選の効力に不服がある者は、概ね同様にして訴訟を提起できる（例えば公職選挙法208条）。

(3) 住民訴訟
(a) 行政事件訴訟法上の位置づけ

住民訴訟とは、住民が自分の法律上の利益とは無関係に、専ら住民全体の利益のために、地方公共団体の執行機関および職員の「違法な財務会計上の行為」または「怠る事実」の是正を求めて提起する**民衆訴訟**の1つである（自治法242条の2・242条の3）。

住民訴訟は、米国の**納税者訴訟**の考え方を基本に置いたものである。日本では、憲法92条に定める**地方自治の本旨**に基づく住民参政・参政権の一環として、住民に訴訟提起を認め、地方公共団体のお金の使い方や財産管理などの適正な運営を確保することを目的としている。したがって、住民がいわば**公益の代表者**として地方の財務行政の適正化を求める制度である（最判昭和53・3・30民集32巻2号485頁）。

(b) 住民監査請求前置主義

住民は、普通地方公共団体の長、委員会や職員が、違法もしくは不当に、①補助金などの公金の支出、②土地などの財産の取得・管理、③公共工事の請負契約の締結等を行った場合、④税、施設使用料など公金の徴収をしないこと、財産管理を怠っている状態（以上の①～④をまとめて「**財務会計行為**」）があると認めるときは、監査委員に対し、監査を求め、その行為の防止や是正、損害の埋め合わせを求めることができる（自治法242条）。**住民監査請求**は、**住民訴訟**とは異なり、行政自身が自己チェックを行うので、違法だけではなく、不当な場合にも是正等を求めることができる。

その後、**住民監査請求**に対する監査委員の監査結果などに不服があるとき、監査の結果を受けて議会、長や職員がきちんとした措置を講じないとき、または住民監査請求があった日から60日以内に監査委員が監査などを行わなかったとき、一定期間内に**住民訴訟**を提起することができる（自治法242条の2第1項・第2項）。

(c) 住民訴訟を提起できる者

　地方公共団体に生活の本拠を有する住民であって、**住民監査請求**を行った者であることが必要となる（自治法242条の2第1項）。選挙権や納税の有無は関係なく、また、法人であってもよい。

(d) 住民訴訟の対象

　住民訴訟は地方の財務行政について適正な運営を確保することを目的とし、その対象は**財務会計上の違法な行為**である。ただ、例えば、港湾にたまったヘドロは排出企業が除去すべきなのに、地元地方公共団体がその費用全額を負担した場合などに**住民訴訟**が提起されることが多い。このように、**住民訴訟**では、公金支出などの財務会計上の行為だけではなく、それを必要にした原因行為（上記の例では地方公共団体によるヘドロ除去）の違法性を問いたいときに使われてきた。

　原因行為と財務会計上の行為に密接な関連性（行為者が同一など）がある場合には、原因行為も財務会計上の行為に含めて判断される（最判昭和57・7・13民集36巻6号970頁〔田子の浦ヘドロ訴訟〕）。他方で、例えば、教育委員会が退職直前の教頭を一日だけ校長にしてかさ上げされた退職金の支出（最判平成4・12・15民集46巻9号2753頁〔一日校長事件〕）や議会議長の野球大会出場のための違法な出張命令に基づく旅費の支出（最判平成15・1・17民集57巻1号1頁〔議員野球大会出張旅費事件〕）の場合には、少し判断の仕方が違ってくる。つまり、原因行為者（教育委員会や議会）と財務会計行為者（地方公共団体の長）が違っており、しかも、原因行為者が長から独立性が保障される機関であるため、「著しく合理性を欠き……予算執行の適正確保の見地から看過し得ない瑕疵の存する場合でない限り」、財務会計上の行為は違法とはならないとされる（一日校長事件）。

(e) 住民訴訟の種類

　この**住民訴訟**には、公金の支出などの差止め（自治法242条の2第1項1号）、違法な補助金交付決定などの取消しまたは無効確認（同項2号）、地方税などの賦課徴収を怠る事実の違法確認（同項3号）と公共用地の取得にあたって著しく高額な支出をした場合などの損害賠償や不当利得返還命令の義務付け（同項4号）という4種類がある。このうち、最後のいわゆる**4号請求**が重要なの

で、その特徴を見てみよう。

4号請求で原告の勝訴が確定すると、地方公共団体の長は、違法行為によって地方公共団体に損害を与えた職員等に対し判決確定日から60日以内を期限として損害賠償金等の支払いを請求しなければならない。しかし、その支払いがないときは、地方公共団体は損害賠償訴訟等を提起しなければならない（自治法242条の3）。

自治法243条の2によれば、会計職員等の賠償責任は、通常、故意または重大な過失がある場合に限られる（現金の場合には故意または過失でよい）。一方で、地方公共団体の長の責任は自治法に特別の定めがないため、民法709条が根拠となる。そして、例えば、公共工事に関わる高額支出が裁判で違法と判断されたとき、長は莫大な損害賠償義務を負うことがある。そこで、地方議会が長に対する損害賠償請求権を放棄する議決等を行い、長の責任を免除することがある。しかし、住民訴訟制度の意義を考えると、温情や政治的思惑によって安易に議会による債権放棄を認めることはできない。そこで、最高裁は、普通地方公共団体の民主的かつ実効的な行政運営の確保を旨とする自治法の趣旨等に照らし、不合理で、裁量権の範囲の逸脱またはその濫用に当たる場合には、議決は違法となると判断している（最判平成24・4・20民集66巻6号2583頁〔神戸市債権放棄議決事件〕）。

2　機関訴訟

機関訴訟とは、「国又は公共団体の機関相互間における権限の存否又はその行使に関する紛争についての訴訟」である（行訴法6条）。

一般に行政組織は、その意思を統一するため大臣や地方公共団体の長を頂点とするピラミッド構造となっており、**上級行政機関**は**下級行政機関**に対する**指揮監督権**をもつ。そのため、仮に行政組織内部で見解の不一致が生じても、内部で解決する仕組みがある（→第1章第2節Ⅳ2）。しかし、上下関係になく、対等で独立性が保障されている地方公共団体の長と議会の間（自治法176条7項）や、国と地方公共団体の間での紛争は、第三者的立場にある裁判所が間に入って解決する制度が採用されている。**機関訴訟**は、このように個別の法律によって特別に作られた制度であって、**民衆訴訟**と同じく**客観訴訟**とされている。

国または都道府県の関与に関わる訴訟には、**法定受託事務**（→第1章第2節Ⅳ3）の適法な執行を求めて大臣が知事を相手に提起する**代執行訴訟**（自治法245条の8第3項以下）のほか、国等の関与に対して地方公共団体の執行機関が国等の行政庁を被告として提起する**国等の関与に関する訴訟**（自治法251条の5・251条の6）と、是正の要求等を受けた地方公共団体が相当の期間を経過してもそれに対応する措置を講じないときに大臣等が地方公共団体の行政庁を被告として提起する**不作為の違法確認訴訟**（自治法251条の7・252条）がある。

〈課題〉
1．次の場合、行訴法上どのような訴訟で争うべきか、選択しなさい。
　①食堂営業の許可申請に対し長期間放置された回答
　②不法滞在者による特別在留許可（出入国管理及び難民認定法50条）の要求
　③土地収用を受けた所有者による損失補償額の増額
　④懲戒処分の無効を理由とした公務員の地位確認
2．次の行為は取消訴訟の対象となる処分であるか、法的性質を含めて検討しなさい。
　①土地区画整理事業計画の決定
　②各税務署宛てに出された法人税法上の解釈基準
　③病床数を遵守しないことを理由とした医療機関開設の中止勧告
　④ゴミ焼却場の設置のための請負契約と建設工事
3．次のような場合に原告適格は認められるか、条文を挙げて説明しなさい。
　①脱原発を主張する原告が、原発の重大事故がひとたび起きると大きな被害が発生する可能性があることを理由にA電力会社に対する原子炉設置許可の取消しを求める場合
　②H社の鉄道路線周辺の居住者であり当該路線を通勤・通学に利用する者が、従来から高額な運賃が一層高くなることを理由にH社が国土交通大臣から受けた運賃値上認可処分の取消しを求める場合
　③一般運転免許証の交付処分を受けた者が優良運転免許証の交付により自動車保険料が引き下げられることを理由に、一般運転免許証の交付処分の取消しを求める場合

④競輪の場外車券売場の設置が交通や風紀、教育などに与える影響などの生活環境の悪化を理由に、その設置許可の取消しを近隣住民が求める場合
⑤発掘に従事する研究者が遺跡の文化的価値を学術的に享有できることを理由に、文化財指定解除処分の取消しを求める場合
4．次の場合、行訴法上、申立人はいかなる仮の救済を求めることが可能か。必要な要件とそれに該当する可能性のある事実とあわせて、検討しなさい。
①退去強制令書発付処分
②保育所への入所申込みに対する不承諾処分
5．一般廃棄物処理業を営んでいたXは、Y知事がXの営業地域と同じ場所においてA社に対し同じく処理業を許可したため、営業上の利益が侵害されることを理由として、当該許可の取消しを求めた。廃掃法の規定に照らし、Xの原告適格が認められるかについて検討しなさい。
6．A市議会議員に立候補しようとした同市公務員Xは、A市議会選挙の公示前に懲戒処分を受けた。その後1カ月経って立候補が公示されたため、Xは公職選挙法90条に基づき公務員としての身分は失っているものの、懲戒処分の取消訴訟を提起したいと考えている。訴訟を提起する上でいかなる法的問題があるかを検討しなさい。
7．Xは国会において議論されている法案に反対するために国会周辺のデモ行進を行うことを計画し、東京都公安委員会に対して東京都公安条例に基づく許可申請を行った。しかし、同委員会は国会周辺以外でデモを行うことを条件として許可した。Xは行訴法上いかなる仮の救済を求めることが可能か。

Xによる仮の救済の申立てに対し、裁判所が認容決定を出した場合、このことに対して、内閣総理大臣が異議を述べようとしている。この異議制度にはどのような問題があるかを検討しなさい。
8．タクシー事業を営むXは、管轄するY地方運輸局長から、公示によって決められた運転手が走行できる1日の距離数を超過していることを理由に、道路運送法40条に基づき一定数のタクシー車両を利用してはならない旨の処分を受けた。そこでXは、自社で自由に距離数を決定できるはずなのにYの公示によって事前に上限が設定されているのはおかしいと思い、Xに対する処

分の違法性を理由とした訴えを提起したいと考えている。行訴法上、どのような訴えが考えられるか。道路運送法の趣旨・目的、公示の意味に照らして、検討しなさい。

第 6 章

国家補償

第 1 節　国家補償の概要

I　国家補償制度の役割

　前章で学んだように、国民は自分の権利や自由が侵されようとしているとき、行政処分の差止めを求めたり、また、既に行政処分が行われ、権利・自由が侵されているのであればその取消しを求めることで救済される。その一方で、既に権利が侵されてしまい、被害が発生している場合には、その被害の埋め合わせが必要になる。この埋め合わせ方法が**国家補償制度**であって、主に違法行為に対する**国家賠償制度**と適法行為に対する**損失補償制度**の2つがある。

II　国家賠償制度

　第1に、公務員の不法行為により損害を受けたとき、国民には**損害賠償請求権**がある（憲法17条）。そして、それを具体化する法律として**国賠法**がある。国賠法は、次の2つの賠償責任について定めている。
①国または公共団体の公権力の行使に当たる公務員が、故意または過失によって、違法に加えた損害の賠償（同法1条）。
②道路や河川その他の公の営造物の設置・管理に、欠陥（瑕疵）があって生じた損害の賠償（同法2条）。

Ⅲ　損失補償制度

　第2に、私有財産が公共のために使われるとき、正当な補償を行う**損失補償制度**がある（憲法29条3項）。例えば、道路や鉄道など交通公共機関を整備するため、その事業が予定される区域内にある土地の所有者が自分の土地を手放したくないときであっても、所定の手続を経て、適法に、土地所有権を奪われることがある（土地収用）。この土地収用によって所有者が受ける経済的不利益（損失）は補償されなければならない（土地収用法88条）。ただ、この損失補償制度には、国賠法のような一般法はない。

Ⅳ　国家補償制度の機能

　この国家補償制度は、国民の人権を保障するための制度である。国または公共団体の活動の公益実現や公権力の行使のように、私人間では見られない活動に起因して被害が発生した場合、その被害を金銭で埋め合わせ、被害者を救済することが国家補償の目的であり、重要な機能である（**被害者救済機能**）。特に、社会的、公共的な目的を達成するために、他の多くの国民には発生しないが、ある特定の人に対して不利益が発生した場合（**特別の犠牲**）には、その被害を社会全体の負担（税金）に転嫁する（**負担の公平**）、というのが基本的な考え方である。

Ⅴ　その他の国家補償制度

　憲法の規定を見ると、前述の国家賠償制度（17条）と損失補償制度（29条3項）のほか、抑留または拘禁された後、無罪の裁判を受けたとき国に対して請求できる**刑事補償制度**がある（40条および刑事補償法）。それ以外にも、**個別法律で補償制度を定めるもの**がある（消防法6条3項や文化財保護法41条1項・52条1項など）。

第 2 節　国家賠償法 1 条の責任

　国や地方公共団体等の公権力の行使によって私人に損害が発生したとき、被害者は、誰に対して、どのような条件が整ったら、賠償責任を追及できるのか、民事不法行為との違いなどを踏まえて学習する。また、私人の権利救済を図るとき、抗告訴訟との機能の違いにも注意する必要がある。

I　国家賠償法 1 条の特質

1　国家賠償責任と民法上の不法行為責任の違い

　国または公共団体（以下「国等」という）の**公権力の行使**に当たる公務員が、その**職務を行うについて**、**故意または過失**によって**違法**に他人に損害を加えたとき、直接の加害者である公務員ではなく、その公務員が帰属する**国または公共団体**が**損害賠償責任を負う**（国賠法 1 条 1 項）。民法にも損害賠償について不法行為（以下「民事不法行為」という）の定めがあるから、それとの違いをまず確認しておこう。

　民法では、故意または過失によって他人の権利などを侵害した者が、被害者に損害賠償責任を負うことを定めている（民法709条）。また、ある民間会社の従業員がその業務中に第三者に損害を加えたときは、その会社が損害賠償責任を負う（使用者責任。民法715条）。

　国賠責任が民事不法行為と一番に違う点は、「**公権力の行使**」によって被害が発生したときは国賠法 1 条 1 項で国等が賠償責任を負うことになっている点である。大日本帝国憲法下でも、国等が民事不法行為責任を負うことが認められていたが、それは公権力の行使に当たらない場合に限られていた。また、法律に明文の規定がない限り、公権力の行使によって発生した損害について国の責任は認められていなかった（国家無答責）。それに対し、日本国憲法17条は、法律の定めるところにより、公務員の不法行為が原因で損害を受けたとき国等に損害賠償を求めることができることを定め、国家無答責の考え方をなくし

た。そこで、国賠法1条1項の適用対象を決める**公権力の行使**に当たるかどうかが重要となっている。

次に、国賠責任では「**違法**」が要件となっているが、民法では「権利又は法律上保護される利益」の侵害が要件となっている。私人間では、原則として、実力の行使も、他人の権利等を侵害することも許されない。しかし、国等の場合には、法律に基づいて権力を行使することで、私人の自由を制限したり、権利を侵害することが認められている（→第1章第1節Ⅰ2）。そのため、私人間の民事不法行為との大きな違いが、特に違法かどうかの判断の際に出てくる。

民間会社の従業員による民事不法行為の場合、被害者は、民間会社でも、当該民間会社の従業員でも、損害賠償請求の相手方（被告）とすることができる。ただし、民間会社に「選任監督上の過失」がないときは、民間会社は免責される（民法715条1項ただし書）。また、賠償金を支払った民間会社は、加害者である従業員に求償できる（民法715条3項）。

それに対し、国賠法1条1項は国等が賠償責任を負うと定め、使用者責任のような免責規定もない。そのため、賠償金が支払われる可能性が高く、**被害者にとっては確実な救済が得られる**ことになる。なお、被害者は公務員の個人責任を問うことができず（最判昭和30・4・19民集9巻5号534頁〔農地委員会解散命令事件〕）、また、国等が賠償金を支払った後で、加害者である公務員に**故意または重大な過失**があった場合に限り、国等はその弁償を求めること（求償）ができるにすぎない（国賠法1条2項）。国賠法が被害者に対する公務員の個人責任を否定し、求償を故意または重大な過失がある場合に限定した理由は、公務員が、損害賠償を気にして、**本来必要な公務の遂行**（私人間では認められない権利侵害を含む）をためらうことがないようにするためである。

2　国家賠償責任の根拠——代位責任と自己責任

国賠責任制度は、本来、公務員個人の不法行為責任を国等が代わって負うと考える**代位責任説**と、直接に国等が負う責任であって個々の公務員の個人責任は不要と考える**自己責任説**の2つがある。自己責任説は、公権力の行使には違法に他人に損害を与えてしまう危険性が元来あって、公務員は国等の手足となって行動するだけであるから、公務員の個人責任とは無関係に、国等が直接に

その危険責任を負うと考える。しかし、前述のとおり、国賠法は、公務員の過失を要件としており、公務員の個人責任を前提にしているため、**代位責任説が一般的**である。

ただ、代位責任説を厳密に理解すると、国等の違法な公権力の行使によって被害が発生しても、加害公務員と加害行為が特定できないときは個人責任が成立しないから、国賠責任も否定されることになってしまう。この場合、自己責任説であれば、個人責任を前提にしないので、国賠責任は認められうる。この点について、最高裁は、例えば、定期検診で初期の結核にかかっていたにもかかわらず、医師が見落としたか、医師の健診結果を担当職員等が見落としたかなどがわからず、加害公務員が特定できない場合、国等の公務員による一連の行為の過程で他人に損害を加えたときは、**加害公務員や加害行為を特定しなくても、国等が国賠責任を負うことがある**と判断した（最判昭和57・4・1民集36巻4号519頁〔国家公務員定期健康診断事件〕）。このように、代位責任説は柔軟に考えられているため、自己責任説であっても、代位責任説であっても、結論に大きな違いはなくなっている。

3　国家賠償訴訟と抗告訴訟の関係

国賠法の目的は、損害を賠償することで**被害者の救済**を図ることである。その賠償は、税金から支払われることで、国民・住民の間で損害の**公平負担**を図る機能をもっている。また、違法な行為で損害が発生したときに損害賠償責任を負わせることで、将来、同じような違法行為を行わないようにうながす**違法行為の抑制・制裁機能**もある。

同じく違法行為から私人を救済する制度に前章で見た抗告訴訟（特に取消訴訟）がある。この2つの制度には、どのような関連があるか注目される。

例えば、固定資産税の課税処分を受け、納税してきたものの、その課税処分が違法であったため、納税者が過剰に納税した分の返還を求めたいと思ったとき、どのような方法で救済されるだろうか。まず、**課税処分は取り消されない限り有効なものとして通用する**（→公定力。第2章第3節Ⅱ2）から、課税処分の取消訴訟を提起することが考えられる。その取消しが認められれば、違法な課税処分がなくなり、過剰な納税分が返還される（最長で過去5年分程度：地方

税法18条１項)。しかし、違法な課税処分をなくさなくても、要は余計に納めた税金が納税者の手に返ってくれば目的は達成できる。そこで、違法な課税額を損害として、より長い期間過去に遡って返還される可能性のある国賠請求も考えられる（最長で過去３年ないし20年分：民法724条)。

　課税処分のような場合は、取消訴訟を通じて違法な処分を取り消した上で返還を受けるのが本来の姿であるから、国賠訴訟を認めるべきではないとの主張もあった。しかし、最高裁は、固定資産税が過剰に課されたとき、納税者は、余分に納めた分の損害について、「取消訴訟等の手続を経るまでもなく、国家賠償請求を行い得る」と判断した（最判平成22・６・３民集64巻４号1010頁〔名古屋市冷凍倉庫事件〕)。このように、最高裁は、違法な課税処分を取り消さなくても国賠訴訟を通じて最終的に解決してもよいと柔軟に対応している。

　以下では、①国または公共団体、②公権力の行使、③公務員、④職務行為、⑤違法性、⑥故意または過失、という国賠責任の成立要件について、１つひとつ見ていこう。

Ⅱ　国または公共団体

　国賠法１条１項に基づいて損害賠償責任を負うのは、加害者である公務員ではなく、その公務員が帰属する「**国または公共団体**」である。国は**日本国**を意味し、公共団体には地方公共団体が含まれる。地方公共団体には、都道府県・市町村という**普通地方公共団体**と、特別区・地方公共団体の組合・財産区という**特別地方公共団体**がある（自治法１条の３)。その他、公共団体には、公共組合、独立行政法人など他の**行政主体**も入る（→第１章第２節Ⅱ)。ただし、国賠請求は、これら団体の公権力の行使に当たる行為によって損害が発生しているときに限り、認められる。

Ⅲ 公権力の行使

1 意 義

　国賠法1条1項の責任は、損害が「**公権力の行使**」によって発生していなければ成立しない。公権力の行使の典型として、行政庁による行政処分（→第5章第3節Ⅲ3）のほか、警察官による武器の使用などもある。公務員の行為であっても公権力の行使に当たらない場合には、民事不法行為の対象となる。
　抗告訴訟とは異なり、行政庁の公権力の行使以外にも、**国会や地方議会の立法、裁判所の判決**なども国賠法上の公権力の行使に当たる。
　この公権力の「行使」には、権限の「**不行使**」（不作為）も含まれる。

2 「公権力の行使」の範囲

　行政活動のうち、どのような行為が「公権力の行使」に当たるのか。その考え方として、次の3つがある。
- ①**狭義説**：明治憲法下で民法による損害賠償の対象とされなかった**国や公共団体による実力行使や一方的な行為（権力作用）に限定される**。国賠法制定当初の考え方である。
- ②**広義説**：私人と同じ立場で行う行為（私経済作用）は民事不法行為で対応すべきであり、そうではない行為、つまり、**私人間では見られない行政固有の活動が公権力の行使に当たる**という考え方である。ただし、国賠法2条で定められているから、公の営造物の設置または管理行為は国賠法1条の責任の対象からは除かれる。このように、国賠法上の**公権力の行使**は行訴法3条2項に定める「処分その他公権力の行使に当たる行為」（→処分性。第5章第3節Ⅲ3）よりも広い範囲の行為を対象にしている。
- ③**最広義説**：権力作用であれ、私経済作用であれ、国等が行う行為である以上、区別しなければならない合理的理由はなく、**すべての行政活動**が「**公権力の行使**」に当たるとする考え方である。

　この学説の違いは、具体的にはどのような結果の差異になるのかを見てみよう。例えば、高層ビルの建築をめぐる近隣住民との紛争を解決しようと建築主

事がいきすぎた**行政指導**（→第2章第6節Ⅱ、第3章第2節Ⅲ）をしたため損害が発生した場合、**狭義説**では行政指導は非権力行為だから**公権力の行使ではない**とされる。他方で、行政活動のすべてを公権力の行使とする**最広義説**に加え、行政指導は私人間では存在しないから**広義説**でも**公権力の行使**であると理解される。そして、最高裁は、**行政指導は公権力の行使に当たると判断している**（最判昭和60・7・16民集39巻5号989頁〔品川区マンション事件〕）。

次に、保健所の医師の診断（例えば健康診断）は最広義説では公権力の行使となるが、**狭義説だけでなく、民間の医師が行うものと変わりはないので広義説でも公権力の行使ではない**（最判昭和57・4・1民集36巻4号519頁〔国家公務員定期健康診断事件〕）。

公権力の行使と認められなければ国賠請求は棄却されるため、上記のように学説によって結論が違ってくる場合がある。民事不法行為との役割分担や憲法17条の趣旨（→第2節Ⅰ1）などから、現在、**広義説が通説・判例**となっている。

Ⅳ 公務員

国賠法1条1項に定める「**公務員**」は、典型的には**国家公務員法および地方公務員法上の公務員**を意味する。しかし、このような公務員でなくても、国等に代わって、あるいは、それを補助して、公的な仕事を行っている私人も多い。例えば、建築確認を行う私人として、指定確認検査機関がある（建築基準法77条の18）。このように**公権力の行使を委託等された私人も公務員として扱われる**。

> **国・公共団体、公権力の行使、公務員の相互関係**
> 国賠責任が認められるためには、「国又は公共団体」の「公権力の行使」に当たる「公務員」の行為によって損害が発生していなければならない。典型的事例ではこれらは別々の要件と考えることになる。しかし、例えば、私立学校でも、公立学校でも、授業そのものに法的な違いはない。それにもかかわらず、授業中の事故に対する賠償責任は、私立学校の場合には民事不法行

為に、公立学校の場合には国賠法に基づくことになる（最判昭和62・2・6判時1232号100頁〔プール飛込み事件〕）。それは、公立学校は地方公共団体が設置し、公務員が加害者であることなどを根拠とするのであろうが、私立学校と異なる扱いをする合理的根拠は明確ではない。

民間の児童養護施設に入所する児童間で起きた暴行傷害事件で、被害を受けた児童に対する愛知県の国賠責任が認められた事例がある（最判平成19・1・25民集61巻1号1頁〔愛知暁学園事件〕）。それは、児童らが愛知県知事により強制的に入所させられていたこと、本来、愛知県が行う仕事を民間施設が引き受けていたことなどがその理由である。

このように、国・公共団体の業務、公権力の行使、公務員という3つの要件は、相互に関係づけられて、個別の文言が意味する内容からはみ出るような解釈が認められることもある。

V 職務行為

国賠法1条1項の「職務を行うについて」とは、許認可や調査などの**公務員の仕事や業務行為**だけではなく、調査の行き帰りの自動車運転など、**仕事・業務と密接に関連する付随した行為**を含む。

一方、例えば、本物の警察官が休暇中に、金品を奪う目的で制服を着て拳銃を所持し、職務中であることを装い、職務質問を行っている最中に強盗殺人を行った場合はどのように考えられるだろうか。この警察官は休暇中で、本人は警察官の仕事だとは考えていないはずであろう。しかし、このような状況下で職務質問を受けたとき、通常、誰もが警察官が仕事で職務質問をしていると疑わないような場合であれば、その警察官の行為は「**客観的に職務執行の外形をそなえる行為**」として職務行為とみなされる（最判昭和31・11・30民集10巻11号1502頁〔非番警察官強盗事件〕）。

Ⅵ 違法性

1 民事不法行為と国家賠償責任における違法

(1) 民事不法行為の違法

民事不法行為における加害行為の違法性は、伝統的には、①生命・身体や財産等の権利・重要な法益に対し被害が発生したときは、法令違反などがなくても違法と判断し、②権利・重要な法益とはいえない場合でも法令違反がある場合のように悪質と考えられるときに違法と評価する（相関関係説）。

(2) 国家賠償責任における違法

国賠法上の「違法性」については、加害行為である行政活動の形式と法令による規律の程度に応じて考える必要がある。国等による公権力の行使の中には、不利益処分や即時強制のように権利侵害＝損害発生を認める場合を細かく法律で定められている権力的行為がある。その一方で、行政指導のように、非権力的行為であって法令に具体的な定めがない場合もある。

国賠法上の違法性に関する学説には、**結果不法説**、**行為不法説**、そして、**折衷説**がある。結果不法説は損害発生という結果に着目して違法性を推定するが、行為不法説は加害行為の法的評価に着目して違法性を判断する。そして、折衷説は、これら２つの学説の要素を取り入れるものである。例えば、加害行為が権力的行為である場合、法令が損害発生を許容しているため結果不法説の考え方にはなじまず、行為不法説の観点から違法性が判断されやすい。他方で、非権力的行為で法令に具体的定めがない場合には、行為不法説の考え方になじまず、裁判所は、折衷説の立場に立って判断することが多い。

2 違法判断基準

(1) 行政活動の違法性

公務員の加害行為が違法かどうかを判断する場合、次の要素が重要になる。
①実定法違反：権限行使を具体的に定めている個別実体法に違反しているかどうか、また、行政活動を規律する組織法や手続法等他の実定法にも違反

しているかという法解釈の問題である。
②不文法違反：このような実定法以外にも、比例原則や平等原則など法の一般原則に違反していないかも重要である（→第1章第1節Ⅲ2）。
③裁量権の逸脱・濫用：行政裁量がある場合には、目的違背・不正の動機、行政権の濫用や他事考慮など裁量権の逸脱・濫用と認められる場合である（→第2章第7節）。

(2) 抗告訴訟における違法と国家賠償訴訟における違法

　行政活動の違法性をめぐっては、抗告訴訟（特に取消訴訟）と国賠訴訟で行政処分の違法性判断が同じか違うかについても、議論が対立している。近年、①**行為不法に重点を置いて同じであるという主張（違法性同一説）**が有力である。行政処分には実体法上の根拠があるので、行政処分が違法となるのはその法令に定める要件等を満たさない場合である（公権力発動要件欠如説）。これに対し、②基本的には同じであっても、処分の効力をなくすことを目的とする取消訴訟と損害負担の公平な調整を目的とする国賠訴訟との目的の違いや、いつの時点の違法性を判断するのか、被侵害法益の要素に応じて、取消訴訟の場合と違うことがあるという主張、また、国賠法上の違法性の方が広いという主張があり、この②が通説・判例である（**違法性相対説**）。この違法性相対説の中には、過失も含めた形で違法性を判断する**職務行為基準説**もある。

　違法性相対説の立場の最高裁判決として、例えば、水俣病認定の申請をしたにもかかわらず、長期にわたって応答がないため、申請者が不安や焦燥感という精神的苦痛を受けたとして慰謝料を請求した事例がある（最判平成3・4・26民集45巻4号653頁〔水俣病認定遅延訴訟〕）。原告らは、国賠請求をする前に、不作為の違法確認訴訟（→第5章第3節Ⅳ2）を提起し、ここで熊本県知事が申請に対し応答しないことが違法であることは確定していた。しかし、最高裁は、国賠法上の違法はそれだけで判断できず、慰謝料を支払わなければならないほど不作為の期間経過があったとはいえるかどうかも考えなければならないと指摘した。

(3) 規制権限不行使の違法

　例えば、海水浴などで利用される海浜で、投棄された旧日本軍の砲弾などがよく打ち上げられていた場合を考えてみよう。警察官は、爆発のおそれがあるなど危険な事態があるときは、その周辺を立入禁止にできる（警察官職務執行法4条）。しかし、それをしなかったために、小中学生に被害が発生したとき、この**不作為**は違法と判断されるのだろうか。最高裁で、絶えず爆発による人身事故等の危険があったものの、普通の人はこの危険を回避する手立てをもっていないから、「警察官が容易に知りうる場合には、警察官において……自ら又はこれを処分する権限・能力を有する機関に要請するなどして積極的に砲弾類を回収するなどの措置を講じ、もって砲弾類の爆発による人身事故等の発生を未然に防止する」べきであったとして、国家賠償を認めた例がある（最判昭和59・3・23民集38巻5号475頁〔新島砲弾爆発事件〕）。

　以前は、このような規制権限不行使に対する国賠請求が認められることは少なかった。なぜなら、規制権限を行使するかどうかは行政庁に委ねられた裁量事項であるため、違法とはならないという考え方（**行政便宜主義**）が強かったからである。しかし、このような考え方を徹底すると、例えば、薬の安全規制が不十分で、薬害への対応が遅れた結果、多くの消費者が被害を受けても国は知らん顔をすることが許されることになる。それでは、私人を守るための法制度の意味がなくなってしまう。そこで、**三面的行政法関係**の見方から（→第1章第1節Ⅰ2）、国等がタイミングよく適切な規制をしなかったために生命や健康等に被害が発生したとき、その被害者に対し、国等が国賠責任を負うことが認められてきた。では、どのような場合にそれが認められるのかが問題になる。

　規制権限の不行使を争点とする場合の多くは、権限行使について裁量が認められている（→第2章第7節）。そこで、従来の最高裁判決が、「国又は公共団体の公務員による規制権限の不行使は、その権限を定めた法令の趣旨、目的や、その権限の性質等に照らし、具体的事情の下において、その不行使が許容される限度を逸脱して著しく合理性を欠くと認められるときは、その不行使により被害を受けた者との関係において、国家賠償法1条1項の適用上違法となる」という判断の仕方を示している（最判平成16・10・15民集58巻7号1802頁〔熊

本水俣病関西訴訟〕)。

これだけではどのような場合に国賠請求が認められるのかわかりづらいので、判例・学説で共通する考慮要素を挙げると、次のようになる。

①規制権限を定めた法の趣旨・目的に加え、重要な権利・法的利益に損害が発生するおそれ（危険）があること

②その危険を予見できること（予見可能性）

③損害発生という結果を回避できること（結果回避可能性）

④規制権限を行使する以外に損害発生を回避できないこと（補充性）

⑤規制権限の行使を国民が期待すること（期待可能性）

これらを総合して「著しく合理性を欠く」といえるかどうかが判断される。

次の２つの事例は、危険にさらされている権利・利益（①の考慮要素）として、取引によって**財産に被害が発生したもの**（最判平成元・11・24民集43巻10号1169頁〔宅建業法事件〕）と、**生命・健康等に被害が発生したもの**（最判平成16・4・27民集58巻4号1032頁〔筑豊じん肺訴訟〕）という違いがある。この違いは大きく、国賠責任を認めるかどうかの判断にも差が出ている。

まず、宅建業法事件では、宅地建物取引業の免許を得て営業していた者がさまざまな取引上のトラブルを抱えていたのを県が知っていたのに、業務停止処分や免許取消処分を怠ったとして国賠訴訟が提起された。この事例では、問題となる業者との取引によって財産損害が発生するおそれがあること（①の考慮要素）を予見でき（②の考慮要素）、免許の撤回等をしていれば被害は発生しなかったと考えられる（③の考慮要素）。それゆえ、ここでは、④と⑤の考慮要素が主な論点となり、両方を一緒に判断している。最高裁は、まず、不動産取引は重要なので取引関係者自身がきちんとした業者を選ぶべきであること、被害が発生したときは債務不履行など民事で解決すべきことを指摘する。その結果、二面的行政法関係の観点から、宅建業法が購入者の保護を目的にしていても、損害の責任を県に負わせることはできないとした（→「反射的利益」論。第1章第1節Ⅰ2）。この点については、学説から批判されている。また、県の担当職員がこの業者と別の被害者との交渉経過を確認しつつ行政指導を行っていたことを踏まえ、業務停止処分等をしなかったとしても、法令の趣旨目的等に照らし著しく不合理とはいえないと判断した（④・⑤の考慮要素について否定）。

他方、筑豊じん肺訴訟は、炭鉱で働いていた労働者が、きちんとした規制が行われなかったため劣悪な職場環境で作業しなければならなくなり、肺ガンなどにかかったとして提起した国賠訴訟である。この事例で、最高裁は、労働者の生命・健康を守るために「できる限り速やかに、技術の進歩や最新の医学的知見等に適合」する規制を「適時にかつ適切に」行うべきで、規制によらなければ労働者の健康を十分に保護することができないとした（④・⑤の考慮要素）。そして、既に炭鉱労働者の生命・健康等に多くの被害が出ていたことがわかっていて（①・②の考慮要素）、規制をすることで被害の防止ないし拡大を抑制できた（③の考慮要素）のに、規制があまりに遅れたため「著しく合理性を欠く」として国賠請求を認めた。

Ⅶ 故意または過失

1 「公権力の行使」と故意・過失

「故意」とは、公権力の行使によって他者に対する違法な権利・法的利益の侵害が発生することを意図して、または少なくともその結果が発生することを認識・予見していながら、それを容認して「わざと」公権力を行使する心理状態をいう。「過失」とは、違法な損害発生を認識・予見することが可能であり、またそうすべきであるにもかかわらず、不注意によりそれを認識・予見しないで公権力を行使する心理状態である。このように故意・過失は、加害行為者の心理状態を意味するので「主観的要件」といわれる。ただし、国賠責任でも民事不法行為と同様に、「過失の客観化・抽象化」が進み、ある仕事を担当する公務員であれば、通常要求される思考や判断を基準として過失の有無が判定される。具体的には、普通の公務員であれば、あらかじめ損害発生という結果を予見でき、問題となった損害の発生が回避できる場合には、過失があるとされる。

ただ、民事不法行為とは違って、「公権力の行使」の結果、仮に国民の権利利益の侵害が発生しても、行政行為など法律がそれを認めている場合がある。このような場合には、「公権力の行使」が違法な権利・法益侵害であることを

公務員が認識していたかどうかが重要となる。

　例えば、未決勾留者と14歳未満の者の接見を旧監獄法施行規則120条で認めていなかったことが旧監獄法50条の委任の範囲を超えており、拘置所長が接見を許可しなかったことは違法であると判断された事例がある（→委任命令の限界。第2章第2節Ⅳ2）。しかし、最高裁は、その違法性を拘置所長が容易に理解可能であったとはいえず、接見を許可しなかったことに過失はないと判断し、国賠請求を棄却した（最判平成3・7・9民集45巻6号1049頁〔旧監獄法施行規則事件〕）。

2　組織過失

　過失の判断は、原則として、加害行為をした公務員が特定されていることを前提にする。しかし、国会や委員会など**合議制機関**による意思決定がある場合には、組織としての決定に過失があったかどうかが論点になるので、特定は不要である。この点は、合議制機関にとどまらず、独任制機関であっても、補助機関や諮問機関などを含めた組織全体（例えば厚生労働省）による意思決定が行われることが多いため、同じである。そこで、それぞれ関係する公務員を一体的に見て、組織体の過失（**組織過失**）として理解されることがある（→予防接種禍。第5節Ⅳ2）。

Ⅷ　「違法」性と「故意又は過失」

1　違法と過失の判断

　加害行為の法的評価（違法性）と、その違法性を公務員が不注意で認識しなかったかどうか（過失）は、通常、別々に判断される。例えば、外国人に健康保険証を発行すべきかどうかが争われた事例で、最高裁は、「法律解釈につき異なる見解が対立し、実務上の取扱いも分かれていて、そのいずれについても相当の根拠が認められる場合に、公務員がその一方の見解を正当と解しこれに立脚して公務を遂行したときは、後にその執行が違法と判断されたからといって、直ちに上記公務員に過失があった」とはいえないと判断した（最判平成16・

1・15民集58巻1号226頁〔国民健康保険被保険者資格事件〕)。

しかし、立法・司法作用のような特殊な公権力の行使に当たる職務行為が問題になるときは、その職務行為の結果(立法や判決)だけではなく、その結果に至るまでの経緯や意思決定の仕方も含めて、違法かどうかが法的に評価される傾向にある。そうすると、過失と違法の判断が重複し、その区別が曖昧になる。

2 職務行為基準説——検察官による公訴の提起・被疑者の逮捕

刑事事件で無罪判決が確定したとき、公訴を提起した検察官の行為が違法かどうか、国賠訴訟で問われることがある。この場合、無罪判決の確定という事後の結果をもとにして検察官の行為を評価すると違法となりやすい。しかし、最高裁は、公訴時に検察官に職務にあたって通常要求される思考や判断を基準にして判定するとした(**職務行為基準説**。最判昭和53・10・20民集32巻7号1367頁〔芦別国賠事件〕)。

3 立法・司法行為

前述2よりも、もっと違法性が認められる余地を限定するのが、国会等の立法行為と裁判所の判決などの特殊な職務を遂行する場合である。

国会は、議会制民主主義の下、さまざまな利害調整を政治判断によって行い、最終的には多数決によって意思決定を行う。そのため、国会で行われる**立法作為または立法不作為**について、国賠責任、特に違法性が認められるためには、「**公務員が個別の国民に対して**負担する職務上の法的義務」に違反することが必要とされる。具体的には、国会議員による立法作為または立法不作為が「国民に憲法上保障されている権利を違法に侵害するものであることが明白な場合」や国民の権利を保障するために立法が明白に必要不可欠であるのに、「国会が正当な理由なく長期にわたってこれを怠る場合」などに、例外的に違法の評価を受けるにすぎない(最大判平成17・9・14民集59巻7号2087頁〔在外国民選挙権訴訟〕)。

裁判所の判決の場合、例えば、最高裁で有罪判決が確定した後、再審で無罪となった者が、有罪判決を出した**裁判官の誤判**により損害を被ったとして国賠

訴訟を提起した事件がある（最判平成2・7・20民集44巻5号938頁〔弘前大学教授夫人殺人国賠事件〕）。この事件で、裁判の特性を考慮して、最高裁は、「裁判官がした争訟の裁判に上訴等の訴訟法上の救済方法によって是正されるべき瑕疵が存在したとしても」、責任が肯定されるためには、「当該裁判官が違法又は不当な目的をもって裁判をしたなど、裁判官がその付与された権限の趣旨に明らかに背いてこれを行使したものと認め得るような特別の事情がある」ことが必要と判断している。

4　職務行為基準説と行政活動の違法性判断

　検察官の行為の違法性評価に関する職務行為基準説と同じように、行政処分の違法性について、行政処分に至るまでの行政過程（調査による事情の解明、その評価と検討など）を含めて判断する場合がある。

　例えば、納税者の協力が得られなかったため独自に調査をした結果、間違った所得金額に基づいて税務署長が違法な更正処分をしたことに対し、慰謝料等の国賠訴訟が提起された事例がある。最高裁は、「税務署長が資料を収集し、これに基づき課税要件事実を認定、判断する上において、職務上通常尽くすべき注意義務を尽くすことなく漫然と更正をしたと認め得るような事情がある場合」に限り違法となるが、この事例ではそれが認められないと判断した（最判平成5・3・11民集47巻4号2863頁〔奈良税務署推計課税事件〕）。

〈課題〉
1．次の作為・不作為は、国賠法1条1項にいう「公権力の行使」に当たるか。
　①裁判所の裁判　②公立小学校教諭の授業中の指導　③国道の維持・修繕　④警察官の拳銃使用　⑤保健所の医師の診断　⑥地方議会の条例制定
2．スナックでナイフを見せて客を脅したAを店員Bが交番に連行したのち、警察官Cが一通り事情聴取をしてそのまま帰したために、Aが前記スナックに戻りB等をナイフで死傷させたとき、誰がどのような責任を負うことになるか、まとめなさい。
3．夜間、巡回中のA県の警察官が、信号無視と速度違反をした乗用車（違反

車）を見つけ、パトカーで追跡を始めた。警察官は、車両番号を確認し、無線手配も行った。追跡を続けているうち、違反車がさらに速度を上げて市街地に入り、時速約100kmにまで加速し、信号無視も繰り返した。その後も、パトカーによる追跡が続けられ、その結果、違反車が横断中の歩行者との衝突事故を起こした。このような場合、A県は被害者に対して国賠責任を負うか、検討しなさい。

ヒント：最判昭和61・2・27民集40巻1号124頁（パトカー追跡事故事件）

第3節　国家賠償法2条の責任

　道路や河川などの施設や設備の欠陥が原因となって事故や水害が発生した場合、誰に対して、どのような賠償責任を追及できるのか、国賠法1条1項の責任とどう違うのかという点に注意して、国賠法2条の責任の特殊性を理解することが重要である。

I　国家賠償法2条の特質

1　民法717条と国家賠償法2条

　国賠法2条1項は、道路や河川のような公の営造物の設置または管理に瑕疵があったために発生した損害の賠償責任を、第一次的には、設置・管理者である国または公共団体が負うことを明らかにしている。なお、工事中の安全確保措置が不十分で、事故が発生したような場合には、国または公共団体は、その原因者に対して求償することができる（同条2項）。

　公権力の行使によって国民に損害が発生したとき、国賠法が制定されるまでは国家無答責の問題があった（→第2節I1）。それとは異なり、土地の工作物に起因して損害が発生した場合には民法717条（工作物責任）を使って被害者を救済する傾向があった（例えば、大審院大正5・6・1民録22輯1088頁〔徳島小学校遊動円棒事件〕）。国賠法2条1項は、「土地の工作物」に限らず、動産を含む公

の営造物に起因して国民に損害が発生したときの責任を広くカバーしている。また、過失ではなく、その**設置・管理の瑕疵**を理由に責任を認めるところに特徴がある。

2 過失責任と危険責任

国賠法1条1項は、加害行為の**違法**と加害公務員の**過失**を責任成立の重要な要件としている。一方、国賠法2条1項は、**設置・管理の瑕疵**が重要となっている。道路脇の崖からの落石に当たって死亡事故が発生した場合、国賠責任について最高裁は、「国家賠償法2条1項の**営造物の設置または管理の瑕疵**とは、**営造物が通常有すべき安全性を欠いていること**をいい、これに基づく国および公共団体の賠償責任については、その**過失の存在を必要としない**」(最判昭和45・8・20民集24巻9号1268頁〔高知落石事故事件〕)と判示した。

国賠法2条1項の責任の特徴は次の2つである。

①公の営造物の設置・管理の瑕疵とは、公の営造物が通常有すべき安全性を欠いている状態(危険状態)をいい、国賠法1条とは異なり、不十分な設置・管理行為を直接の問題にしていない。

②設置・管理にあたる公務員の過失がなくても責任を負う(無過失責任)。それは、国民に損害が生ずるような危険なものをきちんと管理しないで利用などに提供したこと自体を責任の根拠にする(危険責任)。

このように、加害公務員の過失を必要としないから、国賠法2条の責任は、同法1条の責任と比較すると一般に認められやすいといえる。

> **国家賠償法1条と2条の関係**
> 例えば、ある警察官Aが、非番の日、拳銃を見せて交際相手Bの興味を引こうとしたが、別れ話となったため、AがBに対して銃弾を発射し、大けがをさせたとしよう。A個人のBに対する民事不法行為とは別に、拳銃の管理責任が問われることもある。つまり、拳銃管理者Cの管理行為が不徹底で過失があれば国賠法1条1項の責任が成り立つ(大阪地判昭和61・9・26判時1226号89頁)。しかし、具体的な管理方法にルール(規程)がなかったら、Cを非難するのも気の毒な話である。拳銃のような動産も、国賠法2条1項で

いう「公の営造物」に含まれる。そこで、拳銃は武器で危険なのに厳格な管理規程を作っていなかった管理体制の不備・欠陥を問題として、都道府県の国賠法2条1項の責任が認められることがある（大阪高判昭和62・11・27判時1275号62頁）。このように、公務員の個別の管理行為を加害行為とするか（1条1項の責任）、拳銃の管理状態の欠陥を瑕疵とするか（2条1項の責任）で違いが出てくることがある。

　国賠法の要件を満たすかどうかは、一般に、被害者である原告が証明しなければならない。そして、過失があることの証明よりも、瑕疵があることの証明の方が比較的容易であるため、国賠法2条1項の責任の方が同法1条1項の責任よりも認められやすいといえる。

Ⅱ　公の営造物

1　意　義

　国賠法2条1項の責任はまず「公の営造物」を起点に損害が発生している必要がある。そこで、**公の営造物**とは、国または公共団体により、**直接公の目的のために供されている個々の有体物または物的施設（公物）**をいう。

2　具体例

　公の営造物は、直接公の用に供されていれば良い。**公の用に供されている物**とは、典型的には、市町村の庁舎のように行政の業務を遂行する物（**公用物**）や、公園のように地方公共団体などが整備して公共サービスの一環として誰でも使える物（**公共用物**）を意味する。そのため、専ら私的に利用される私道などの私有物（民法717条1項の「土地の工作物」）は、**公の営造物**に当たらない。

　また、**公の営造物**は、国賠法2条1項に例示されている道路・河川のような大きな公共用物以外にも、学校施設や公園の固定された遊具など小さな物でも、また、動産であってもかまわない。動産の例としては、前掲コラム「国家賠償法1条と2条の関係」の拳銃のほか、公用車や自衛隊の航空機まで入る。

III 設置または管理の瑕疵

1 最高裁の判断基準

公の営造物の設置または管理の瑕疵とは、それが通常有すべき安全性を欠いている状態であり（前掲・高知落石事故事件）、瑕疵の存否は「当該営造物の構造、用法、場所的環境及び利用状況等諸般の事情を総合考慮して具体的、個別的に判断すべきものである」（最判昭和53・7・4民集32巻5号809頁〔幼児転落事故事件〕）とされている。この一般的な判断基準を基にして、さまざまな事例で瑕疵の存否が判断されてきた。

2 設置または管理の「瑕疵」とは何か

国賠法2条1項の責任が成立するには、設置または管理に瑕疵があることが必要とされている。ただ、設置と管理は連続するもので区別する意味はあまりない。むしろ、重要なのは、公の営造物が通常有すべき安全性を欠いている状態があるかどうかである。

国賠法2条1項の責任が成立するのは、公の営造物が通常有すべき安全性を欠き、危険な状態にあることによって設置・管理の瑕疵が認められ、通常予測できない天災などの不可抗力や回避可能性がないことなどを被告が主張・立証できない場合である。それゆえ、ある施設や設備について「こういうことに配慮して対応策をとっていなければならない」というように「常識的に備えて当たり前の安全設備や安全確保体制がない」場合には、瑕疵があると判定される。

3 具体的事例

(1) 道路事故

国道、都道府県道や市町村道など、道路には「当該道路の存する地域の地形、地質、気象その他の状況及び当該道路の交通状況を考慮し、通常の衝撃に対して安全なものである」こと、「安全かつ円滑な交通を確保」できること（道路法29条）などが必要とされている。

例えば、交通量の多い重要な道路で、従来から落石などが頻繁に起きている場合には「落石注意」などの看板を設置するだけでは足りず、道路に落下しそうな石の除去や落石防止用の柵などが設置されていなければ、安全に通行できないので瑕疵が認められる。そして、この落石の危険性がある区間が長ければそれだけ設置・維持管理費等も高額になる。しかし、最高裁は、予算措置に困るだろうこと（財政的制約）は理解できるが、だからといって**道路管理の瑕疵**による責任を免れることはないと判断した（前掲・高知落石事故事件）。

このように道路に何らかの欠陥があれば瑕疵は認められやすい。ただし、道路工事の赤色灯や工事表示板などが倒された直後に事故があった場合、パトロール体制などに問題があればともかく、そうでなければ元の状態に戻すこと（原状回復）が不可能であるから、瑕疵はないと判断される（最判昭和50・6・26民集29巻6号851頁〔赤色灯事件〕）。一方で、大型車が故障して87時間も道路上に放置されていたことが原因で事故が起きた場合には、パトロール体制を整備し、きちんと対応すべきであるから瑕疵があると判断された（最判昭和50・7・25民集29巻6号1136頁〔故障車放置事件〕）。

前述の高知落石事件で最高裁が予算措置に困ること（財政的制約）が直ちに責任を否定する理由にはならないと判断しているのは、**通常有すべき安全性の確保**が期待されているからである。しかし、財政上の制約を理由として、瑕疵が否定されることもある。例えば走行中に小動物との接触で自動車運転者が死傷する事故発生の危険性は高くなく、通常は、自動車の運転者の適切な運転操作で死傷事故を回避できること、小動物の進入回避対策をより徹底するには「多額の費用を要することは明らか」で、そこまでして安全性を確保する必要は通常認められない場合もある。このような場合には、瑕疵はないと判断される（最判平成22・3・2判時2076号44頁〔高速道路キツネ侵入事故事件〕）。

(2) 河川水害

(a) 道路と河川の違い

国賠法2条の責任で道路のほか、もう1つ大きな争点となってきたのは、河川管理の瑕疵が原因で水害が発生した場合である。そこで、前述の道路と同じように判断できるかが問題になる。

河川とは、水が流れている部分のほか、ダムや堤防などの河川管理施設を含む全体をいう（河川法2条1項）。なお、水害には、ダムからの放流が原因となるダム水害や下水道からの逆流による水害など多様なものがある。ここでは、大雨などに由来する河川水害に限定する。

　道路は、あらかじめ安全な交通を確保するものとして、当初から人の手によって設置管理されるものである（人工公物）。これに対し、河川の流水は人が手を加える前から存在し、その「治水」に向けて安全性を向上させていくものである（自然公物）。そのため、河川管理には原則として下流域から改修することなど**技術的限界**、改修のための用地取得が難しいなどの**社会的制約**、改修には時間と莫大な費用がかかるという**時間的・財政的限界**がある。また、道路の場合、危険な事態が発生しそうなときは、通行止めによって事故を回避できるが、河川の場合にはそのような簡易迅速な回避手段がない。このように、**道路管理と河川管理には大きな違いがあるため、水害の国賠責任（河川管理の瑕疵）はなかなか認められない**傾向にある。

　河川水害も、改修がまだ終わっていなかったり、改修計画どおりの工事が完了していても想定していた以上の流水量があったために河川から水が溢れ出て水害が発生する場合（**溢水型水害**）がある。そしてそれ以外に、改修計画どおりの改修が終わり、想定した流水量であったにもかかわらず堤防が壊れて水害が発生する場合（**破堤型水害**）がある。以下ではこれらを分けて考えてみたい。

(b)　溢水型水害

　溢水型水害の例として、大東水害訴訟（最判昭和59・1・26民集38巻2号53頁）がある。この訴訟で最高裁は、道路とは違って、河川管理における財政的、技術的および社会的諸制約の下、「**過渡的な安全性**」で足り、「**同種・同規模の河川の管理の一般水準及び社会通念に照らして是認しうる安全性**を備えていると認められるかどうかを基準として判断すべきである」と判断した。その際、過去に発生した水害の規模、発生の頻度、発生原因、流域の地形その他の自然的条件、土地の利用状況その他の社会的条件、改修を要する緊急性の有無およびその程度等諸般の事情を総合的に考慮することとされている。そして、「**河川の管理の一般水準及び社会通念**」に照らして、既に決定している改修計画の内容や工事の順序などを変更すべき「**特段の事情**」がない限り、**河川管理の瑕疵**

はないと判断した。

(c) 破堤型水害

前述の大東水害訴訟とは異なるものに、改修完了箇所で計画内の流量であったにもかかわらず、水害が発生した多摩川水害訴訟（最判平成2・12・13民集44巻9号1186頁）がある。このような**破堤型水害**の場合、**河川管理の瑕疵**は、改修「計画に定める規模の洪水における流水の通常の作用から予測される災害の発生を防止するに足りる安全性」を備えているかどうかによって判断することになる。そして、多摩川水害訴訟では、河川に設置されていた取水用の堰が安全性のあるものでなかったことに水害発生の主たる原因があって、それは、流水の通常の作用から十分予測され、防止すべき災害であったことから**河川管理の瑕疵**が認められた。

Ⅳ 利用に伴って発生する第三者の被害

公の営造物には、空港や基地、道路などさまざまな公的施設が含まれる。そして、その施設の利用目的（供用目的）に沿って使われた（航空機や自衛隊機の離発着、自動車の通行など）ために、利用者ではなく、周辺に居住する住民など**利用者以外の第三者**に騒音等による被害が発生することもある。このような場合を総称して**供用関連瑕疵**の問題とされる。騒音のような公害が問題となる場合には、結局のところ、瑕疵の存否は、被害者に発生した損害が**受忍限度**を超えるかどうかで決まってくる（最大判昭和56・12・16民集35巻10号1369頁〔大阪空港訴訟〕、最判平成7・7・7民集49巻7号1870頁〔国道43号線訴訟〕）。特に、自衛隊等の基地を離発着する航空機は昼夜を問わず、軍事用で出力も大きい（特に戦闘機）ため、騒音が**受忍限度**を超えて、基地の**設置・管理の瑕疵**が認められることが少なくない（最判平成5・2・25民集47巻2号643頁〔厚木基地訴訟〕および最判平成5・5・25訟月40巻3号452頁、同平成19・5・29判時1978号7頁〔横田基地訴訟〕）。

損害賠償が認められても、直ちに、自衛隊機等の離発着や飛行が止められたり、少なくなるわけではない。現に、これら基地騒音に関する訴訟では、何度も裁判が提起され、損害賠償責任が認められてきているが、自衛隊機等の離発

着の差止めが認められるわけではない。そこで、離発着等の差止請求が次の問題となる。しかし、飛行場にしても、基地にしても、その供用差止めを求める民事訴訟は、許可や命令等の行政処分を争うことになるので抗告訴訟制度の存在等を理由に不適法とされ、抗告訴訟で争われることになる（→第5章第3節Ⅰ1およびⅢ4(3)）。

Ⅴ　予測できない行動による事故

　道路のガードレールは通行人や車などが道路からはみ出したりしないようにするために設置される。しかし、子どもがガードレールで遊んだ結果、事故が起きたとき、国賠法2条の責任が問題となる。国賠法2条の責任にとって重要なのは、公の営造物が「通常有すべき安全性」を欠く状態にあったかどうか、当該営造物の構造、用法、場所的環境および利用状況等を総合して個別的に判断されることである。

　子どもがガードレールに腰かけて遊ぶうちに誤って転落して死傷したとしても、ガードレールの本来の機能に問題がなければ、「本来それが具有すべき安全性に欠けるところが」ない。そのため、その事故は「通常予測することのできない行動に起因するもの」であって、「通常の用法に即しない行動の結果生じた事故」として国賠法2条の責任は認められない（前掲・幼児転落事故事件）。

　同様に、休日に学校を開放し、一般の使用を認めていたところ、中学校のテニス場に設置されたテニスの審判台で遊んでいた（審判台背面から下に降りるなどしていた）幼児が、審判台が倒れて死傷した事故が問題となった事例がある。テニスの審判台は競技の適正な判定をするためにあって、本来の用法に従って使用する限り転倒する危険性はなかった。このような場合、中学校の設備すべてを幼児の**異常な行動**に対しても安全な構造とするように求めると、かえって学校開放を抑制する方向に働く。この点も考慮し、最高裁は、「本来の用法に従えば安全である営造物について、これを設置管理者の**通常予測し得ない異常な方法**で使用しないという注意義務は、利用者である一般市民の側が負うのが当然であり、幼児について、異常な行動に出ることがないようにさせる注意義務は、もとより、第一次的にその保護者にある」として、事故現場の近くでテ

ニスに興じていた保護者の損害賠償請求を否定した（最判平成5・3・30民集47巻4号3226頁〔テニス審判台事件〕）。

Ⅵ 技術の進歩と改修・修繕

　国賠法2条の責任は、事故時に当該公の営造物が通常有すべき安全性を備えていたかどうかが問われる。そのため、設置時には問題がなくても、事後的に新しい技術設備が必要とされることがある。例えば、駅のホームなどで今や点字ブロックは当たり前のように設置されているが、その普及途上で点字ブロック未設置のホームから視覚障害者が転落し事故が起きた場合が問題となった。

　最高裁は、次のような判断基準を示した（最判昭和61・3・25民集40巻2号472頁〔点字ブロック事件〕）。点字ブロック等の新たに開発された安全設備が、①事故防止に有効なものとして、その素材、形状および敷設方法等において**相当程度標準化されて全国ないし当該地域で普及しているかどうか**、②予測される視覚障害者の事故が発生する危険性の程度、事故を未然に**防止するために安全設備を設置する必要性**の程度およびその安全設備を**設置する困難性の有無**等のさまざまな事情を総合考慮することを要する。

　この種の事例では、事故原因となった公の営造物が、前述の①に対応して「現状において平均的に備えるべき」安全性か、あるいは②に対応して「本来備えるべき」安全性か、いずれを重視するのかで結論が変わる。点字ブロック事件では①の安全性を重視し、責任を否定した。しかし、視覚障害者の利用者数や頻度など利用状況も重要な考慮要素になるので、未だ普及途上であっても早期に設置すべきと認められれば、国賠法2条の責任が認められる余地がある。

〈課題〉
1．次のうち、公の営造物でないのはどれか。
　①拳銃　②中学校のテニスの審判台　③国道　④私道
2．小学校のプールで、休日に幼児が忍び込み、プールで溺れた場合、あるいは、プールへの飛び込み事故で重傷を負った場合、誰がどのようなときに責

任を負うか、検討しなさい。

第 4 節　国家賠償制度──賠償責任者、民法の適用等

　国賠法 1 条および 2 条で国賠責任のすべてが定められているわけではない。賠償責任を負う者は誰か、消滅時効や失火責任の問題など、他に解決すべき問題を国賠法がどのように処理しているのかをここで学ぶ。

I　賠償責任者（3 条）

1　意　義

　国賠法 1 条 1 項または 2 条 1 項に基づいて責任が発生する場合、誰が賠償をするのかが問題になることがある。この点を整理するのが国賠法 3 条 1 項である。ポイントは次の点である。

①加害者である公務員の選任・監督にあたる国または公共団体と②その公務員の俸給・給与等の費用負担者とが異なる場合（国賠法 1 条）

③被害発生原因である公の営造物の設置管理者と④その設置・管理の費用負担者とが異なる場合（国賠法 2 条）

　被害者である原告は、国賠法 1 条の場合には①ないし②、国賠法 2 条の場合には③ないし④のいずれの者も賠償責任者として被告とすることができる。具体的に問題となるのは、次のような場合である。

2　国家賠償法 1 条関係

　公立小中学校の教諭は、市町村教育委員会から服務の監督を受ける**市町村の公務員**である。一方、その教諭の任免、懲戒処分などは都道府県教育委員会が行うのが原則で、また、給与は**都道府県が負担**している（市町村立学校職員給与負担法 1 条）。その教諭が学校内で体罰によって児童・生徒にけがを負わせたとき、市町村と都道府県、どちらを被告に国家賠償を請求すればよいのか、迷っ

てしまうだろう。このような場合、国賠法3条1項によれば、**市町村にも**、**都道府県にも**、どちらにも請求できる。

> **損害賠償責任の分担と求償**
> 　国賠法1条1項または2条1項に基づいて損害賠償金を支払った者は、自分以外で、同等の責任を負う者や最終的な責任を負う者にその全額または一部を求償できる（国賠法3条2項）。費用の負担割合が法律で定められていれば、その割合に応じて賠償金の支払いを分担することになる。しかし、その割合が定められていない場合が問題となる。実例は多くないが、公立中学校での体罰に関わって損害賠償をした県が市に賠償金として支払った全額を支払うよう求償した事例で、県の求償を全額認めた例がある（最判平成21・10・23民集63巻8号1849頁〔福島県求償金請求事件〕）。

　また、**都道府県警察に属する地方警務官**（都道府県警察の警視正以上の警察官）は一般職の国家公務員であり、給与等は国が負担している（警察法56条1項・37条1項1号）。したがって、地方警務官の行為によって被害を受けた場合には、都道府県のほか、**費用負担者である国にも**国賠請求できる。ただし、地方警務官の命令で、地方公務員である地方警察職員（警視正より下位の職の警察官。警察法56条2項）の行為によって被害が発生した場合には、国が監督している仕事でもなく、国が経費負担をしているものでもない。したがって、国は責任を負わないことになる（最判昭和54・7・10民集33巻5号481頁〔交通犯罪捜査国賠事件〕）。

3　国家賠償法2条関係

　例えば、国道の設置や一級河川の管理は国が行うが、都道府県もその費用を一部負担することがある（道路法50条および河川法60条）。この場合、**都道府県は費用負担者**である。このように法律で費用負担者が明確に定められている場合はわかりやすいが、難しいのは補助金が交付されている場合である。

　補助金とは、法律によって義務付けられた費用負担とは違い、特定の事務・事業を推進し、助成するために交付される金銭である。この補助金は、必ず支

出しなければならないものではない。そのため、**通常、補助金の支出者は費用負担者に当たらない**。しかし、費用負担者と同様に、公の営造物の安全状態に影響を及ぼす場合もある。そこで、ケースバイケースで**補助金支出者が例外的に費用負担者と評価できるかどうかを判断する必要が出てくる**。その判断基準は、次のとおりである。

①被害発生原因となった公の営造物の設置費用について法律上負担義務を負う者と同等程度またはこれに近い設置費用を補助金で支出していること

②実質的には当該営造物による事業を共同して執行していると認められること

③当該営造物の瑕疵による危険を効果的に防止できること

以上の①～③までのすべてが満たされれば、補助金の支出者も費用負担者として責任を負うとされている（最判昭和50・11・28民集29巻10号1754頁〔鬼ヶ城事件〕および最判平成元・10・26民集43巻9号999頁〔吉野熊野国立公園事件〕）。しかし、例えば、国立公園内に県が設置したつり橋に瑕疵があったため登山者が転落した前掲・鬼ヶ城事件では、つり橋を含む公園の道路設置費用のうち国の補助金の割合は半分であったが、事故原因のつり橋の補助金の割合は4分の1にすぎなかったので、最高裁は、国の責任を否定した。

Ⅱ　民法の適用（4条）

1　意　義

国賠責任では国賠法1条から3条までの規定が適用され、そこで定めていない事項は**民法**が適用される。民法が適用される主なものは、非財産的損害の賠償（710条）、生命侵害による親族に対する慰謝料（711条）、共同不法行為（719条）、胎児の損害賠償請求権（721条）、損害賠償の方法・過失相殺（722条）、名誉毀損（723条）、消滅時効・除斥期間（724条）である。

また、加害行為が公権力の行使に当たらない場合には、国賠法が適用されないので、民事不法行為として損害賠償が請求されることになる。

民法典以外にも、その付属法規である**自動車損害賠償保障法**や**失火責任法**も

適用される。

2 失火責任法

　失火責任法は、失火によって被害が発生したとき、**失火者に故意または重大な過失があった場合に限り、損害賠償責任を負わせる**ものである。この法律は、日本の住環境が、狭い地域に木造家屋が密集し、一旦火災が発生すると広がりやすい事情があるため、自分の財産を失った上に延焼についても損害賠償責任を負わせるのは酷であることを理由に、明治期に制定された。

　公権力の行使、例えば消火活動により、一旦は鎮火したものの、消防署職員のミスで再燃して火災が発生したため国賠責任が問われるときに、この失火責任法が適用されるかが問題となる。最高裁は、失火責任法の趣旨から、「**公権力の行使にあたる公務員の失火による国又は公共団体の損害賠償責任についてのみ同法の適用を排除すべき合理的理由**」はないと判断している（最判昭和53・7・17民集32巻5号1000頁および最判平成元・3・28判時1311号66頁）。それに対し、個人の失火ではなく、消防署職員のミスによる再燃の場合には、十分に賠償能力のある地方公共団体が被告として責任を負うことになるし、消防署職員は一般人とは違って専門的な知識をもつことなどから、失火責任法の趣旨に照らしても適用すべきではないと批判する学説も多い。

Ⅲ　他の特別法の規定（5条）

　国または公共団体の損害賠償責任に関し、特別法優先の原則から、民法以外の法律に特別の規定がある場合には、国賠法は適用されない。

　例えば、**無過失責任**として消防署長の命令が誤って発せられたことにより生じた損害の補償（消防法6条3項）などがある。また、特別の賠償責任として、無罪判決を受けた者の抑留・拘禁に対する補償請求（刑事補償法）等がある。

　国賠責任よりも責任を軽くしたり、責任を免除（免責）させる法律がある場合、それは**憲法17条**に違反してはならない。その合憲性を判断するためには、①免責ないし責任制限の目的は正しいか、②その目的を達成する手段として免責や責任制限が必要で合理的か、の2つがチェックされる。例えば、安価で円

滑な郵便の配達を達成するためであっても、書留郵便に関する賠償責任は、単なる過失に基づく場合はともかく、故意または重大な過失がある場合にも免責ないし責任制限をするのは合理性がないとして違憲と判断されたことがある（郵便法旧68条・73条。最大判平成14・9・11民集56巻7号1439頁〔郵便法違憲訴訟〕）。

IV　相互保証（6条）

　日本国籍を有しない外国人が日本国内で国賠法1条または2条に基づき損害賠償が認められるのは、その外国人の本国で日本人が同様の損害を受けたときに、損害賠償請求制度があるときに限られる。外国にいる日本国民に賠償請求権を保障しない外国の国民に日本が積極的に賠償請求権を保障する必要はないという考えに基づく（相互保証主義）。

　このような相互保証は、憲法17条に「何人も……」と規定していることや憲法前文の国際協調主義、憲法14条の平等原則の観点から、違憲であるとの学説もある。しかし、裁判例では、外国人収容者に対する刑務所内における虐待などに対する賠償責任が争われた事件で、国賠法6条の立法趣旨は不合理でなく、不合理な差別であるともいえないとして合憲であると判断している（東京地判平成14・6・28判時1809号46頁）。

　この相互保証は、国賠法1条および2条の責任についてのみ妥当するから、**国または公共団体が負う民事不法行為責任はその対象外**となる。

　相互保証があるのは、外国人の母国で、日本人に同様の国家賠償が認められる場合である。その根拠は法律の規定に限らず、条約・協定、あるいは解釈・判例によって認められているのでもよい。

第5節　損失補償

　私有財産を公のために用いるときの損失補償は、どのような場合にどの程度認められるのか、基本的な考え方を理解し、また、国家補償制度による救済の限界を見つけることが重要である。

I　財産権の保障と損失補償

1　財産権の保障と制限

　土地等の財産的価値をもつ権利利益は、**財産権**として憲法で保障され（憲法29条1項）、その剥奪や制限のような侵害行為には法律の根拠が必要である（→法律の留保。第1章第1節Ⅱ3）。

　例えば、私有財産が文化財に指定されて売買などの財産処分を規制されたり、街の一定範囲が用途地域に指定されることで家の新築・改築に制限が加えられることもある（→第2章第6節Ⅰ1）。このような制約は、**財産権に対する一般的な制限であって誰もが負担しなければならない不利益・負担**であると評価される（憲法29条2項）。

　他方で、憲法29条3項は、「私有財産は、正当な補償の下に、これを公共のために用ひることができる」と規定している。以下では、この**損失補償の要否や内容**について、主な要件を見ていくことにする。

2　「公共のために用ひる」

　この「公共のために用ひる」とは、例えば、公共事業など国・地方公共団体の活動に役立ったり、公益を増進したりすることである。通常、公共事業では、用地買収は売買契約によって進められる。しかし、必要となる土地が広くなりがちであるから利害関係をもつ土地所有者も多く、中にはその事業に反対したり、法外な要求をする者もいるかもしれない。1人でも反対者がいれば用地買収が滞り、公共事業が実施できなくなったり、大幅変更によって事業に大きな支障が生じたりすることもある。そこで、公共事業を行う者が土地収用法を用いることで、公共の利益となる事業の用に供するため**財産権を私人から適法に剥奪**し、他の特定の者に取得（収用）させたり、財産権の帰属はそのままで権利者以外の特定の者に利用（使用）させることができるようになる。

　このような土地の収用や使用にあたって、財産権保障との調和を図るため、損失を適切に穴埋めする十分な金銭補償が必要となる。そこでは、①損失補償が必要かどうか（**損失補償の要否**）、②**補償の内容**（損失補償の対象範囲と金額）が

どのようなものであれば**正当な補償**といえるか、この２つがポイントとなる。

3　憲法29条３項に基づく請求

損失補償については、土地収用法のように明文の規定（68条以下）がある場合には、財産を剥奪などされる権利者は、**個別法の定めるところに従って損失補償請求をすることになる**。それに対し、そのような損失補償に関する規定が個別法にない場合、その法律（規定）が違憲無効となるのではなく、**直接憲法29条３項に基づく損失補償請求ができる**（最大判昭和43・11・27刑集22巻12号1402頁〔河川付近地制限令事件〕）。

Ⅱ　損失補償の要否の判断基準

前述のとおり、誰もが負うべき一般的制限に伴う相当な負担は損失補償をする必要がない。しかし、財産権に対する個別的で相当な負担を超えるものは**特別の犠牲**として、損失補償が必要となる。この財産権の侵害が特別の犠牲に当たるかどうかは、次の①**形式的基準**と、②**実質的基準**を用いて判断する。

1　形式的基準

形式的基準は、財産権の侵害が、広く多くの人を対象とするのではなく、**特定個人または一定範囲の者を対象とすることである**。

広く多くの人を対象にする制限は、財産権が元々もっている限界（**内在的制約**）であって、損失補償は不要である。他方、特定個人等を対象にする制限は、内在的制約に当然当たるとはいえず、個別に実質的基準を満たすかどうかの判断が必要となる。

例えば、都市計画上の用途地域の指定などによる財産権の制約も広い区域内の土地に共通して課されるものである（最判平成17・11・1判時1928号25頁〔盛岡市都市計画制限事件〕）。そのほか、租税義務の賦課は、国民・住民に対し公平に義務付けられる経済的負担である。これらの場合には、広く多くの人を対象とする財産権侵害であって、通常、特別の犠牲には該当しない。

2 実質的基準

　実質的基準は、社会通念に照らし、財産権の侵害が内在的制約として受忍されなければならない程度を超え、財産権の実質ないし本質的内容に対する強度の侵害と認められることである。

　例えば、土地所有権そのものを奪い取ったり、財産の利用を全面的に禁止するなどその本来の使い方が全くできなくなるような制限は強い侵害である。それに対し、災害防止のためにため池の堤の耕作が禁止された場合（最大判昭和38・6・26刑集17巻5号521頁〔奈良県ため池条例事件〕）のほか、食品の試験用収去（食品衛生法28条1項）など剥奪される財産が極めて僅少な場合や、延焼のおそれのある消火対象物（消防法29条2項・3項）のように財産が社会的危険物となり、その財産的価値をもたない状態になった場合（最判昭和47・5・30民集26巻4号851頁〔破壊消防損失補償事件〕）には、この実質的基準を満たさない。また、行政財産である卸売市場の一部使用許可を得て、施設本来の用途ではない飲食店を経営していた者がその使用許可を撤回されたため移転しなければならなくなったとしても、使用権自体に本来備わっている制約であるから、原則として補償されない（最判昭和49・2・5民集28巻1号1頁〔行政財産使用許可撤回補償事件〕→第2章第3節Ⅳ4）。

Ⅲ　損失補償の内容

1　「正当な補償」

　憲法29条3項によれば、損失補償の内容（金額）は**正当な補償**でなければならないが、その意味については大きく分けると2つの見解が存在する。

(1)　相当補償説
　第1は、相当補償説である。**補償は市場価値を下回ってもよいとする。**
　例えば、戦後、地主から農地を強制的に安く買い上げ、それを小作人に売り渡すことで自作農を作り出す農地改革が全国で短期間のうちに行われた。そこ

で地主が買収価格を高くするように求めた裁判が起こされた事例で、最高裁は次のように判断した。憲法29条3項にいう「正当な補償」とは、その当時の経済状態で市場において取引される評価額に基づき、合理的に算出された相当な額であり、常に市場価値と完全に一致しなければならないわけではない（最大判昭和28・12・23民集7巻13号1523頁）。

(2) 完全補償説

第2は、完全補償説である。つまり、私有財産の収用などの前後を通じて被収用者の財産の市場価値を等しくするような補償が必要とされる。

例えば、土地収用に関わる事例で、街路用地として収用される土地の損失補償額が近隣にある似た土地（近傍類地）の市場価値よりも低いとして訴訟が提起されたものがある。最高裁は次のように判断した。土地収用法による損失補償は、収用によって土地所有者が被る特別な犠牲の回復を目的とするから、「完全な補償、すなわち、収用の前後を通じて被収用者の財産価値を等しくならしめるような補償をなすべき」である（最判昭和48・10・18民集27巻9号1210頁〔倉吉都市計画街路事業事件〕）。この事例では、街路整備のための都市計画決定と都市計画事業決定後に課される建築制限によって土地の市場価値が低くなるから、損失補償額が安くなった。それに対し最高裁は、建築制限を受けていない状態を想定し、収用時に認められる価格で補償する必要があるとした。

相当補償説と完全補償説は必ずしも対立する関係にあるわけではない。相当補償説の根拠には、戦後日本の大きな社会改革の1つであり、日本全国で進められた農地改革に関わる特殊な状況下で、通常の取引価格よりも低く補償額を抑えざるをえなかった時代背景がある。近年では、電力会社の変電所用地として収用された土地の所有者が、損失補償金額の算定が誤った土地調書に基づいていて適正な価格に比べ安すぎるとしてその損失補償額が争われた事例で、この両説をまとめるかのような最高裁判決も出ている（最判平成14・6・11民集56巻5号958頁〔土地収用補償金事件〕）。それゆえ、最高裁判決からすれば、相当補償説は完全補償説を全面的に否定するわけではなく、土地収用法等の個別法では完全補償が必要と理解されているのである。

2　補償の対象

相当補償説であれ、完全補償説であれ、どのような財産の損失が補償されるのか、それはどの程度かが重要となる。例えば、土地収用法では次のようになっている。

損失補償は、原則として、金銭によって支払われる（土地収用法70条）。ただし、事情に応じて、代替施設等の建設や移転など現物による補償（同法82条以下）も可能である。

(1)　土地や権利に対する補償

収用の対象となる土地の所有者には**土地の損失補償**が、また、アパートなどに居住するなどしている関係者には当該**土地に関する権利**（賃借権、地上権、抵当権など）**の消滅補償**がある（土地収用法71条・72条）。

土地の一部が収用された結果、残りの土地（残地）がいびつな形となってしまい市場価値が低下した場合には、その分の損失が補償される（残地補償。土地収用法74条）。また、残地を従来利用していた目的どおりに使うことが著しく困難となるときは、土地所有者は残地の収用を請求できる（同法76条）。

(2)　明渡しに対する補償

収用される土地に建物などがあるときは、その移転費用も補償される（土地収用法77条）。ただし、その物件の移転が著しく難しいときは、所有者は物件の収用を請求できる（同法78条）。

そのほか、営業上の補償、借家人補償など、土地を収用されることによって**通常受ける損失**が補償される（土地収用法88条）。

(3)　生活再建補償

憲法29条3項は私有財産に対する補償を定めている。そのため、財産権以外は補償されないのかが問題となることがある。一般に、私有財産ではない慰謝料等の精神的損失に対しては補償されない。

しかし、次のような場合はどうだろうか。例えば、ダム建設によって地域社

会が水没した場合、家屋、土地、職業といった生活の基盤やコミュニティを失うことになる。そのため、仮に個々人の土地・建物が補償されても、それまで営んできたのと同様の社会生活は全く失われてしまう。このような**生活再建に向けた補償**を**生活再建補償**という。ダム建設によって移転が必要な場合には、生計基盤の変化に伴って生じる損失（離職者補償、労務休業補償や副業補償）、山菜やきのこなど居住地周辺で自然産物を採取できなくなることに伴う損失（天恵物補償）や他の多くの住民が移転してしまい、残された者が受ける受忍限度を超える著しい損失（少数残存者補償としての移転費用）などに対して補償されることがある（水源地域対策特別措置法8条）。

このような生活再建補償は、あくまでも**個別法に基づく特例的措置**であって、憲法上の根拠はないとされてきた（岐阜地判昭和55・2・25判時966号22頁〔徳山ダム事件〕）。しかし、生活再建補償は、憲法29条3項のみではなく、同法14条や25条も根拠にする生活権に生じた損失を補償するものと位置づけ（生活権補償）、単なる政策的な措置ではなく、権利保障の一環であると理解する学説も多い。

Ⅳ 国家補償の谷間

1 国家補償の谷間とは

国家補償制度は、主に、公務員の過失と加害行為の違法が要件となる国賠制度と、適法行為による財産損失を埋め合わせる損失補償制度からできている。そこで、公務員の行為は違法だが過失がないため国賠制度によっては救済されず、しかも、適法行為ではないので損失補償制度の対象にもならない**違法・無過失な行為による被害**が、救済を受けることができない部分（空白地帯）となる。また、損失補償は財産に生じた「特別の犠牲」の埋め合わせをするものであって、生命・身体という被財産的利益に対する被害を対象としていない。このような救済の空白地帯を**国家補償の谷間**と呼ぶ。具体的に、予防接種被害の救済を題材に考えてみよう。

2 予防接種被害の救済

「国家補償の谷間」問題で特に注目されたのは、予防接種によって重篤な被害を受けた者に対する損失補償ないし損害賠償である（予防接種禍訴訟）。現在の裁判所は、損失補償ではなく、国賠制度による救済を選択するようになっている。しかし、それに至るまでには、次のような議論の対立があった。

(1) 予防接種被害と損失補償

損失補償制度は、元々財産被害の補償制度であるため、問題は複雑になる。

まず、予防接種被害を**損失補償**すべきであるとの立場は次のとおりである。憲法29条3項で財産権が損失補償の対象になっているが、それよりもしっかりと法的に保護すべき生命・身体に対する被害（損失）は「当然に」補償されるとの考え方があった（福岡地判平成元・4・18判時1313号17頁〔予防接種ワクチン禍事件（福岡訴訟）〕）。あるいは、社会を感染症から守る予防接種が原因で生命・身体に被害が出たときは、社会全体でカバーするのが憲法の趣旨（13条・14条・25条）であるから補償すべきであるとの考え方もあった（東京地判昭和59・5・18判時1118号28頁〔予防接種ワクチン禍事件（東京訴訟）〕）。しかし、刑事制裁の場合を除き、正当な補償があったとしても、公共の福祉のために生命・身体を犠牲にすることはそもそも許されないという考え方もある（東京高判平成4・12・18高民集45巻3号212頁〔予防接種ワクチン禍事件（東京訴訟）〕）。

(2) 予防接種被害と国家賠償

接種前に医師（公務員）がきちんと問診をしていれば予防接種されず、生命・身体に重大な被害が発生しなかったとき、被害者は損害賠償制度によって救済される可能性がある。しかし、問診をしても予防接種を中止すべきか判断が難しい場合も多く、医師の過失が認められるとは限らない。

しかし、最高裁は、被害者の救済を図るため、予防接種によって重い後遺障害が発生した場合には、予防接種を受けることが適切でない者（禁忌者）に当たることが**推定**されると判断した（最判平成3・4・19民集45巻4号367頁〔小樽予防接種禍事件〕）。そして、医師がきちんと問診したことを証明しない限り、医

師の過失も推定されることになる（最判昭和51・9・30民集30巻8号816頁〔インフルエンザ予防接種事件〕）。

　一方、前掲・予防接種ワクチン禍事件（東京訴訟）東京高裁判決は、被害予防のために予防接種の禁忌事項や問診の重要性などを周知徹底するなど、しっかりとした予防接種の仕組みを作らなかった**厚生大臣**（当時）に**過失がある**（→組織過失。第2節Ⅶ2）として、国賠責任を認めた。この判決は、医師の個人的ミスよりも、制度自体の問題を指摘した点に大きな意義がある。これ以降、国賠請求による予防接種被害の救済が認められ易くなった。

〈課題〉
1．次のうち、損失補償が必要となるのはどれか。
　①（違法な）課税処分による損失　②用途地域の指定による財産価値の低下　③土地の収用
2．A市が設置した公園のB施設で、CはB施設の使用許可をもらい、20年間にわたり、売店と食堂を経営していた。しかし、A市は、老朽化したためB施設を建て替えるので、使用許可を撤回し、立ち退きを求めてきた。Cは、A市に対して、20年もの間使用し続けた施設使用権の喪失や営業損失などの補償を求めたが、このような場合の損失補償は認められるか、検討しなさい。

事項索引

あ
- 意見公募手続 ……………………… 75, 102
- 一般競争入札 ……………………………… 66
- 委任範囲の逸脱禁止 ……………………… 31
- 委任命令 …………………………………… 31
- 違法性（国家賠償）…………………… 189
- 違法性相対説 …………………………… 190
- 違法性同一説 …………………………… 190
- 違法性の承継 …………………………… 47
- 違法性判断の基準時 …………………… 155
- インカメラ審理 ………………………… 111
- 訴えの利益 ……………………………… 151
- 公の営造物 ……………………………… 199

か
- 開示請求 ………………………………… 114
- ——者 ………………………………… 107
- 解釈基準 ………………………………… 34
- 外部性（原告適格）…………………… 141
- 学術研究者の利益（原告適格）……… 151
- 確認訴訟 ………………………………… 171
- 過失 ……………………………………… 193
- 河川管理の瑕疵 …………………… 201, 202
- 河川水害 ………………………………… 201
- 課徴金 …………………………………… 60
- 仮の義務付け …………………………… 168
- 仮の救済 ………………………………… 165
- 仮の差止め ……………………………… 168
- 過料→行政上の秩序罰（過料）
- 慣習法 …………………………………… 11
- 間接強制調査 …………………………… 76
- 完全補償説 ……………………………… 214
- 機関訴訟 ………………………… 136, 173, 176
- 危険責任 ………………………………… 198
- 規制行政 ………………………………… 5
- 規制権限不行使の違法 ………………… 191
- 羈束行為 ………………………………… 80
- 義務付け訴訟 …………………………… 161
- 客観訴訟 ………………………… 134, 173, 176
- 給水契約 …………………………… 64, 65
- 給付行政 ………………………………… 5
- 給付訴訟 ………………………………… 171
- 競業者の利益（原告適格）…………… 149
- 教示制度 ………………………………… 130
- 強制 ……………………………………… 55
- 行政委員会 ……………………………… 130
- 行政監視・規律法 ……………………… 8
- 行政機関 ………………………………… 15
- ——個人情報保護法 ………………… 113
- 行政規則 ………………………………… 33
- 行政救済法 ……………………………… 117
- 行政強制 ………………………………… 52
- 行政刑罰 ………………………………… 59
- 行政契約 ………………………………… 63
- 行政行為 ………………………………… 37
- 行政裁量 ………………………………… 79
- 行政実体法 ……………………………… 8
- 行政指導 …………………………… 72, 100, 187
- 行政主体 …………………………… 14, 185
- 行政上の強制徴収 ……………………… 58
- 行政上の秩序罰（過料）………………… 59
- 行政審判 ………………………………… 130
- 行政争訟 ………………………………… 117
- 行政組織法 ……………………………… 7
- 行政組織法定主義 ……………………… 14
- 行政訴訟 ………………………………… 132
- 行政代執行 ……………………………… 56
- 行政庁 …………………………………… 16
- 行政調査 ………………………………… 76
- 行政手続法 …………………………… 8, 93
- 行政不服審査会 ………………………… 126
- 行政不服審査法 ………………………… 120
- 行政不服申立て ………………………… 120
- 行政便宜主義 …………………………… 191

219

行政立法	28
供用関連瑕疵	203
許可	40
国の安全情報	109
計画裁量	70
形式的当事者訴訟	170
刑事補償制度	181
権限の委任	21
権限の代理	20
権限濫用の禁止	12
原告適格	146
原処分主義と裁決主義	154
権力留保説	10
公害防止協定	64
効果裁量	81
公共安全情報	109
公共用物	199
公権力性（処分性）	141
公権力の行使（国家賠償）	182, 183, 186, 187
公権力発動要件欠如説	190
抗告訴訟	134
公正財政・効率性の原則	65
拘束的計画	70
公定力	43, 184
公表	60
公文書等の管理に関する法律	112
公務員	187
——の個人責任	183
公用物	199
告知	98
国民参加の原則	23
個人情報	108
——の保護に関する法律	115
——保護制度	112
国家賠償制度	180
国家補償	117, 180
——の谷間	216
国家無答責	182, 197
個別具体性（処分性）	142
個別事情考慮義務	36

さ

裁決主義→原処分主義と裁決主義	
最小限審査（行政裁量）	90
再審査請求	122
再調査の請求	122
裁判官の誤判	195
裁量基準	35
裁量権の逸脱・濫用	85
裁量的開示	110
差止訴訟	161, 163
三面的行政法関係	6, 191
参与機関	16
指揮監督	17
——権	17, 176
自己責任説	183
事情判決	157
自然公物	202
自治事務	20
失火責任法	209
執行機関	16
執行停止	129, 165
執行罰	58
執行不停止原則	129
執行命令	31
実質的当事者訴訟	171
実体的判断代置型審査	89
実力強制調査	76
指導要綱	73, 74, 75
司法的執行（民事執行）	62
事務事業情報	109
指名競争入札	66
諮問機関	16
社会留保説	9
釈明処分の特則	156
重大明白説	46
周辺住民等の利益	150
住民監査請求	174
住民自治	19
住民訴訟	173, 174
主観訴訟	134
授権代理	20
出訴期間	154

受忍限度	203
消費者・利用者の利益	150
情報公開制度	105
証明責任	156
職務行為	188
職務行為基準説	190, 195, 196
職権証拠調べ	156
処分基準	98
処分性	139
処分等の求め	101
自力執行力	44
知る権利	106
侵害留保説	9
審議検討情報	109
人工公物	202
審査基準	95
審査請求	122
——期間	124
——適格者	124
人事院	22
紳士協定	64
申請	94
——に対する処分	94
申請型義務付け訴訟	162
信頼保護の原則	11, 71
審理員	125
生活再建補償	215
制裁	55
正当な補償	212, 213
成文法	8
税務調査	78
設置・管理の瑕疵	197, 198, 200
説明責務	106
選挙訴訟	173
専決	21
全部留保説	9
相互保証（国家賠償）	210
争訟裁断行為	44
相当補償説	213
即時強制	61
組織過失	194
租税法律主義	11

損失補償	210
——制度	180, 181
存否応答拒否（情報公開）	110

た

代位責任説	183
代替的作為義務	54
他目的利用禁止	77
団体自治	19
地方自治	19
——の本旨	19, 174
中間程度の審査	90
聴聞	98
直接強制	58
訂正請求	114
適正手続の原則	23
撤回	48
手続の裁量	82
当事者訴訟	135, 170
道路管理の瑕疵	201
時の裁量	82
特別の犠牲	212
土地区画整理計画	68
特許	40
届出	94
取消し	48
取り消しうべき行政行為	46
取消訴訟	138
——の排他性・排他的管轄	43

な

内閣総理大臣の異議	167
二面的行政法関係	5, 192
任意調査	76
認可	41

は

賠償責任者	206
白紙委任の禁止	31
判決の効力（取消訴訟）	164
反射の利益	6, 192
犯則調査	76

非拘束的計画	70
被告適格	153
非申請型義務付け訴訟	162
平等原則	13, 65
費用負担者	207, 208
比例原則	12, 77
不開示情報	108
不確定概念	83
不可抗力	200
不可争力	44
不可変更力	44
付款	51
複効的行政行為	41
不作為（国家賠償）	191
——の違法確認訴訟	160
部分開示	110
不文法	10
不利益処分	97
弁明	98
法規命令	31
法人情報	108
法定受託事務	20, 177
法定代理	21
法律上の利益	147
法律による行政の原理	8
法律の優位の原則	9
法律の留保の原則	9
補償の対象	215
補助機関	16
補助金	207, 208
本質性説	9

ま

マイナンバー法	115
民事執行→司法的執行（民事執行）	
民衆訴訟	136, 173, 176
無過失責任	198
無効等確認訴訟	158
無効な行政行為	46
明白性補充要件説	47

や

要件裁量	81
用途地域	68
予測できない行動による事故	204
予防接種被害	217
4号請求（住民訴訟）	175

ら

立法不作為	195
理由の提示（理由付記）	97
利用停止請求（個人情報保護）	115

判例索引

大審院大正 5・6・1 民録22輯1088頁‥‥**197**
最大判昭和28・12・23民集 7 巻13号1523頁
　‥‥‥‥‥‥‥‥‥‥‥‥‥‥‥‥**214**
最大判昭和28・12・23民集 7 巻13号1561頁
　‥‥‥‥‥‥‥‥‥‥‥‥‥‥‥‥**152**
最判昭和29・1・21民集 8 巻 1 号102頁‥‥**44**
最判昭和29・7・30民集 8 巻 7 号1463頁
　‥‥‥‥‥‥‥‥‥‥‥‥‥‥‥‥**87**
最判昭和29・7・30民集 8 巻 7 号1501頁
　‥‥‥‥‥‥‥‥‥‥‥‥‥‥‥‥**85**
最判昭和30・4・19民集 9 巻 5 号534頁
　‥‥‥‥‥‥‥‥‥‥‥‥‥‥‥‥**183**
最判昭和30・6・24民集 9 巻 7 号930頁‥‥**88**
最判昭和30・12・26民集 9 巻14号2070頁
　‥‥‥‥‥‥‥‥‥‥‥‥‥‥‥‥**43**
最判昭和31・4・13民集10巻 4 号397頁
　‥‥‥‥‥‥‥‥‥‥‥‥‥‥‥‥**84**
最判昭和31・11・30民集10巻11号1502頁
　‥‥‥‥‥‥‥‥‥‥‥‥‥‥‥‥**188**
最判昭和33・3・28民集12巻 4 号624頁‥**34**
最大判昭和33・4・9民集12巻 5 号717頁
　‥‥‥‥‥‥‥‥‥‥‥‥‥‥‥‥**52**
最判昭和34・1・29民集13巻 1 号32頁‥‥**142**
最判昭和34・9・22民集13巻11号1426頁
　‥‥‥‥‥‥‥‥‥‥‥‥‥‥‥‥**47**
最判昭和35・3・18民集14巻 4 号483頁‥**41**
最判昭和35・7・12民集14巻 9 号1744頁
　‥‥‥‥‥‥‥‥‥‥‥‥‥‥‥‥**141**
最判昭和36・3・7民集15巻 3 号381頁
　‥‥‥‥‥‥‥‥‥‥‥‥‥‥‥**46, 47**
最判昭和37・1・19民集16巻 1 号57頁‥**149**
最判昭和38・4・2民集17巻 3 号435頁‥**52**
最判昭和38・5・31民集17巻 4 号617頁‥**24**
最大判昭和38・6・26刑集17巻 5 号521頁
　‥‥‥‥‥‥‥‥‥‥‥‥‥‥‥‥**213**
最判昭和39・10・29民集18巻 8 号1809頁
　‥‥‥‥‥‥‥‥‥‥‥‥‥‥‥**140, 142**

最判昭和40・4・28民集19巻 3 号721頁
　‥‥‥‥‥‥‥‥‥‥‥‥‥‥‥‥**152**
大阪高決昭和40・10・5 判時428号53頁‥**57**
最大判昭和41・2・23民集20巻 2 号271頁
　‥‥‥‥‥‥‥‥‥‥‥‥‥‥‥‥**143**
最大判昭和42・5・24民集21巻 5 号1043頁
　‥‥‥‥‥‥‥‥‥‥‥‥‥‥‥‥**152**
東京地決昭和42・6・9 行集18巻 5 = 6 号
　737頁‥‥‥‥‥‥‥‥‥‥‥‥‥**167**
東京地決昭和42・6・9 行集18巻 5 = 6 号
　757頁‥‥‥‥‥‥‥‥‥‥‥‥‥**167**
東京地決昭和42・6・10行集18巻 5 = 6 号
　737頁‥‥‥‥‥‥‥‥‥‥‥‥‥**167**
東京地決昭和42・6・10行集18巻 5 = 6 号
　757頁‥‥‥‥‥‥‥‥‥‥‥‥‥**167**
東京地決昭和42・12・20判時506号20頁‥**36**
最大判昭和43・11・27刑集22巻12号1402頁
　‥‥‥‥‥‥‥‥‥‥‥‥‥‥‥‥**212**
最判昭和43・12・24民集22巻13号3147頁
　‥‥‥‥‥‥‥‥‥‥‥‥‥‥‥**34, 142**
最判昭和45・8・20民集24巻 9 号1268頁
　‥‥‥‥‥‥‥‥‥‥‥‥‥**198, 200, 201**
最判昭和46・10・28民集25巻 7 号1037頁
　‥‥‥‥‥‥‥‥‥‥‥‥‥‥‥**89, 97**
最判昭和47・5・30民集26巻 4 号851頁
　‥‥‥‥‥‥‥‥‥‥‥‥‥‥‥‥**213**
最大判昭和47・11・22刑集26巻 9 号554頁
　‥‥‥‥‥‥‥‥‥‥‥‥‥‥‥‥**78**
最判昭和48・4・26民集27巻 3 号629頁‥**47**
最決昭和48・7・10刑集27巻 7 号1205頁
　‥‥‥‥‥‥‥‥‥‥‥‥‥‥‥‥**77**
東京高判昭和48・7・13行集24巻 6 = 7 号
　533頁‥‥‥‥‥‥‥‥‥‥‥‥‥**90**
最判昭和48・10・18民集27巻 9 号1210頁
　‥‥‥‥‥‥‥‥‥‥‥‥‥‥‥‥**214**
最判昭和49・2・5 民集28巻 1 号 1 頁
　‥‥‥‥‥‥‥‥‥‥‥‥‥‥‥‥**213**

最大判昭和49・11・6 刑集28巻 9 号393頁
··32
最判昭和50・5・29民集29巻 5 号662頁
···103
最判昭和50・6・26民集29巻 6 号851頁
···201
最判昭和50・7・25民集29巻 6 号1136頁
···201
最大判昭和50・9・10刑集29巻 8 号489頁
···8
最判昭和50・11・28民集29巻10号1754頁
···208
最判昭和51・4・27民集30巻 3 号384頁
···158
最判昭和51・9・30民集30巻 8 号816頁
···218
最判昭和52・12・20民集31巻 7 号1101頁
··82
最判昭和53・3・14民集32巻 2 号211頁
···124, 150
最判昭和53・3・30民集32巻 2 号485頁
···174
最判昭和53・5・26民集32巻 3 号689頁 … 12
最判昭和53・6・16刑集32巻 4 号605頁
···43, 87
最判昭和53・7・4 民集32巻 5 号809頁
···200, 204
最判昭和53・7・17民集32巻 5 号1000頁
···209
最判昭和53・9・7 刑集32巻 6 号1672頁
··76
最大判昭和53・10・4 民集32巻 7 号1223頁
···35, 81, 83, 85, 90
最判昭和53・10・20民集32巻11号1367頁
···195
最判昭和54・7・10民集33巻 5 号481頁
···207
岐阜地判昭和55・2・25判時966号22頁
···216
最判昭和55・11・25民集34巻 6 号781頁
···152
最判昭和56・1・27民集35巻 1 号35頁 …… 71

最大判昭和56・12・16民集35巻10号1369頁
···203
最判昭和57・4・1 民集36巻 4 号519頁
···184, 187
最判昭和57・4・22民集36巻 4 号705頁
···143
最判昭和57・4・23民集36巻 4 号727頁
···74, 83
最判昭和57・7・13民集36巻 6 号970頁
···175
最判昭和57・9・9 民集36巻 9 号1679頁
···152
最判昭和59・1・26民集38巻 2 号53頁
···202, 203
最判昭和59・3・23民集38巻 5 号475頁
···191
東京地判昭和59・3・29行集35巻 4 号476頁
··82
京都地判昭和59・3・30行集35巻 3 号353頁
··67
東京地判昭和59・5・18判時1118号28頁
···217
最判昭和59・10・26民集38巻10号1169頁
···153
最判昭和60・1・22民集39巻 1 号 1 頁
···97, 103
最判昭和60・7・16民集39巻 5 号989頁
···75, 187
最判昭和61・2・27民集40巻 1 号124頁
···197
最判昭和61・3・25民集40巻 2 号472頁
···205
大阪地判昭和61・9・26判時1226号89頁
···198
最判昭和62・2・6 判時1232号100頁 ……188
最判昭和62・4・17民集41巻 3 号286頁
···160
最判昭和62・5・19民集41巻 4 号687頁 … 67
最判昭和62・10・30判時1262号91頁 …… 12
大阪高判昭和62・11・27判時1275号62頁
···199
最判昭和63・6・17判時1289号39頁 ……… 50

最判平成元・2・17民集43巻 2 号56頁
　………………………………………**148, 150**
最判平成元・3・28判時1311号66頁………**209**
最判平成元・4・13判時1313号121頁……**151**
福岡地判平成元・4・18判時1313号17頁
　…………………………………………………**217**
最判平成元・6・20判時1334号201頁
　…………………………………………………**151**
最判平成元・10・26民集43巻 9 号999頁
　…………………………………………………**208**
最決平成元・11・8 判タ710号274頁………**61**
最判平成元・11・24民集43巻10号1169頁
　…………………………………………………**192**
最判平成 2・2・1 民集44巻 2 号369頁
　……………………………………………………**30**
最判平成 2・7・20民集44巻 5 号938頁
　…………………………………………………**196**
最判平成 2・12・13民集44巻 9 号1186頁
　…………………………………………………**203**
最判平成 3・3・8 民集45巻 3 号164頁…**13**
最判平成 3・4・19民集45巻 4 号367頁
　…………………………………………………**217**
最判平成 3・4・26民集45巻 4 号653頁
　…………………………………………………**190**
最判平成 3・7・9 民集45巻 6 号1049頁
　……………………………………………**32, 194**
最判平成 3・12・20民集45巻 9 号1455頁
　……………………………………………………**22**
最判平成 3・12・20民集45巻 9 号1503頁
　……………………………………………………**22**
最判平成 4・1・24民集46巻 1 号54頁……**153**
最大判平成 4・7・1 民集46巻 5 号437頁
　……………………………………………………**24**
最判平成 4・9・22民集46巻 6 号571頁
　……………………………………………**149, 150**
最判平成 4・10・29民集46巻 7 号1174頁
　………………………………………**84, 90, 156**
最判平成 4・12・15民集46巻 9 号2753頁
　…………………………………………………**175**
東京高判平成 4・12・18高民集45巻 3 号
　212頁………………………………………**217, 218**
最判平成 5・2・18民集47巻 2 号574頁

　……………………………………………………**74**
最判平成 5・2・25民集47巻 2 号643頁
　…………………………………………………**203**
最判平成 5・3・11民集47巻 4 号2863頁
　…………………………………………………**196**
最判平成 5・3・30民集47巻 4 号3226頁
　…………………………………………………**205**
秋田地判平成 5・4・23判時1459号48頁
　……………………………………………………**79**
最判平成 5・5・25訟月40巻 3 号452頁
　…………………………………………………**203**
最判平成 7・7・7 民集49巻 7 号1870頁
　…………………………………………………**203**
最判平成 7・11・7 民集49巻 9 号2829頁
　…………………………………………………**171**
最判平成 8・3・8 民集50巻 3 号469頁
　………………………………………………**88, 90**
札幌地判平成 9・3・27判時1598号33頁
　…………………………………………………**158**
最判平成11・1・21民集53巻 1 号13頁……**65**
最判平成11・7・15判時1692号140頁……**171**
最判平成11・7・19判時1688号123頁……**36**
東京高判平成13・6・14判時1757号51頁
　…………………………………………………**104**
最判平成14・1・17民集56巻 1 号 1 頁……**158**
最判平成14・1・31民集56巻 1 号246頁……**32**
最判平成14・6・11民集56巻 5 号958頁
　…………………………………………………**214**
東京地判平成14・6・28判時1809号46頁
　…………………………………………………**210**
最判平成14・7・9 民集56巻 6 号1134頁
　……………………………………………**62, 133**
最大判平成14・9・11民集56巻 7 号1439頁
　…………………………………………………**210**
高知地判平成14・12・3 判タ1212号108頁
　…………………………………………………**161**
最判平成15・1・17民集57巻 1 号 1 頁
　……………………………………………**19, 175**
最判平成16・1・15民集58巻 1 号226頁
　…………………………………………………**194**
最決平成16・1・20刑集58巻 1 号26頁……**77**
最判平成16・4・27民集58巻 4 号1032頁

225

最判平成16・10・15民集58巻7号1802頁
‥‥‥‥‥‥‥‥‥‥‥‥‥‥‥‥‥‥‥‥‥‥ **192**
最判平成17・7・15民集59巻6号1661頁
‥‥‥‥‥‥‥‥‥‥‥‥‥‥‥‥‥‥‥‥‥‥ **191**
最大判平成17・9・14民集59巻7号2087頁
‥‥‥‥‥‥‥‥‥‥‥‥‥‥‥‥‥‥‥ **75, 142**
最判平成17・11・1判時1928号25頁
‥‥‥‥‥‥‥‥‥‥‥‥‥‥‥‥‥‥ **172, 195**
最大判平成17・12・7民集59巻10号2645頁
‥‥‥‥‥‥‥‥‥‥‥‥‥‥‥‥‥‥‥‥‥‥ **212**
最判平成18・2・7民集60巻2号401頁
‥‥‥‥‥‥‥‥‥‥‥‥‥‥‥‥ **146, 148, 150**
最判平成18・7・14民集60巻6号2369頁
‥‥‥‥‥‥‥‥‥‥‥‥‥‥‥‥‥‥‥ **85, 90**
最判平成18・9・4判時1948号26頁
‥‥‥‥‥‥‥‥‥‥‥‥‥‥‥‥‥‥‥‥‥‥‥ **66**
東京地判平成18・10・25判時1956号62頁
‥‥‥‥‥‥‥‥‥‥‥‥‥‥‥‥‥‥‥‥‥‥‥ **91**
最判平成18・10・26判時1953号122頁
‥‥‥‥‥‥‥‥‥‥‥‥‥‥‥‥‥‥‥ **163, 169**
最判平成18・11・2民集60巻9号3249頁
‥‥‥‥‥‥‥‥‥‥‥‥‥‥‥‥‥‥‥ **36, 67**
最判平成19・1・25民集61巻1号1頁
‥‥‥‥‥‥‥‥‥‥‥‥‥‥‥‥‥‥‥ **70, 84**
大阪高決平成19・3・1裁判所ウェブサイト
‥‥‥‥‥‥‥‥‥‥‥‥‥‥‥‥‥‥‥‥‥ **188**
最判平成19・5・29判時1978号7頁
‥‥‥‥‥‥‥‥‥‥‥‥‥‥‥‥‥‥‥‥‥ **169**
最決平成19・12・18判時1994号21頁
‥‥‥‥‥‥‥‥‥‥‥‥‥‥‥‥‥‥‥‥‥ **203**
最大判平成20・9・10民集62巻8号2029頁
‥‥‥‥‥‥‥‥‥‥‥‥‥‥‥‥‥‥‥‥‥ **167**
最判平成21・7・10判時2058号53頁
‥‥‥‥‥‥‥‥‥‥‥‥‥‥‥‥‥‥‥‥‥ **144**
最決平成21・1・15民集63巻1号46頁
‥‥‥‥‥‥‥‥‥‥‥‥‥‥‥‥‥‥‥‥‥‥ **66**
最判平成21・10・15民集63巻8号1711頁
‥‥‥‥‥‥‥‥‥‥‥‥‥‥‥‥‥‥‥‥‥ **111**
最判平成21・10・23民集63巻8号1849頁
‥‥‥‥‥‥‥‥‥‥‥‥‥‥‥‥‥‥‥‥‥ **150**
‥‥‥‥‥‥‥‥‥‥‥‥‥‥‥‥‥‥‥‥‥ **207**

最大判平成21・11・18民集63巻9号2033頁
‥‥‥‥‥‥‥‥‥‥‥‥‥‥‥‥‥‥‥‥‥‥ **32**
最判平成21・11・26民集63巻9号2124頁
‥‥‥‥‥‥‥‥‥‥‥‥‥‥‥‥‥‥‥‥‥ **143**
最判平成21・12・17民集63巻10号2631頁
‥‥‥‥‥‥‥‥‥‥‥‥‥‥‥‥‥‥‥‥‥‥ **48**
最判平成22・3・2判時2076号44頁‥‥‥‥ **201**
最判平成22・6・3民集64巻4号1010頁
‥‥‥‥‥‥‥‥‥‥‥‥‥‥‥‥‥‥‥‥‥ **185**
福岡高判平成23・2・7判時2122号45頁
‥‥‥‥‥‥‥‥‥‥‥‥‥‥‥‥‥‥‥‥‥ **162**
最判平成23・6・7判時2121号38頁
‥‥‥‥‥‥‥‥‥‥‥‥‥‥‥‥ **89, 100, 103**
最判平成23・10・14判時2159号53頁‥‥‥ **163**
最判平成24・1・16判時2147号127頁‥‥‥ **87**
最判平成24・2・9民集66巻2号183頁
‥‥‥‥‥‥‥‥‥‥‥‥‥‥‥‥‥‥‥ **164, 172**
最判平成24・4・20民集66巻6号2583頁
‥‥‥‥‥‥‥‥‥‥‥‥‥‥‥‥‥‥‥‥‥ **176**
最判平成25・1・11判時2177号35頁‥‥‥‥ **33**
東京地判平成25・3・26判時2209号79頁
‥‥‥‥‥‥‥‥‥‥‥‥‥‥‥‥‥‥‥‥‥ **151**
最判平成25・4・16民集67巻4号1115頁
‥‥‥‥‥‥‥‥‥‥‥‥‥‥‥‥‥‥‥‥‥‥ **89**
最判平成26・1・28民集68巻1号49頁‥‥‥ **149**
東京高判平成26・2・19訟月60巻6号1367頁
‥‥‥‥‥‥‥‥‥‥‥‥‥‥‥‥‥‥‥‥‥ **151**
東京高判平成26・6・26判時2233号103頁
‥‥‥‥‥‥‥‥‥‥‥‥‥‥‥‥‥‥‥‥‥‥ **60**
最判平成26・7・14判時2242号51頁‥‥‥‥ **112**
最判平成26・7・29民集68巻6号620頁
‥‥‥‥‥‥‥‥‥‥‥‥‥‥‥‥‥‥‥‥‥ **150**
最判平成27・3・3民集69巻2号143頁‥‥ **35**

●著者紹介

下山憲治（しもやま・けんじ）
早稲田大学教授
早稲田大学大学院法学研究科博士後期課程退学
［序章、第 1 章第 1 節・第 2 節、第 2 章第 5 節・第 6 節、第 5 章第 3 節Ⅶ、第 6 章］

『リスク行政の法的構造』（敬文堂、2007年）、『コンメンタール行政法Ⅰ行政手続法・行政不服審査法（第 3 版）』（共著、日本評論社、2018年）、『現代市民社会における法の役割』（共著、日本評論社、2020年）、『転形期における行政と法の支配の省察』（共著、法律文化社、2021年）など

友岡史仁（ともおか・ふみと）
日本大学教授
慶應義塾大学大学院法学研究科博士後期課程退学
［第 4 章、第 5 章第 3 節Ⅰ～Ⅵ］

『公益事業と競争法』（晃陽書房、2009年）、『要説 経済行政法』（弘文堂、2015年）、『経済行政法の実践的研究』（信山社、2022年）、『行政情報法制の現代的構造』（信山社、2022年）、『原子力法の構造と専門知制御』（信山社、2024年）など

筑紫圭一（ちくし・けいいち）
上智大学教授
上智大学大学院法学研究科博士後期課程退学。上智大学博士（法学）。
［第 1 章第 3 節、第 2 章第 1 節～第 4 節・第 7 節、第 3 章、第 5 章第 1 節・第 2 節］

『行政法事典』（共著、法学書院、2013年）、『確認行政法用語230（第 2 版）』（共著、成文堂、2016年）、『自治体環境行政の基礎』（有斐閣、2020年）など

日本評論社ベーシック・シリーズ＝NBS

行政法
（ぎょうせいほう）

2017年3月20日第1版第1刷発行
2025年3月31日第1版第3刷発行

著　者	下山憲治・友岡史仁・筑紫圭一
発行所	株式会社　日本評論社
	〒170-8474　東京都豊島区南大塚3-12-4
電　話	03-3987-8621（販売）
振　替	00100-3-16
印　刷	精文堂印刷株式会社
製　本	株式会社難波製本
装　幀	図工ファイブ

検印省略　©K.Shimoyama, F.Tomooka, K.Chikushi　　ISBN 978-4-535-80678-8

[JCOPY]（(社)出版者著作権管理機構　委託出版物）本書の無断複写は著作権法上での例外を除き禁じられています。複写される場合は、そのつど事前に、(社)出版者著作権管理機構（電話 03-5244-5088、FAX 03-5244-5089、e-mail: info@jcopy.or.jp）の許諾を得てください。また、本書を代行業者等の第三者に依頼してスキャニング等の行為によりデジタル化することは、個人の家庭内の利用であっても、一切認められておりません。

日本評論社の法律学習基本図書

日評ベーシック・シリーズ (NBS Nippyo Basic Series)

憲法 I 総論・統治[第2版]／II人権[第2版]
新井 誠・曽我部真裕・佐々木くみ・横大道 聡[著]
●各2,090円

行政法
下山憲治・友岡史仁・筑紫圭一[著] ●1,980円

租税法
浅妻章如・酒井貴子[著] ●2,090円

民法総則[第2版]
原田昌和・寺川 永・吉永一行[著] ●1,980円

物権法[第3版]
秋山靖浩・伊藤栄寿・大場浩之・水津太郎[著] ●1,870円

担保物権法[第2版]
田髙寛貴・白石 大・鳥山泰志[著] ●1,870円

契約法[第2版]
松井和彦・岡本裕樹・都筑満雄[著] ●2,090円

債権総論[第2版]
石田 剛・荻野奈緒・齋藤由起[著] ●2,090円

事務管理・不当利得・不法行為
根本尚徳・林 誠司・若林三奈[著] ●2,090円

家族法[第4版]
青竹美佳・羽生香織・水野貴浩[著] ●2,090円

会社法
伊藤雄司・笠原武朗・得津 晶[著] ●1,980円

刑法 I 総論[第2版] II各論[第2版]
亀井源太郎・小池信太郎・佐藤拓磨・薮中 悠・和田俊憲[著]
●I:2,090円 ●II:2,310円

民事訴訟法
渡部美由紀・鶴田 滋・岡庭幹司[著] ●2,090円

刑事訴訟法
中島 宏・宮木康博・笹倉香奈[著] ●2,200円

労働法[第3版]
和田 肇・相澤美智子・緒方桂子・山川和義[著] ●2,090円

基本憲法 I 基本的人権
木下智史・伊藤 建[著] ●3,300円

基本行政法[第4版]
中原茂樹[著] ●3,740円

基本行政法判例演習
中原茂樹[著] ●3,960円

基本刑法 ●I=4,180円 ●II=3,740円
I総論[第3版] II各論[第4版]
大塚裕史・十河太朗・塩谷 毅・豊田兼彦[著]

応用刑法 I総論 II各論
大塚裕史[著] ●I、II=4,400円

基本刑事訴訟法 ●I=3,300円
●II=予価3,300円(4月上旬発売)
I手続理解編 II論点理解編
吉開多一・緑 大輔・設楽あづさ・國井恒志[著]

憲法 I基本権[第2版]II総論・統治[第2版]
渡辺康行・宍戸常寿・松本和彦・工藤達朗[著]
●I、II=3,630円

刑法総論[第3版] **刑法各論**[第3版]
松原芳博[著] ●総論=4,070円 ●各論=5,170円

〈新・判例ハンドブック〉

憲法[第3版] 高橋和之[編] ●1,650円

民法総則 河上正二・中舎寛樹[編著] ●1,540円

物権法 松岡久和・山野目章夫[編著] ●1,430円

債権法 I・II ●I:1,540円 ●II:1,650円
潮見佳男・山野目章夫・山本敬三・窪田充見[編著]

親族・相続 二宮周平・潮見佳男[編著] ●1,540円

刑法総論／各論 ●総論1,760円 ●各論1,650円
高橋則夫・十河太朗[編]

商法総則・商行為法・手形法
鳥山恭一・高田晴仁[編著] ●1,540円

会社法 鳥山恭一・高田晴仁[編著] ●1,540円

日本評論社
https://www.nippyo.co.jp/

※表示価格は消費税込みの価格です。